河南大学历史地理学研究丛书

本书为国家社科基金项目“泛滥黄河侵入开封城市过程的环境史研究”（15BZS024）结项成果

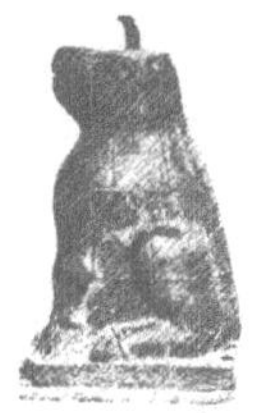

黄河水侵开封城的环境史研究

吴朋飞◎著

科学出版社
北京

内 容 简 介

城市环境史是中国环境史研究亟待深耕的重要领域，本书在借鉴西方城市环境史理论与方法的基础上，以黄泛区典型受灾城市开封为案例进行具体实践。立足于黄河泛滥的历史背景，围绕人群社会对灾害的处理活动，通过对因河患引起的城市形态、迁城之议，因河患兴起的镇河铁犀、大禹庙等的专题研究，探讨黄河泛滥环境下城市发展的变化过程，凸显不同人群处理黄泛灾害的思想观念，展现“城市-人群-黄河”三者之间不断斗争与适应的互动过程，厘清人群社会在创建人居环境时的家园营造史及营造经验。

本书可供从事历史学、地理学以及城市史、环境变化、黄河研究等领域的相关人士阅读参考。

图书在版编目（CIP）数据

黄河水侵开封城的环境史研究/吴朋飞著. —北京：科学出版社，2023.9
ISBN 978-7-03-075705-0

Ⅰ. ①黄…　Ⅱ. ①吴…　Ⅲ. ①开封-地方史-研究　Ⅳ. ①K296.13

中国国家版本馆CIP数据核字（2023）第102358号

责任编辑：王　媛／责任校对：张亚丹
责任印制：肖　兴／封面设计：润一文化

科学出版社出版
北京东黄城根北街16号
邮政编码：100717
http://www.sciencep.com
北京中科印刷有限公司印刷
科学出版社发行　各地新华书店经销
*
2023年9月第　一　版　开本：720×1000　1/16
2023年9月第一次印刷　印张：12 3/4
字数：228 000

定价：98.00元

（如有印装质量问题，我社负责调换）

序　言

侯甬坚

朋飞教授的新书稿“黄河水侵开封城的环境史研究”完成了，其主题还是黄河，其地域仍旧是开封，其论题则是黄河泛滥侵入开封城市的过程，其研究思路是着力采用环境史学的方法来做。朋飞谈到我对他的工作之“支持和赞许”，复述“本书的题目就是当时申报项目和此次整理出版时他亲自拟改的”，这都是我被委以作这篇序文的相关人事细节，对此我均表示接受。

截至此时，朋飞的研究已有相当不错的基础了。这方面他所写的论文自不必说，2016 年他在科学出版社出版了《历史水文地理学的理论与实践——基于涑水河流域的个案研究》一书，还和河南大学地理与环境学院的博士后合作导师马建华教授等，出版了《开封古城黄泛地层洪水记录及洪灾度反演》一书；2019 年他又在科学出版社出版了《明代开封城复原研究》《黄河变迁与开封城市兴衰关系研究》二书，后一册是与马建华教授等合作。现在他又开始尝试使用环境史学的方法来做更细致的研究，体现的确实是一种积极进取的姿态。

在本书“绪论”中，朋飞叙述了研究意义，论述了国外城市环境史研究、中国城市环境史研究的状况，完成了“学术回顾与现状评述”部分的预期工作，展现了自己对本书研究视角和框架结构的思考。图 1-1 的“技术路线框架图”及其要点解说，给人的印象深刻，其提出要基于城市环境史学术视野，将城市、人群和黄河三者结合起来，通过长时段、系统地研究人类对黄河泛滥灾害的处理和适应，构建灾害、人群与城市三者之间的相互作用关系史，谋求黄河泛滥灾害环境下黄泛平原人类家园的营造经验。此外，绪论还对接下来的数章——明代开封城平面布局与仿生思想、黄河泛滥灾害与开封迁城之议、黄河泛滥灾害与明代开封镇河铁犀、黄河泛滥灾害与清代开封城寺庙变迁、黄河泛滥灾害与禹王台的建构过程——本书将要论述的核心内容，均给出了极为简要的提示。

在书中我看到了“明代开封黄河决溢情况表”（表 2-1），“黄泛洪水进入开封城详情表”（表 2-2），在全书附录一里还看到了由金代开封、元代开封、明代开封、清代开封诸表构成的“开封黄河年表”，占有一定篇幅。还从书中了解到朋飞已将明英宗天顺五年（辛巳年，1461 年）七月四日、明毅宗崇祯十五年（壬午年，1642 年）九月十五日、清宣宗道光二十一年（辛丑年，1841 年）六月十六日这三个黄河洪水侵入开封城的时间点，看作是整个开封城历史上最严重的三次洪水侵袭事件。

说真的，我是非常急于从书中看到某一个时间断面上黄河洪水侵入开封城后，所出现的特定时空条件下城内那些百姓与入城河水发生的遭遇。为了解史实，顺手翻开《明史·流贼列传·李自成传》，马上就看到这样的记载：崇祯十五年，李自成率农民起义军再次围攻开封城，官军固守，双方咬合形势严峻，官军于是“决朱家寨口河灌贼，贼亦决马家口河欲灌城。秋九月癸未，天大雨，二口并决，声如雷，溃北门入，穿东南门出，注涡水。城中百万户皆没，得脱者惟周王、妃、世子及抚按以下不及二万人。贼亦漂没万余，乃拔营西南去”[①]。一场时间、地点及事由都很清楚的灾害、人群与城市三者之间的相互作用关系就这样发生了。

朋飞给予这场灾难的命名是：1642 年开封黄河泛滥城灾事件（见“技术路线框架图”）。传世文献中明末白愚所著《汴围湿襟录》很重要，其自序言“愚一介草茅，生逢末造，遭陷在围者三”，表明作者是此一事件的亲历者。写就此书，自信“敢曰足传，聊以明天意全汴人之忠，不使失于寇，终失于水。以见汴人力尽势穷，与城俱亡而后已云耳”[②]。今人刘益安校注此书，由中州书画社出版，着实方便了学界和社会对此种资料的使用。此外，刘益安还对清人周在浚所撰《大梁守城记》作了笺证，加以出版。明人李光壂所撰编年体《守汴日志》一卷，列入四库全书史部杂史类以存目和提要，亦属时人之亲历记，应当参考。

清顺治二年（1645 年），河南巡抚官员宁承勋新上任，他在赴开封任上，首

① 《明史》卷 309，北京：中华书局，1974 年，第 7958 页。

② 刘益安：《汴围湿襟录校注》，郑州：中州书画社，1982 年，“自叙”第 2 页。

先见到的还是未曾结束的开封水淹之灾诸多景况，有记载述道：

> 事甫就绪，乃具疏请修复省城，塞黄河决口。略言：汴城地形低于黄河，独恃层堤以为天堑。自逆闯决堤灌城，河水建瓴而下。臣由大河汛舟直抵城下，城垣半在沙淤水浸之中，进至安远门，则瓮城、敌台灭没无影。循此而入，高者为沙为陆路，卑者为水为川流。土人谓城中沙淤漫衍，似高阜者，乃当日最低之地，今则街市庐舍，尽埋其下矣。水流浩瀚，似低洼者，乃当日最高之地，今以他处淤高，则此地反卑矣。进行三五里，始见屋脊露出沙上。南门迤北，周王府尽成水乡，宫殿仅见榱桷，树木惟存枝杪，此汴城大略也。①

宁承勋一行系乘黄河汛舟而来，直抵开封城下，目验所见，有以下景况：

（1）城垣半在沙淤水浸之中。

（2）进至安远门，则瓮城、敌台灭没无影。

（3）循此而入，高者为沙为陆路，卑者为水为川流。

（4）进行三五里，始见屋脊露出沙上。南门迤北，周王府尽成水乡，宫殿仅见榱桷，树木惟存枝杪，此汴城大略也。

途中向当地人询问，得到的回复是：城中沙淤漫衍，似高阜者，乃当日最低之地，今则街市庐舍，尽埋其下矣。水流浩瀚，似低洼者，乃当日最高之地，今以他处淤高，则此地反卑矣。

于崇祯十五年（1642 年）九月发生的水灾，时过三年，从明末积存到清初，还是这般灾情，可见世上的事情，是自有其眉目的。宁承勋这位巡抚官员，风格务实，从“具疏请修复省城，塞黄河决口”也可一证，对此希望在继续挖掘史料的过程中能得到进一步的证实。

前述《汴围湿襟录》一书，作者以泪下湿襟之意，为其书名，以图展现战争、水灾带给人间之深重苦难。今人欲作这场人间灾难的环境史研究，还必须触及入城的河水是如何吞噬数十万民众的痛苦经过，这必然要超越单纯苦难场面的描写，透视自然界的洪水、人间社会的战争之间的相互关系，用力揭示出明末这一重大事件中灾害、人群与城市三者之间的相互作用关系史。

关于这场人间灾难的起因，朋飞此前（2019 年）已有主见：明末开封大水，是一场人祸天灾，即官军、起义军均先决堤，但因其时黄河水量较小等诸

① 徐世昌：《大清畿辅先哲传》卷 28《贤能传一》，北京：北京古籍出版社，1993 年，第 925—926 页。

多因素未能成灾。日后黄河水量大增，于是冲垮曾被官军、起义军掘过但未修复的堤防，一场空前的灾难顿时出现。

这场人间灾难很明显是一个自然-社会系统多重矛盾交织导致的重大历史事件，具有重要的研究意义。在社会系统内部的矛盾，即表现为守城与攻城中的明朝军政方面与农民起义军双方，围绕开封城的争夺处于你死我活的对抗状态之中，关键时刻双方都想到借助黄河之水来“以水代兵”，也就是借助自然力量来压制和消灭对方，并已付诸实施。时间临近九月十七日（民间传说河神庆生的时间），连续大雨引起黄河水位上涨，在朱家寨、马家口两个对抗双方有所施工的河堤薄弱处决口，顺着地势向南冲泄出来，冲入了地势低洼的开封城，从北而南穿城而过，给城内百姓带来了难以抵御的灭顶之灾。

从环境史学的视角来加以观察，明末社会诸多矛盾被挤压在一个特定的时空之内——开封府城内，李自成率领的起义军在前面两次的围城争夺中没有得手，此时展开的第三次攻城，大大提高了攻城战斗的激烈程度，时间已超过五个月，城内缺粮问题严重，饿死者增多，躲进城里的“实在人丁三十七万八千有零”的民众已出现“白骨山齐”的现象，整个局势似乎都在催促着矛盾的双方尽快结束这种极不正常的守城与攻城的抗争状态。我们试想一下，可以走出这种困境的出路会在哪里？

——社会系统内部方面，农民起义军与明朝政府之间属于你死我活的阶级搏斗，起义军擅攻，明朝军队擅守，持续数月，不分高低。

——自然系统方面，黄河是一条自身特点显著的大河，自然规律决定了它那桀骜不驯的河流性格，气候、降雨和水位诸条件成熟了，它就会拼命地发作。

此时此刻自然界和人世间最不应该出现的现象还是出现了，最具主动性的人类集团出于战胜对方的迫切愿望，做出了与平日里完全相反的举动，即不是去黄河岸边培堤护坡、加固堤防，而是各自派人到岸边找到合适的位置，要进行人为的“扒决”，明朝军队要“灌贼”，起义军要“灌城”，均要借助黄河之水淹没对方，造成水淹七军的可观局面。起义军被明朝军队称为“贼”，而此“贼”却是可以移动的，而不可移动的“城”——开封城，就成为九月份黄河水泛滥外泄的冲击目标，唯其不能移动，而注定成为此次水患的最大受害者。

为躲避战争的危害，既然30多万民众汇集于开封城内，大家的命运焦点也就要在这多重城墙内见分晓。河水入城，既会冲毁各类简易建筑物，还会浸泡墙体，使之迅速坍塌。《汴围湿襟录》记录："见阴雨连绵，秋水大涨，贼挖掘上流，坚塞东、西、南三面堤口，不令水分四溢，止留北面，使全河入汴。……（开封）城居釜底，河流一泄，怒浪巨涛吼若雷鸣。北门顷刻冲没，合城男女哀号，王府士庶，尽升房垣，贼亦乱窜。及至夜半，水深数丈，浮尸如鱼。哀哉百万生灵，尽付东流一道。"①危难时刻，如前引《明史·流贼列传·李自成传》所述"得脱者惟周王、妃、世子及抚按以下不及二万人"，还有诸多官员及其亲眷，有船进城接上他们，将其北渡送至黄河北岸，可谓安然无恙；强壮之人可以设法移动至大城安全地带，而"老弱者尽葬鱼腹"。溺死之人不计其数，而饿毙之人又与溺死之人混淆不清，死尸横陈，不知凡几。这就是起义军攻城压力、城墙内有限的低洼拥挤空间，造成的数米深的水流对老弱百姓的大量吞噬。

类似这样的开封城遭遇黄河泛滥事件的研究，皆需要从个案做起，一个个案就是一篇论文，从中得以梳理灾害、人群与城市三者之间的相互作用关系，五至十个个案就是一组论文，做足一组论文后，类似"泛滥黄河侵入开封城市过程的环境史研究"的认识就会明显提高，所产出的论著，就是一个相当有水平的研究成果。

从上面的叙述中，我们已深切感受到开封与黄河的关系这一论题所具有的环境史学魅力。开封与黄河的历史都相当长，尤其是黄河的地质史更加漫长，但只有当开封这个城市（其前身是大梁）出现在地平线上了，开封与黄河关系的论题才正式成立。若按公元前 339 年魏国迁都大梁这一年代考虑，今开封的历史已有 2300 多年了，以此来研究和撰写开封的城市史与黄河河流的关系史，真是有许多历史内容可以包含进来。

大致是 1910 年，一位名叫威廉·埃德加·盖洛的美国人来到开封，把他所了解和看到的开封城写进了他的书籍《中国十八省府》之中。当时，他住在一家名为"中外大宫阙"的客栈里，住的时间不长，却多处谈到该城与黄河的故事（关系），故事内容可以说是信手拈来、别有趣味：

> 开封已经衰败了。如果它不小心在意，疏浚黄河，使水面降至城市地平面以下，就可能会永远消失。
>
> ……开封衰败了，荆棘丛生，黄河的洪水冲毁了它的遗迹。但此地的

① 刘益安：《汴围湿襟录校注》，郑州：中州书画社，1982 年，第 56—57 页。

肥沃让人不忍抛弃，一段时间后城市得以重建，成为跨越黄河两岸各一千里的一个郡的中心市镇。

这里有一座庙宇纪念七烈女，建于1662年的大洪水之后，此前该庙坐落在离这不远的地方，并且只纪念六个人。①

看来，开封与黄河的关系的确久远，相互联系之处甚多，有的肯定已深入到骨子眼里，需要像朋飞教授这样的学者一直做下去。甚至可以预想，只要你多关注它，思考它，抓住有关的线索不放手，坚持做下去，你的收获就越多，甚至多到远远超过你的预期的程度。

2023年3月5日于西安

① ［美］威廉·埃德加·盖洛：《中国十八省府》，沈弘、郝田虎、姜文涛译，济南：山东画报出版社，2008年，第341—343页。

目　　录

第一章　绪　论

第一节　研究意义

城市是人类活动的集中场所，更是人类文明的集中体现。城市发展是一个复杂且长期的系统演化过程，但究其本质则是人-城-环境相互作用、相互适应的过程。黄河是中国第二长河、世界第五大河，在中华文明发祥、发展过程中起到了极其重要的作用，被誉为中华民族的母亲河。但她又以“善淤、善徙、善决”的个性而著称，是全世界最难治理的河流之一。据统计，从春秋时期周定王五年（前 602 年）到 1949 年中华人民共和国成立的 2500 多年间，黄河决口达 1593 次，较大改道 26 次，重大改道 6 次。[①]历史上黄河的每一次决口、泛滥或改道，洪水泛溢会淹没大片土地，并波及泛滥土地上的城市。黄淮海平原上众多城市在黄河泛滥环境下因独特的区位、特殊的地位而产生不同的发展轨迹和路径选择，是开展黄河流域人-城-环境复杂耦合关系的重要样本。

开封地处黄淮海平原腹地，中国八大古都之一，全国首批历史文化名城之一，在中华文明形成、发展与演进进程中具有重要的地位。在历史上，黄河洪水曾 7 次泛滥进入开封城内，其中公元前 225 年和 1642 年的两次河患直接导致城市毁灭，开封是黄泛平原上深受黄河影响最为深刻的城市之一，是探究黄河变迁、城市演变与人群活动的理想区域。本书通过学习西方城市环境史的理论与方法，以近代之前中国农耕社会的典型城市发展为线索，立足于黄淮海泛滥平原黄河变迁的环境背景，将灾害、人群与城市相结合，重点探讨典型黄河入城灾害事件中

① 水利电力部黄河水利委员会编：《人民黄河》，北京：水利电力出版社，1959 年，第 32 页。

人群社会对灾害处理的众生相。希冀通过以开封为案例的黄泛区城市环境史解读，切实厘清人群社会在创建人居环境中面对机遇和挑战的家园营造史和营造经验。

第二节　学术回顾与现状评述

一、国外城市环境史研究

20 世纪末期，新兴的环境史成为继政治史、经济史、社会文化史之后西方历史编纂学的第四大类型，是当前国外现代学术研究的新思潮。环境史研究受到第二次世界大战之后世界环境保护运动的推动，约在 20 世纪 60—70 年代率先在美国产生，之后传到欧洲各国，以后又传至世界其他国家和地区。

美国是当今世界环境史研究的中心，其环境史产生和发展的阶段性特点及主要学术流派，很大程度上代表着该学科的研究现状。目前美国环境史学界，大致存在两大学术流派：一是以唐纳德·沃斯特（Donald Worster）为领军人物的农业生态史或荒野保护史研究，这是 20 世纪 70—90 年代该学科的主导研究领域，目前仍占主体地位，研究主题属于自然保护和资源保护的范畴，主要成果集中在环境政治史、环境思想史、环境变迁史及环境社会史四个方面。[①]一是以马丁·麦乐西（Martin Melosi）为领军人物的城市环境史研究，约在 20 世纪 90 年代初才成为一个相对独立的研究领域。[②]

城市环境史的萌芽可追溯到 20 世纪 60 年代，最初是城市史学者首先关注城市环境问题，出现了一些以环境为研究主题的城市史著作。[③]20 世纪 80 年代开始，已有不少美国学者关注城市环境史，诸如城市垃圾、城市卫生、城市污

① 包茂红：《美国环境史研究的新进展》，刘东主编：《中国学术》（第 12 辑），北京：商务印书馆，2002 年，第 217—244 页。包茂宏：《唐纳德·沃斯特和美国的环境史研究》，《史学理论研究》2003 年第 4 期，第 96—106、159 页。[美] J. 唐纳德·休斯：《什么是环境史》，梅雪芹译，北京：北京大学出版社，2008 年。高国荣：《环境史在美国的发展轨迹》，《社会科学战线》2008 年第 6 期，第 111—117 页。注：包茂红、包茂宏全书有两种写法，与原文献保持一致，全书不作统一。

② Martin Melosi. The Place of the City in Environmental History，*Environmental History Review*，1993，17（1）.[美] 乔尔·A. 塔尔：《美国城市史和美国环境史：互补且交错的领域》，王栎译，《都市文化研究》2010 年，第 92—109 页。徐延松：《马丁·麦乐西与美国的城市环境史研究探析》，曲阜师范大学 2014 年硕士学位论文。王伟刚：《从自然到城市：浅析美国环境史研究重心的演进》，曲阜师范大学 2014 年硕士学位论文。

③ 姜立杰：《美国城市环境史研究综述》，《雁北师范学院学报》2005 年第 1 期，第 55—58 页。

水处理等问题[①]，90 年代以后成为美国环境史研究的重要领域。城市环境史研究是从美国开始的，这是包括欧洲学者在内的历史学界的共识。无论从理论发展、实证研究，还是从学者队伍来看，美国的城市环境史研究至今仍占据优势地位。[②]城市环境史是研究关于城市发展与城市人口受自然环境影响及影响自然环境的历史，美国城市环境史的几位领军人物所下的定义不尽相同，麦乐西在《城市在环境史中的地位》中指出，城市环境史研究城市的自然特征及其资源，与自然力量、城市扩张、空间变化与发展、人类活动各方面相互之间的影响，因此，这一领域研究城市的自然史、城市的建筑史及二者之间可能的交叉。[③]塞缪尔 • P. 海斯（Samuel P. Hays）认为，城市环境史就是要关注城市对自然环境的影响，以及它如何为自然环境所影响。[④]乔尔 • A. 塔尔（Joel A. Tarr）认为，城市环境史主要是关于“人工环境与技术对城市所在地的自然环境的塑造与改变的历史，以及由此产生的影响城市及城市人口的历史”[⑤]。在环境史研究兴起之初，城市环境史并未受到应有的重视。但因为城市在人类生活中的重要性，“城市化、郊区化所导致的环境变迁，城市中的污染、健康与公共卫生等问题，都意味着城市在美国环境史研究中不可能长期处于边缘地位”[⑥]。20 世纪 90 年代，美国城市环境史的研究聚焦：城市与乡村关系、城市污染治理与城市公共基础设施建设，以及不同社会阶层不平等的环境权益。[⑦]其著作大致可以分为两

① ［美］J. 唐纳德 • 休斯：《什么是环境史》，梅雪芹译，北京：北京大学出版社，2008 年，第 3 页。

② 包茂宏：《马丁 • 麦乐西与美国城市环境史研究》，《中国历史地理论丛》2004 年第 4 辑，第 114—126、160 页。姜立杰：《美国城市环境史研究综述》，《雁北师范学院学报》2005 年第 1 期，第 55—58 页。王栎：《美国环境史学家乔尔 • 塔尔的城市环境史研究》，《北方民族大学学报（哲学社会科学版）》2009 年第 1 期，第 132—136 页。［美］乔尔 • A. 塔尔：《美国城市史和美国环境史：互补且交错的领域》，王栎译，《都市文化研究》2010 年，第 92—109 页。毛达：《城市环境史研究发展过程中的重要学术现象探析》，《世界历史》2011 年第 3 期，第 37—45、158 页。侯深：《没有边界的城市：从美国城市史到城市环境史》，《中国人民大学学报》2013 年第 3 期，第 20—29 页。徐延松：《马丁 • 麦乐西与美国的城市环境史研究探析》，曲阜师范大学 2014 年硕士学位论文。卢玥：《美国史学界对 20 世纪美国空气污染研究综述》，《智库时代》2017 年第 10 期，第 11—12、14 页。高国荣：《城市环境史在美国的缘起及其发展动向》，《史学理论研究》2010 年第 3 期，第 47—57、158—159 页。

③ Martin Melosi. The Place of the City in Environmental History，*Environmental History Review*，1993，17（1）：2.

④ Samuel Hays. From the History of the City to the History of the Urbanized Society，*Journal of Urban History*，1993，19（4）：3-25.

⑤ 高国荣：《美国环境史学研究》，北京：中国社会科学出版社，2014 年，第 234—235 页。

⑥ 高国荣：《城市环境史在美国的缘起及其发展动向》，《史学理论研究》2010 年第 3 期，第 47—57、158—159 页。

⑦ 高国荣：《城市环境史在美国的缘起及其发展动向》，《史学理论研究》2010 年第 3 期，第 47—57、158—159 页。

类：第一类以威廉·克罗农（William Cronon）的《自然的大都市》为代表，着力于研究城市与内陆的关系，其研究模式的核心趋向是打破城市的边界，将城市有机体的新陈代谢与其赖以生存的周边广阔腹地、乡村和荒野结合起来，以书写更具多样性的城市历史[①]；第二类以塔尔的《寻找垃圾的最终去向》和麦乐西的《城市垃圾》《卫生城市》为代表，着力于研究城市污染及城市卫生基础设施的建设。有学者认为，麦乐西的《污染四溢的美国：城市、工业、能源和环境》、亚当·罗姆（Adam Rome）的《乡村里的推土机》等著作的出版，则昭示着城市环境史日臻成熟。作为研究郊区化环境后果的第一部学术专著，《乡村里的推土机》将郊区纳入到城市环境史的研究范畴，对城市环境史也是一个有益的延伸。[②]

另外，安德鲁·赫尔利（Andrew Hurley）的《环境的不平等》[③]、贾里德·奥尔西（Jared Orsi）的《风险都市：洛杉矶的洪涝和城市生态》、德夫拉·戴维斯（Devra Davis）的《浓烟似水》，以及年轻学者如凯尔曼（Ari Kelman）的《密西西比河沿岸的城市：新奥尔良景观中的自然》、克林勒（Matthew Klingle）的《绿色明珠：西雅图环境史》、普拉特（Harold L. Platt）的《城市的震荡：曼彻斯特和芝加哥的环境变迁和改革》等则考虑公平因素，探讨哪些人能够从城市环境治理中受益。[④]1994年罗森（Christine Meisner Rosen）和塔尔提出城市环境史的研究内容，至少分为四个维度：分析城市在时间进程中对自然环境的影响；分析自然环境对城市的影响；研究这些影响的社会反应，以及缓解环境问题的诸种努力；把建成环境作为人类社会演化于其中的物质语境的一部分，考察其在人类生活中的作用和地位。[⑤]这为今后从事城市环境史研究的学者提供了很好的框架和重要的启示，如英国伊恩·道格拉斯（Ian Douglas）撰写的《城市环境史》[⑥]等。

① 侯深：《没有边界的城市：从美国城市史到城市环境史》，《中国人民大学学报》2013年第3期，第20—29页。

② 高国荣：《郊区与环保》，《读书》2008年第11期，第67—72页。

③ 高国荣：《关注环境与城市的公共史学家——安德鲁·赫尔利教授访谈录》，《北大史学》2012年，第362—387页。

④ 高国荣：《环境史在美国的发展轨迹》，《社会科学战线》2008年第6期，第111—117页。

⑤ Christine Meisner Rosen，Joel Arthur Tarr. The Importance of an Urban Perspective in Environmental History，*Journal of Urban History*，1994，20（3）：299-310.

⑥ ［英］伊恩·道格拉斯：《城市环境史（Cities：an Environmental History）》，孙民乐译，南京：江苏凤凰教育出版社，2016年。伊恩·道格拉斯（Ian Douglas），曼彻斯特大学环境与发展学院荣休地理学教授、人类生态学学会的前任会长、国际生态城市发展委员会主席、联合国教科文组织人与生物圈城市论坛前任主席、联合国教科文组织/国际环境问题科学委员会（SCOPE）城市未来专家组的联合主席。担任Catena、Ecological Processes、Geographical Research及《土地的退化与发展》等期刊的编委。主要著作有《城市环境》（1983）、《潮湿地貌》（1977）等，共同主编《地理学百科手册》（2007）和《劳特利奇城市生态学手册》（2011）。

国内学者也非常关注美国城市环境史的研究领域，主要的研究有：2002 年姜立杰考察了 19 世纪 70 年代到 20 世纪 40 年代美国工业城市的环境污染问题及其治理[①]，2006 年孙群郎分析了美国城市郊区化的低密度蔓延对生态环境的危害[②]，2007 年尚宇晨研究了 20 世纪 70 年代美国城市水污染与联邦政府的治理，2007 年付灿华分析了 19 世纪后期美国工业城市污染及其治理，2014 年董俊研究了 19 世纪中期芝加哥供排水系统的建设与城市发展的关系，2017 年陈鑫研究了 1880—1922 年美国华盛顿哥伦比亚特区城市固体废弃物政策[③]，2020 年王佩琳研究了 19 世纪末 20 世纪初美国城市垃圾治理[④]，2022 年朱蕾研究了 19 世纪后期至 20 世纪前期美国城市空气污染与治理[⑤]等。

城市环境史研究在世界各地的发展并不平衡。20 时期 70 年代以来欧洲城市环境史整体的发展轨迹经历了三个阶段：①萌芽和酝酿期。20 世纪 80 年代起，一些欧洲学者就城市污染、环卫基础设施、环境感知等主题出版了颇具影响的著作。②学科领域确立期。《环境与历史》杂志的创办（1995 年）、欧洲环境史学会的成立（1999 年）、首届城市环境史专题研讨会的举办（1998 年，威尼斯），以及相关论文集的出版奠定了城市环境史作为环境史一大分支的重要地位。③蓬勃兴盛期。步入 21 世纪，城市环境史成为环境史学的热点。欧洲城市环境史研讨会走向制度化、常态化，为该领域学者搭建起稳定的学术交流平台。[⑥]欧洲的环境史研究从一开始就对美国学者所热衷的荒野研究普遍缺乏兴趣，而非常重视城市和人工环境。20 世纪 80 年代中期以来，在英国、德国、瑞典、芬兰等环境史研究起步相对较早的国家，这一领域的许多开拓者都很关注工业化及城市化带来的环境问题。

英国城市环境史的研究主题与美国差不多，主要集中在城市固气液体污染研究、城市社会环境研究（包括城市公共卫生、环境法律、技术、医疗、住房

① 姜立杰：《美国工业城市环境污染及其治理的历史考察》，东北师范大学 2002 年博士学位论文。

② 孙群郎：《当代美国郊区的蔓延对生态环境的危害》，《世界历史》2006 年第 5 期，第 15—25、159 页。

③ 尚宇晨：《20 世纪 70 年代美国城市水污染与联邦政府的治理》，华东师范大学 2007 年硕士学位论文。付灿华：《19 世纪后期美国工业城市污染及其治理》，湖南师范大学 2007 年硕士学位论文。董俊：《19 世纪中期芝加哥供排水系统的建设与城市发展》，福建师范大学 2014 年硕士学位论文。陈鑫：《1880—1922 年美国城市固体废弃物政策分析——以华盛顿哥伦比亚特区为例》，《河北北方学院学报（社会科学版）》2017 年第 2 期，第 73—78 页。

④ 王佩琳：《19 世纪末 20 世纪初美国城市垃圾治理研究》，辽宁大学 2020 年硕士学位论文。

⑤ 朱蕾：《19 世纪后期至 20 世纪前期美国城市空气污染与治理研究》，西南大学 2022 年硕士学位论文。

⑥ 肖晓丹：《欧洲城市环境史学研究》，成都：四川大学出版社，2018 年，第 59 页。

等人类为解决城市环境问题所作出的努力）、城市内外即城市人工环境与周围生态的关系、城市环境观念等。[①]彼得·布里姆保考姆贝（Peter Brimblecombe）是英国城市环境史、工业污染史研究的开创者。2000年梅雪芹发表的《19世纪英国城市的环境问题初探》一文，是我国英国史学界第一篇探讨英国环境问题的论文。[②]此后，又有学者关注到英国城镇污染与治理、城市环境观念、伦敦城市环境问题及治理等。[③]

法国城市环境史的研究现状，包茂红、肖晓丹、高国荣等有过很好的介绍。[④]以城市环境史为主阵地的法国环境史有浓重的技术史色彩，现按照钟孜的论述[⑤]，大致可分为两种类型：①从城市基础设施（如水环境、管网体系）及其代谢功能（如垃圾处理、供—排水系统）入手，考察人与环境、城市与周边的互动，安德烈·纪尧姆（André Guillerme）、萨宾娜·巴尔勒（Sabine Barles）和加布里埃尔·杜比伊（Gabriel Dupuy）是其主倡者；②围绕工业污染展开，以热纳维耶芙·马萨-吉波（Geneviève Massard-Guilbaud）、米歇尔·勒岱（Michel Letté）、托马·勒胡（Thomas Le Roux）、让-巴普蒂斯特·弗雷索（Jean-Baptiste Fressoz）和埃斯黛尔·巴雷-布古安（Estelle Baret-Bourgoin）等人的著述为代表。[⑥]其中，法国著名环境史学家代表人物之一热纳维耶芙·马萨-吉波女士擅长19和20世纪法国城市环境史和法国环境史学史，主要著作有《19世纪法国城市的工业污染：1789—1914》，合编《现代恶魔：欧洲城市和工业社会

① 汤艳梅：《英国城市环境史研究源流与现状》，《都市文化研究》2010年，第169—186页。

② 梅雪芹：《19世纪英国城市的环境问题初探》，《辽宁师范大学学报（社会科学版）》2000年第3期，第105—108页。

③ 汤艳梅：《工业革命时期的英国城市环境观念及其影响》，上海师范大学2010年硕士学位论文。张思：《13—15世纪伦敦城市环境问题及其治理考察》，《理论界》2014年第3期，第122—125页。张子翔：《评〈19世纪英国城市的环境问题初探〉——兼谈对英国城市环境史的几点认识》，《哈尔滨学院学报》2015年第2期，第112—114页。储恩涛：《近代早期英国城镇污染与治理》，华中师范大学2018年硕士学位论文。高旭东：《建构"污染"：19世纪英国城市环境的双重调整与现代化》，《城市史研究》2019年第1辑，第281—303页。

④ 包茂宏：《热纳维耶芙·马萨-吉波教授谈法国环境史研究》，《中国历史地理论丛》2004年第2辑，第121—129、162页。肖晓丹：《法国的城市环境史研究：缘起、发展及现状》，《史学理论研究》2016年第2期，第132—141页。高国荣：《环境史在欧洲的缘起、发展及其特点》，《史学理论研究》2011年第3期，第108—116、160页。肖晓丹：《欧洲城市环境史学研究》，成都：四川大学出版社，2018年。

⑤ 钟孜：《"环境转型"研究：法国环境史研究的新趋向》，《世界历史》2019年第3期，第131—143、148页。

⑥ 法国环境史的现状，参见纪尧姆·勃朗：《环境史：新问题、新目标和新史学》（Guillaume Blanc，"L'histoire environnementale：nouveaux problèmes，nouveaux objets et nouvelle histoire"），纪尧姆·勃朗等编：《环境人文学：探究与反探究》（G.Blanc et al.，dir.，Humanités environnementales：Enquêtes et contre-enquêtes），索邦大学出版社，2017年，第75页。

的污染》《城市和灾难：欧洲历史上对突发事态的处理》等。[①]这些城市环境史研究论著在时段上多集中于19世纪初到20世纪上半叶，从中可看出一百多年来法国社会的变化趋势：即城市与周边的生态联系被逐渐切断，民众对环境问题渐趋敏感，早期工业污染管控体制逐步形成，以及国家、企业和科学界三方针对此一体制的协作乃至“共谋”等。[②]国内学者对法国城市环境史的研究，主要的有对法国城市工业污染管制、巴黎城市改造等的研究。[③]

另外，通过对美国城市环境史领军人物马丁·麦乐西[④]、乔尔·塔尔[⑤]及法国的热纳维耶芙·马萨-吉波[⑥]的学术访谈或介绍，也可窥见世界各地城市环境史的产生历程和发展不平衡。总之，城市环境史已经成为世界环境史的一个重要分支领域，尽管目前的研究范围还主要局限于工业革命以来西方的一些大都市，研究主题集中在城市发展、基础设施、污染和健康及人类为解决环境问题所作的努力等方面，但这些重要的研究实践告诉我们，在思考人与自然相互关系和相互作用的历史中，不能忽略对城市及其环境的关注。高国荣认为：目前，世界城市环境史还主要局限于工业革命以来西方的一些大都市，对近代以前的、欧美之外的城市还很少涉及。但自城市在世界各地出现以来，人与自然的相互影响就始终存在，它们理应纳入城市环境史研究的范畴。[⑦]这对在中国开展城市环境史研究有重要启迪。

---

① 包茂宏：《热纳维耶芙·马萨-吉波教授谈法国环境史研究》，《中国历史地理论丛》2004年第2辑，第121—129、162页。

② 肖晓丹和钟孜提到的重要著作有：［法］萨宾娜·巴尔勒：《1790—1970年法国城市垃圾的生成》，尚普瓦隆出版社，2005年。［法］埃斯黛尔·巴雷-布吉安：《工业城市及其毒瘤：1810—1914年格勒诺布尔对工业危害和污染的感知变迁》，格勒诺布尔大学出版社，2005年。［法］热内维耶芙·马萨-吉波：《1789—1914年的法国工业污染史》，社会科学高等研究院出版社，2010年。［法］托马·勒胡：《1770—1830年巴黎的工业污染实验室》，阿尔班·米歇尔出版社，2011年。转引自钟孜的论文。

③ 肖晓丹：《法国城市工业污染管制模式溯源（1810—1850）》，《世界历史》2017年第2期，第73—85、157页。滕子辰：《“美好年代”巴黎的城市改造》，上海师范大学2019年硕士学位论文。

④ 包茂宏：《马丁·麦乐西与美国城市环境史研究》，《中国历史地理论丛》2004年第4辑，第114—126、160页。

⑤ 王栎：《美国环境史学家乔尔·塔尔的城市环境史研究》，《北方民族大学学报（哲学社会科学版）》2009年第1期，第132—136页。

⑥ 包茂宏：《热纳维耶芙·马萨-吉波教授谈法国环境史研究》，《中国历史地理论丛》2004年第2辑，第121—129、162页。

⑦ 高国荣：《美国环境史学研究》，北京：中国社会科学出版社，2014年，第247页。

二、中国城市环境史研究

受到国外现代学术思潮的影响，自 20 世纪 90 年代开始，中国台湾地区的刘翠溶、曾华璧，大陆的侯文蕙、包茂宏、梅雪芹、高国荣等学者纷纷将西方环境史信息译介传入国内。经过近三十年来的发展，环境史研究逐渐为中国学术界所了解，在 2006 年还曾被列为“中国十大学术热点”之一。①各大高校纷纷成立各具研究特色的环境史研究中心，主要的有北京大学世界环境史研究中心、北京师范大学环境史研究中心、南开大学中国生态环境史研究中心、中国人民大学生态史研究中心、河北师范大学中国环境史研究中心、辽宁大学生态环境史研究中心等。对于中国环境史，究竟是舶来品还是本土化的产物，学术界有纷争，其中一个关键问题就是它与历史地理学的关系。以世界史为背景的中国学者从一开始接触的就是环境史，而在 20 世纪 90 年代大量国外环境史译著传入中国之前，中国学者在没有环境史概念的语境下，各自从本学科角度所作的关于自然环境与人类历史关系的种种研究，其中尤以历史地理学界的环境变迁研究成果丰富，这些属于环境史研究吗？对此，包茂宏②（2004）、王利华③（2006）、朱士光④（2006）等都不同程度地认可中国环境史的研究植根于历史地理学，2009 年梅雪芹更是以长文对 1949 年之后中国环境史研究的来龙去脉和阶段性特征进行了系统的梳理。⑤但历史地理学与环境史又有本质的区别，主要体现在：①二者学科名称不同，渊源有自；②历史地理学研究重在地理变迁，环境史研究重在人类与环境的关系； ③历史地理学把人类活动作为驱动因子，环境史研究把人类看成环境的一部分；④历史地理学以区域研究为主，环境史研究以事件过程为主。⑥因此，国内学术界出现的多数以“生态环境”或“环境变迁”为主题的研究中国历史上环境问题的佳作，可能与环境史重在人类

---

① 《光明日报》理论部、《学术月刊》编辑部：《2006 年度中国十大学术热点》，《光明日报》2007 年 1 月 16 日。

② 包茂宏：《马丁・麦乐西与美国城市环境史研究》，《中国历史地理论丛》2004 年第 4 辑，第 114—126、160 页。

③ 王利华：《生态环境史的学术界域与学科定位》，《学术研究》2006 年第 9 期，第 5—11、147 页。

④ 朱士光：《关于中国环境史研究几个问题之管见》，《山西大学学报（哲学社会科学版）》2006 年第 3 期，第 12—15 页。

⑤ 梅雪芹：《中国环境史研究的过去、现在和未来》，《史学月刊》2009 年第 6 期，第 17—38 页。

⑥ 侯甬坚：《历史地理学、环境史学科之异同辨析》，《天津社会科学》2011 年第 1 期，第 126—131 页。王琳：《紧张与亲密：环境史与历史地理学》，山东大学 2006 年硕士学位论文。［英］迈克尔・威廉斯：《环境史与历史地理的关系》，马宝建、雷洪德译，《中国历史地理论丛》2003 年第 4 辑，第 9—25、159 页。

与环境的互动关系和相互作用的撰写方式仍有些差异。2010年赵九洲如此评价，“专著大都集中于一个区域或一个时期的环境变迁，研究的方法都大致是把环境问题区分为气候、水文、植被、动植物分布、灾害、地形土壤等方面的变迁，然后把相关材料填充到相应的部分中去，务求全面却往往有空泛之感，也未能彰显出环境史的特色和学术理念，更多的是借环境史之新瓶装历史地理之旧酒”[①]。

中国环境史的研究主题与欧美学者相差不多，比较侧重生态农业史的研究，对城市环境史的关注度较少。2010年朱士光指出“城镇与工矿区生态环境史”是生态环境史研究的七大主要内容之一，他认为“主要包括城镇与工矿业集中地区植被、地形、水文与空气之状况及其变化以及围绕城镇工矿区衍生的交通道路、苑囿陵墓等设施之状况与变化”[②]。这一论断，明显带有历史地理学科的痕迹。2016年孙兵则结合2008年陈新立综述中国环境史研究现状[③]，认为近年来环境史研究渐趋兴起，但中国城市环境史的研究相对滞后，涉猎者不多，且集中于少数古都、名城，对于地方中小城市内外环境的细致考察较为欠缺。[④]2019年李嘎出版的《旱域水潦：水患语境下山陕黄土高原城市环境史研究（1368—1979年）》一书中，围绕城市环境史学的基本理念，分“水患与防治”“多元探讨”上下两篇对陕西、山西黄土高原历史时期城市水患问题进行系统深入的研究，具有一定的创新性。[⑤]

国外学者有些研究论及中国城市环境史的研究主题。伊懋可（Mark Elvin）曾将“中国的居住环境”列为从经济史角度研究中国环境史的五个主题之一。[⑥]斯波义信的《宁波及其腹地》注意到钱塘江河口航道的恶化对宁波港所起的作用。[⑦]此外，还有关注黄河水患事件的研究。蓝克利从不稳定的环境中寻求维持

① 赵九洲：《试评〈什么是环境史〉——兼谈中国环境史研究的若干问题》，《中国农史》2010年第4期，第123—127页。

② 朱士光：《遵循“人地关系”理念，深入开展生态环境史研究》，《历史研究》2010年第1期，第4—10、189页。

③ 陈新立：《中国环境史研究的回顾与展望》，《史学理论研究》2008年第2期，第110—120、160页。

④ 孙兵：《明代府州县城池的多种功能——以湖广地区为例》，《人文论丛》2016年第1辑，第183—193页。

⑤ 李嘎：《旱域水潦：水患语境下山陕黄土高原城市环境史研究（1368—1979年）》，北京：商务印书馆，2019年。

⑥ Mark Elvin. The Environmental History of China：An Agenda of Ideas，*Asian Studies Review*，1990,14（2）.

⑦ ［日］斯波义信：《宁波及其腹地》，［美］施坚雅主编，陈桥驿校：《中华帝国晚期的城市》，叶光庭等译，北京：中华书局，2000年，第470页。

现状、预算压力与政治斗争、水利危机与治黄工程、财政空间与水利治理等四个方面论述了1128年的黄河水患，得出了黄淮水系关系的新认识。[①]张玲研究了1048—1128年黄河变动在政治角逐中的作用及对河北生态环境的影响。[②]道奇（Dodgen）则研究了1495—1835年治黄政策的演变、1841—1842年的开封洪水事件、1842—1845年桃源洪水与中牟的淹没等[③]，其中开封洪水事件案例是目前所见与本书研究最直接相关的外文文献之一。

国内，刘翠溶主编的《积渐所至：中国环境史论文集》中就有“人类聚落的变化”这一主题，后又指出“人类聚落与建筑环境”是中国环境史研究的十个主题之一。[④]此外，周春燕对华北城市的民生用水研究，包茂宏对中华人民共和国成立后西安水问题的研究[⑤]、邱仲麟对北京城的民生用水的研究[⑥]、程遂营对唐宋开封城的生态环境的研究[⑦]、孙冬虎对近千年北京生态环境变迁的研究[⑧]、罗晓翔对明清南京内河治理中的主持机构与经费来源特殊性的研究[⑨]等，都是历史城市环境研究的佳作。另外，还有一些学者对近代云南、北京、天津、重庆、昆明、安庆、青岛、澳门等城市公共卫生及理念、城市灾害与应对、城市水循环等进行了较为深入的研究。[⑩]

---

① 刘翠溶、伊懋可主编：《积渐所至：中国环境史论文集》，台北：“中央研究院”经济研究所，1995年。

② Zhang Ling. *The River，the Plain，and the State：An Environmental Drama in Northern Song China，1048–1128*，Cambridge：Cambridge University Press，2016. Zhang Ling. Changing with the Yellow River：An Environmental History of Hebei，1048-1128，*Harvard Journal of Asiatic Studies*，2009，69（1）.

③ Dodgen R.A. *Controlling the Dragon：Confucian Engineers and the Yellow River in the Late Imperial China*，Hawaii：University of Hawaii Press，2001.

④ 刘翠溶：《中国环境史研究刍议》，《南开学报（哲学社会科学版）》2006年第2期，第14—21页。

⑤ 包茂宏：《建国后西安水问题的形成及其初步解决》；周春燕：《明清华北平原城市的民生用水》，王利华主编：《中国历史上的环境与社会》，北京：生活·读书·新知三联书店，2007年。

⑥ 邱仲麟：《水窝子——北京的供水业者与民生用水（1368—1937）》，李孝悌：《中国的城市生活》，北京：新星出版社，2006年。

⑦ 程遂营：《唐宋开封生态环境研究》，北京：中国社会科学出版社，2002年。

⑧ 孙冬虎：《北京近千年生态环境变迁研究》，北京：北京燕山出版社，2007年。

⑨ 罗晓翔：《明清南京内河水环境及其治理》，《历史研究》2014年第4期，第50—67、190页。

⑩ 黄礼群：《1927—1937年安庆公共卫生研究》，安徽大学2013年硕士学位论文。曹牧：《近代天津城市水循环研究（1860—1949）》，南开大学2015年博士学位论文。刘翠溶：《环境史视野下近现代云南城市化初探》，《长安大学学报（社会科学版）》2016年第1期，第136—148页。黄琼：《昆明环境卫生管理研究（1930—1949）》，云南大学2016年硕士学位论文。周志强：《环境史视野下近代重庆城市灾害及其社会应对》，《保山学院学报》2017年第6期，第9—15页。孙慧娟：《20世纪30、40年代昆明城市公共卫生研究》，云南师范大学2018年硕士学位论文。李扬：《苏联环境卫生理论的引入及其实践——以1950年代北京东郊工业区的建设为例》，《城市发展研究》2019年第7期，第9—17页。刘庆莉：《近代青岛城市排污问题研究（1897—1937）》，青岛大学2022年硕士学位论文。曾志辉：《传染病防控与民国时期澳门城市治理的近代转型》，《史学月刊》2022年第6期，第44—53页。

20 世纪 90 年代中国的环境史研究才开始兴起，这当中，中国城市环境史尽管取得了一些成就，但成果还是明显偏少，多数研究主要是在向国内引介西方城市环境史的成果。[①]近年来一些学者在不同的论著中纷纷呼吁，要加强中国城市环境史研究，如梅雪芹呼吁要加强近现代环境史的研究，尤其中国自洋务运动以来的工业化进程与环境变迁的关系值得深入研究。[②]王旭等在评述中国的美国城市史研究时指出：从总体上说，国内美国城市环境史研究才“刚刚提上日程”，还是一个比较新的研究领域，成果数量偏少。但美国城市环境问题的经验教训具有重要的理论和现实价值，相关研究“大有文章可做”。[③]李二苓在评述 1978 年以来北京城市史的研究现状时，在论文的最后曾建议要研究“城市环境史”[④]。陈新立在评述中国城市环境史研究现状时，指出：“由于中国幅员辽阔，不同地域和类型的城市在人口、资源、环境、发展模式等方面存在差异。一方面中国城市环境史研究需要吸收国外环境研究的理论成果，使城市环境史研究在理论、内涵、视野、方法等方面实现新的突破和创新。但另一方面，必须从中国城市发展和环境演变的事实出发，研究中国历史上的城市人地关系演变规律、特征。”“中国城市史研究在经济、社会、文化等领域已取得一定研究成果，但城市环境领域尚待开拓。现有的中国城市环境史研究成果多集中于古代时段的都市，19 世纪以降中国近代城市环境史研究，仍属中国环境史研究中最薄弱的环节之一。中国城市环境史研究尚处于起步阶段，距离世界水平存在较大差距。”[⑤]他在该文中所梳理并提及的中国城市环境史相关研究成果，或多或少涉及城市环境问题。

2017 年赵九洲等在《深入细部：中国微观环境史研究论纲》一文中指出，中国城市环境史应从微观环境史的角度入手，更要强调的是具体的城市环境史研究，而非大量的城市乃至全国的城市之环境史。未来具体而微的城市环境史

---

① 包茂宏：《马丁·麦乐西与美国城市环境史研究》，《中国历史地理论丛》2004 年第 4 辑，第 114—126、160 页。毛达：《垃圾：城市环境史研究的一个重要主题》，《北京师范大学学报（社会科学版）》2008 年第 3 期，第 61—66 页。高国荣：《城市环境史在美国的缘起及其发展动向》，《史学理论研究》2010 年第 3 期，第 47—57、158—159 页。毛达：《城市环境史研究发展过程中的重要学术现象探析》，《世界历史》2011 年第 3 期，第 37—45、158 页。侯深：《没有边界的城市：从美国城市史到城市环境史》，《中国人民大学学报》2013 年第 3 期，第 20—29 页。侯深：《错综的轨迹：在自然中重写城市史》，《史学月刊》2018 年第 3 期，第 10—17 页。

② 梅雪芹：《环境史研究叙论》，北京：中国环境科学出版社，2011 年，第 281—293 页。

③ 王旭、王洋：《中国的美国城市史研究述评》，《史学理论研究》2011 年第 1 期，第 133—142 页。

④ 李二苓：《1978 年以来的北京史研究综述》，《北京社会科学》2011 年第 4 期，第 95—99 页。

⑤ 陈新立：《中国城市环境史研究述评》，陈锋主编：《中国经济与社会史评论（2012 年卷）》，北京：中国社会科学出版社，2013 年，第 347 页。

研究必将有长足发展，本土的研究将不局限于美国学者塔尔声称的“人工环境及技术塑造与改变城市所在地的自然环境的历史，以及由此产生的影响城市及城市人口的历史”，也不局限于麦乐西所认定的“城市的自然特征及其资源，与自然力量、城市扩张、空间变化与发展、人类活动各方面相互之间的影响”。要拓展到更长的时段，观照更多的命题。从空间上来看，城市的空中、地表、地下三个维度的环境历史都要进行深入的观照；从环境的具体分类来看，人工环境、自然环境自然要关照，而人们精神中的环境也要深度探讨。[①]滕海键在构建“东北区域环境史”研究体系时指出，近代东北区域的城市史研究成果较少，更无“城市环境史”这一概念。这方面可以借鉴美国的城市环境史研究范式，积极推进东北区域的“城市环境史”研究。[②]

总之，当前关于中国城市环境史研究的论著相对较少，实证性研究并不充分，从人类与自然之互动关系角度撰写城市环境史的佳作更是少见。因此，中国环境史的“城市”研究，无论从理论、方法，还是撰述方式上，都亟待加强。

第三节　研究视角和框架结构

黄河是一条特殊的河流，以其善淤、善徙、善决的个性，塑造了黄河下游洪水泛滥平原独特的自然与人文景观。黄泛平原这一特殊区域，国外学者黄宗智、裴宜理、周锡瑞、彭慕兰等在各自的研究主题中都有涉及[③]，国内学者亦多致力于该区域相关问题的探讨，历史地理学界史念海、谭其骧、邹逸麟、韩昭庆等因在此区域的研究工作为学界所熟悉[④]。地处黄泛平原腹地的大古都开封，

① 赵九洲、马斗成：《深入细部：中国微观环境史研究论纲》，《史林》2017 年第 4 期，第 206—216、222 页。

② 滕海键：《“东北区域环境史”研究体系建构及相关问题探论》，《内蒙古社会科学（汉文版）》2020 年第 2 期，第 2、62—70 页。

③ ［美］黄宗智：《华北的小农经济与社会变迁》，北京：中华书局，2000 年。［美］彭慕兰：《腹地的构建：华北内地的国家、社会和经济（1853—1937 年）》，马俊亚译，北京：社会科学文献出版社，2005 年。［美］裴宜理：《华北的叛乱者与革命者（1845—1945）》，池子华、刘平译，北京：商务印书馆，2007 年。［美］周锡瑞：《义和团运动的起源》，张俊义、王栋译，南京：江苏人民出版社，2005 年。

④ 史念海：《黄河流域诸河流的演变与治理》，西安：陕西人民出版社，1999 年。史念海：《中国的运河》，西安：陕西人民出版社，1988 年。谭其骧：《长水集（全三册）》（修订版），北京：人民出版社，2009 年。邹逸麟主编：《黄淮海平原历史地理》，合肥：安徽教育出版社，1993 年。韩昭庆：《黄淮关系及其演变过程研究》，上海：复旦大学出版社，1999 年。邹逸麟、张修桂主编：《中国历史自然地理》，北京：科学出版社，2013 年。

是受黄河影响最为深刻的城市之一，该城市的生长和发展演变史尤应引起关注，今“城下城”奇特景观就是黄河泛滥灾害作用的产物。开封城市文明的辉煌与衰落和黄河密不可分，每一层淤泥，都是一段历史。没有黄河，就没有历史上开封七朝古都的鼎盛；没有黄河，也没有历史上开封的灭顶之灾。[①]

学术界对开封黄河泛滥系列问题研究给予了足够多的关注，《黄河变迁与开封城市兴衰关系研究》一书已有综述和梳理。[②]近年来涌现的新成果不算多，主要的有刘春迎《试论汴河对古代开封城方向的影响》[③]、孙建国《道光二十一年黄河水灾开封城“银贱钱贵”研究》[④]、葛奇峰《开封城明清水灾的考古学观察》[⑤]、卢俊俊《战争与生态：明清之际的黄河变迁与开封败落（1642—1662）》[⑥]、刘德新等《黄河泛滥背景下开封城市形态演变》[⑦]、吴朋飞《崇祯河决开封城的灾害环境复原》《黄河变迁与开封城市兴衰关系研究》[⑧]等。这些研究成果大大推进了黄河与开封关系的重要主题研究，厘清了相关事实的历史叙述，但黄河泛滥究竟何时、以何种方式对开封城市产生影响，具体影响又如何，黄河泛滥背景下开封城市又是如何应对和发展的等一系列问题，仍缺乏更为微观的研究。

2019年科学出版社出版的《黄河变迁与开封城市兴衰关系研究》一书，是我们对上述问题的一些思考和比较充分的深入研究。该书其一对开封城市发展轨迹及生命周期做了划分；其二通过对黄河泛滥的地理过程、重大河患事件的地理复原及其环境变化进行分析，阐释了黄河泛滥对开封地理环境的塑造；其三提出开封城市形态包括地表景观（“护城堤-城墙-城湖”洪涝适应性景观）和地下景观（古城“城下城”景观），其是对黄河泛滥的景观适应；其四从地层学

---

① 程民生：《序》，刘春迎：《揭秘开封城下城》，北京：科学出版社，2009年。

② 吴朋飞等：《黄河变迁与开封城市兴衰关系研究》，北京：科学出版社，2019年，第3—5页。

③ 刘春迎：《试论汴河对古代开封城方向的影响》，《考古》2017年第12期，第2、90—103页。

④ 孙建国：《道光二十一年黄河水灾开封城“银贱钱贵”研究》，《中国经济史研究》2017年第5期，第130—143页。

⑤ 葛奇峰：《开封城明清水灾的考古学观察》，《华夏考古》2019年第2期，第2、92—98页。

⑥ 卢俊俊：《战争与生态：明清之际的黄河变迁与开封败落（1642—1662）》，华东师范大学2020年硕士学位论文。

⑦ 刘德新等：《黄河泛滥背景下开封城市形态演变》，《河南大学学报（自然科学版）》2021年第5期，第505—512页。

⑧ 吴朋飞：《崇祯河决开封城的灾害环境复原》，《苏州大学学报（哲学社会科学版）》2021年第2期，第185—192页。吴朋飞等：《黄河变迁与开封城市兴衰关系研究》，北京：科学出版社，2019年。

角度揭示了现今开封城地下存在“三座半古城”。[①]但开封黄河泛滥系列问题的研究是一个大宝藏，非一两本书所能涵盖，仍有不少问题需要长期思索和深入探讨，譬如：历史上黄河泛滥灾害究竟对开封城的环境影响如何？人类社会又是如何应对和处理黄河泛滥灾害的？每次处理灾害的方式有何不同？历代国家治黄政策与城市定位对开封黄泛灾害的处理有何影响？国家、地方官员和士绅在其中的角色如何？因河患出现的多次“迁城之议”是如何解决的？镇河铁犀和大禹庙等信仰是基于人群何种思想和观念？这一系列问题都是值得发掘和深层次探讨的环境史话题。道奇（2001）对 1841 年开封大水围城事件及其解决有研究，但未利用当时人的日记《汴梁水灾纪略》这一重要文献。这里借用侯深的话，“城市环境史学者需要切实地了解他们所研究的城市生态系统发生的改变，从而追寻生活在彼处的人群的心理与思想演化的轨迹”[②]。因此，基于城市环境史学术视野，将城市、人群和黄河三者结合，长时段、系统地研究人类对黄河泛滥灾害的处理和适应，必将有助于深化理解和认知环境变化对城市发展进程影响的深度和广度。

本书重点在于探讨黄河泛滥环境下的开封城市发展和处理黄河泛滥灾害下的“人”及其活动。2015 年申报并获批的国家社科基金项目“泛滥黄河侵入开封城市过程的环境史研究”（15BZS024），课题申报时的整体研究技术路线框架如图 1-1 所示。

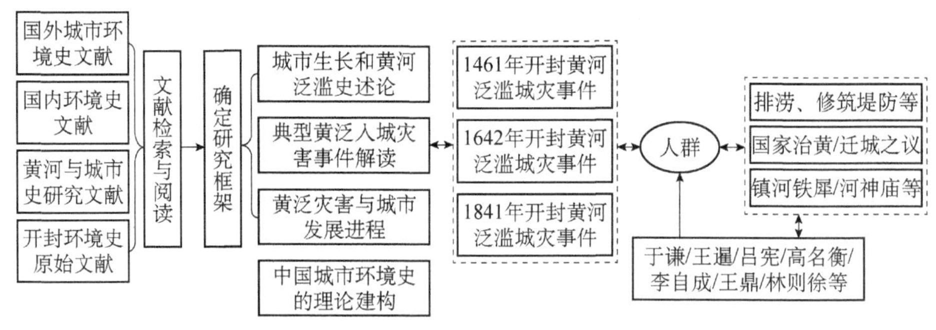

图 1-1　技术路线框架图

第一，学术史梳理。在现有文献梳理的基础上，继续认真阅读原始英文文献，把握西方城市环境史学者针对工业社会提出的相关城市环境史之界定，借

① 吴朋飞等：《黄河变迁与开封城市兴衰关系研究》，北京：科学出版社，2019 年。

② 侯深：《错综的轨迹：在自然中重写城市史》，《史学月刊》2018 年第 3 期，第 16 页。

鉴采用“内在论”和“外在论”相结合的观点，结合近代之前中国农耕社会城市发展环境的历史特征，尝试构建中国城市环境史的研究框架。

第二，城市生长史和黄河泛滥史述论。通过长时段对城市生长和黄河泛滥灾害的回顾，宏观把握开封城市的生成机理，为解读开封黄河泛滥事件提供知识储备。①

第三，典型黄泛入城灾害事件中人群活动的考察。重点选取开封城（著名大古都、黄泛平原唯一的省治城市）为个案研究对象，初拟七次黄泛入城灾害事件中资料较为丰富的1461年、1642年、1841年灾害年份进行环境史解读，微观尺度分析黄泛灾害的城市背景、人群社会对灾害的处理、灾后被改造的环境及其对城市发展的影响等问题。②

第四，人类社会处理黄泛灾害思想观念的考察。突出环境史研究三大主题之一的人类观念对环境改造的问题，考察制度空间下国家治理黄河政策的变化及对开封城市环境变迁的影响；开封城屡淹屡废，曾多次出现“迁城之议”，但人类为何还要在原址重建；处理开封黄泛灾害时的镇河铁犀、大禹庙和河神信仰等，是基于人类社会何种思想和观念。

第五，历代黄泛灾害与城市发展进程的考察。长时段地探讨黄泛灾害对开封城市发展生命周期的影响作用；人类不断适应并改造城市黄泛环境中所采取的连续应对措施，例如护城堤修建、土地利用、水系改造等，揭示人与自然环境之间的互动变迁过程。③

第六，中国城市环境史的理论建构。尝试对近代之前中国农耕社会城市环境史的概念、研究内容、研究方法及撰写模式提出学术思考，并对城市选址、城市景观构建、城市与腹地资源利用等相关理论问题进行总结。

因此，在前期的研究基础上，本书将开封城市案例置于整个黄泛区城市环境史的学术视野，重点聚焦于“历代黄泛灾害与城市发展进程的考察”和“人类社会处理黄泛灾害思想观念的考察”，故五个章节内容的安排都是围绕人类活动与城市环境之间的互动历史而展开。除第一章、结语外，各章节主要内容如下：

第二章，明代开封城平面布局与仿生思想。探讨黄河泛滥背景下开封城市

① 参见吴朋飞等：《黄河变迁与开封城市兴衰关系研究》，北京：科学出版社，2019年，第21—44页。
② 参见吴朋飞等：《黄河变迁与开封城市兴衰关系研究》，北京：科学出版社，2019年，第45—79页。
③ 参见吴朋飞等：《黄河变迁与开封城市兴衰关系研究》，北京：科学出版社，2019年，第8—20页。

“五重城”平面格局的变化过程，分析“卧牛城”仿生思想的来龙去脉以及与黄河影响的关系。

第三章，黄河泛滥灾害与开封迁城之议。论述开封历史上的七次“迁城之议”，以道光汴梁水灾为案例揭示迁城之议背后复杂的博弈生态。

第四章，黄河泛滥灾害与明代开封镇河铁犀。分析明代镇河铁犀的出现及清代以来的流变，揭示其产生的时代背景、全国影响与当代价值。

第五章，黄河泛滥灾害与清代开封城寺庙变迁。分析清代开封城市重建过程中城内寺庙的出现、类型、空间分异，把握庙宇的动态变化，揭示环境适应特征与成因。

第六章，黄河泛滥灾害与禹王台的建构过程。探析开封城东南郊丘冈高地——吹台由千年胜境到明中期“禹宫”“禹庙”，再到清中期禹王庙，再到现今城市公园的转变过程，揭示人类社会在时间维度上综合处理城市与环境之间关系的景观表征。

本书的目的和出发点是：其一，将人类聚落环境研究纳入中国环境史学术领域，依据扎实的资料和综合运用城市环境史、城市史、历史地理学、城市形态学、历史文献学、黄河学、历史 GIS 等多学科方法，对以往较少触及具体人群的黄河泛滥史进行环境史解读，探求人与自然互动的历史。其二，在占有大量环境史原始资料的基础上，摒弃以往主要着眼于具体史实厘清或灾害环境变迁复原的研究思路，基于城市环境史的学术视野，将人群和自然环境放到对等地位，从长时段、综合视角进行城市黄河泛滥史的剖面分析。希冀通过环境史视野解读人群社会对灾害的处理，构建灾害、人群与城市三者之间的互动关系史，谋求黄河泛滥灾害环境下黄泛平原人类家园的营造经验。

第二章　明代开封城平面布局与仿生思想

明代的开封城，在其城市发展史上占有重要地位。明初开封城有十年陪都史，后为朱元璋第五子朱橚的藩封之地，“势若两京”，属于全国第二等级大城市。傅衣凌将明清时期的城市经济分为两种类型：开封型城市和苏杭型城市。开封型城市是典型的亚洲的消费城市，又是封建地租的集中地，工商业是为这个城市的地主服务的。[①]韩大成也将明代城市分为政治型城市和经济型城市，将开封与北京、南京两个政治型城市并列。[②]可见，开封是典型的政治型消费大城市，以纯消费为主。明代开封城历经二百余年的发展，其城市平面格局形成独特的形态，早在2014年发表的《明代开封周王府的建筑布局及其对城市结构的影响》一文中首次提出由护城大堤-土城（北宋外城）-砖城-周王府萧墙-周王府紫禁城组成的五重城城市格局[③]，后2016年刘春迎的《明代分封制与黄河水患影响下的开封城》也同样提出明代开封拥有五重城垣[④]，但开封五重城垣的平面格局有一个逐渐形成的过程，又因明代中期开封黄河水患严重，出现新的“卧牛城”仿生意象，本章尝试对这一新的变化过程进行阐述，厘清古人对城市意象观念变化的认识，以期加深对开封城市的理解。

---

① 傅衣凌：《明代开封城市性质的解剖——〈如梦录〉读后记》，《傅衣凌治史五十年文编》，北京：中华书局，2007年，第197—205页。

② 韩大成：《明代城市研究》，北京：中国人民大学出版社，1991年，第47页。

③ 吴朋飞、邓玉娜：《明代开封周王府的建筑布局及其对城市结构的影响》，张利民主编：《城市史研究》第30辑，北京：社会科学文献出版社，2014年，第174—187页。

④ 刘春迎：《明代分封制与黄河水患影响下的开封城》，《河南大学学报（社会科学版）》2016年第5期，第76—85页。

第一节 开封黄河泛滥灾害述论

最早记载开封城市遭受黄河泛滥影响的是司马迁《史记·魏世家》中关于秦王政二十二年（前225年）人为决鸿沟淹灌大梁城事件。之后一直到元至元二十年（1283年）黄河洪水灌进开封外城之前，黄河一直远离开封城，黄河泛滥没有泛及开封城的记载。另据统计，自金大定二十年（1180年）到清道光二十一年（1841年）期间，黄河在开封段决溢、泛滥达330多次，在开封近郊决溢近90次，其中明代河患对开封城的影响最为频繁和严重。①

明代黄河在开封附近的决溢情况，可以根据附录一《开封黄河年表》整理成“明代开封黄河决溢情况表”（表2-1）。

表 2-1 明代开封黄河决溢情况表

序号	时间	性质	决溢地点	处数
1	洪武七年（1374年）五月	决	开封堤	1
2	洪武八年（1375年）正月	决	开封大黄寺堤	1
3	洪武十一年（1378年）十月十七日	决	兰阳县	1
4	洪武十四年（1381年）八月二十八日	决	祥符	1
5	洪武十七年（1384年）八月初七	决	杞县	1
6	洪武二十年（1387年）六月	决	开封城	1
7	洪武二十二年（1389年）	决	仪封城	1
8	洪武二十三年（1390年）七月初二	决	开封	1
9	洪武三十年（1397年）八月初八	决	开封	1
10	永乐二年（1404年）九月十九日	决	开封	1
11	永乐八年（1410年）八月二十六日	决	开封	1
12	永乐十二年（1414年）八月十二日	溢	开封土城	1
13	永乐十四年（1416年）七月十三日	决	开封	1

① Fong K. L.Origin and Distribution of the Sand Dunes near Kaifeng，*Bulletin of the Geological Society of China*，1926，5（1-2）：173-195. 王质彬：《开封黄河决溢漫谈》，《人民黄河》1983年第4期，第63—64、37页。李雪梅：《黄河去复来：开封“城摞城”》，《中国国家地理》2002年第8期，第36—50页。张妙弟：《开封城与黄河》，《北京联合大学学报》2002年第1期，第133—138页。程遂营：《12世纪前后黄河在开封地区的安流与泛滥》，《河南大学学报（社会科学版）》2003年第6期，第32—36页。李润田、丁圣彦、李志恒：《黄河影响下开封城市的历史演变》，《地域研究与开发》2006年第6期，第1—7页。吴朋飞：《开封城市生命周期探析》，《江汉论坛》2013年第1期，第121—128页。

续表

序号	时间	性质	决溢地点	处数
14	永乐二十年（1422 年）十月十八日	溢	祥符、陈留、兰阳、洧川、通许、杞县	6
15	永乐二十二年（1424 年）九月初八	溢	祥符、陈留	2
16	宣德元年（1426 年）七月	溢	祥符、陈留、兰阳	3
17	宣德三年（1428 年）七月	溢	祥符、陈留、洧川、杞县	4
18	宣德六年（1431 年）七月	溢	祥符、尉氏、通许	3
19	正统元年（1436 年）七月初十	决	开封	1
20	正统二年（1437 年）	溢	祥符	1
21	正统九年（1444 年）七月三十日	溢	开封	1
22	正统十年（1445 年）十月十一日	决	祥符、陈留、杞县	3
23	正统十三年（1448 年）五月	决	陈留金村堤及黑潭南岸	2
24	景泰二年（1451 年）	决	开封	1
25	景泰六年（1455 年）六月初九	决	开封高门堤	1
26	景泰七年（1456 年）六月	决	开封	1
27	天顺二年（1458 年）秋	溢	祥符	1
28	天顺五年（1461 年）七月初四	决	开封土城、砖城北门	1
29	成化四年（1468 年）	决、溢	祥符、杞县	2
30	成化五年（1469 年）六月初五	决	开封杏花营	1
31	成化十四年（1478 年）三月	决	开封杏花营	1
32	成化十七年（1481 年）	决	开封	1
33	成化十八年（1482 年）八月	溢	开封	1
34	弘治二年（1489 年）五月初三	决	苏村等 6 处，埽头等 5 处	11
35	弘治四年（1491 年）八月十一日	决	兰阳县城	1
36	弘治五年（1492 年）四月	溢	兰阳、仪封	2
37	弘治九年（1496 年）	决	兰阳、仪封	2
38	正德四年（1509 年）	决	黄陵岗	1
39	正德五年（1510 年）	溢	兰阳	1
40	正德八年（1513 年）六月初一	决	黄陵岗	1
41	万历五年（1577 年）八月	决	祥符刘兽医口	1
42	万历十五年（1587 年）七月	决	刘兽医口、兰阳南岸及铜瓦厢	3
43	万历十七年（1589 年）六月十八日	决	刘兽医口、单家寨及兰阳李景高口	3
44	万历十九年（1591 年）	溢	李景高口	1
45	万历二十九年（1601 年）九月初八	决	祥符槐疙瘩	1
46	万历四十四年（1616 年）六月二十八日	决	祥符陶家店、张家湾、朱家口	3
47	崇祯三年（1630 年）	决	祥符康家寨	1

续表

序号	时间	性质	决溢地点	处数
48	崇祯九年（1636年）六月	决	祥符黑岗	1
49	崇祯十四年（1641年）七月二十八日	决	祥符黄金坝、朱家寨	2
50	崇祯十五年（1642年）六月十四日	扒决	朱家寨、马家口	2

资料来源：根据附录一《开封黄河年表》整理

根据表2-1可以看出，在明代276年当中，今开封市辖境至少有50个年份发生黄河决溢，发生次数达到87次，同时对开封城市乃至河南省的发展影响甚大。

若再从更长时段看开封城市的发展过程，明代也是黄河泛滥灾害对城市影响比较严重的朝代。综合历史文献记载，自战国以来黄河泛滥进入开封内城（砖城，今开封城墙）的洪水事件共有6次（表2-2），黄河泛滥围困开封城而没有入砖城的洪水事件约有15次之多。①

表2-2　黄泛洪水进入开封城详情表

序号	时间/年份	决口位置	入城方位	洪水流路	出城方位
1	前225	不详	西城墙南段	西北向东南，绕城内“三山高地”	城东南
2	1387	城西北或城北	安远门	避开夷山和土街高地向南流，在两高地之间东、西分流，洪流因地势阻挡向其他方向漫流	城东南
3	1399	城西北或城北	封丘门	避开夷山和土街高地向南流，在两高地之间东、西分流，流洪因地势阻挡向其他方向漫流	城东南
4	1461	黄金堤和朱家寨	北门	避开夷山和土街高地向南流，在两高地之间东、西分流，洪流因地势阻挡向其他方向漫流	城东南
5	1642	朱家寨和马家口	北门	全城灌满洪水后，自西北向东南流动	城东南
6	1841	张湾村	水门涵洞	分为东、西两股，至北门合二为一	未出城

资料来源：马建华等：《开封古城黄泛地层洪水记录及洪灾度反演》，北京：科学出版社，2016年，第95页

根据表2-2，明代开封城遭受历史上黄河洪水6次进入内城中的4次，即1387年、1399年、1461年和1642年，我们知道当时开封府城是河南省最大规

① 王质彬：《开封黄河决溢漫谈》，《人民黄河》1983年第4期，第63—64、37页。李雪梅：《黄河去复来：开封“城摞城”》，《中国国家地理》2002年第8期，第36—50页。张妙弟：《开封城与黄河》，《北京联合大学学报》2002年第1期，第133—138页。

模的城池[①]，筑有宽厚城墙，外砖内土，竟然还是有黄河洪水入城事件的发生，可见明代黄河泛滥灾害在开封城附近的威胁程度之深。可举例天顺五年（1461年）黄河洪水入城事件，根据《明英宗实录》记载，天顺五年七月，河水暴至开封，"土城既决，砖城随崩，公私庐舍尽没，男妇溺死不可胜纪，数十年官民资畜（蓄）漂失无遗"。更为严重的是，使得"七郡财力所筑之堤，俱委为无用之地矣"[②]。当时，河水积于城中，往来者必须借助舟楫方能通行。受此影响，"米薪之价涌贵数倍"[③]。到天顺六年（1462年）十二月，黄河对开封城及所辖州县的危害丝毫未减，以致内阁大臣感慨，"河南乃中原重地，近年以来水旱相仍，军民饥窘。况黄河泛涨，冲开城堤，淹没人民，至今水患未息，宜用人提督修理"[④]。在如此重大的黄河泛滥环境下，开封人民为了应对和适应黄河决溢灾害，采取了一系列的减灾措施，比如修筑河堤和护城大堤、建祠立庙等，涌现了一大批杰出的治水人物，在思想和观念上也出现了一些重要的减灾理念。

第二节　开封五重城垣的平面格局

明代开封城的平面形状，是由护城大堤-土城（北宋外城）-砖城-周王府萧墙-周王府紫禁城组成的五重城城市格局，这一格局既是宋元开封城的延续，更是适应明代黄河泛滥环境的产物，它并不是一开始就在明初出现，而是经历了一个不断发展变化的过程，至景泰二年（1451年）才最终定型。

1. 1368—1381年的"外城-内城"两重城

洪武元年（1368年），开封城是由外城（土城）和内城两道城垣组成的两重城。当时，城内宋金皇宫的废垣残壁尚存，城外的护城堤只有城北的一段。

---

① 明代河南各城池的规模，王贵祥根据《四库全书·河南通志》进行过整理，所得结论为：明代河南城池总数为110座，其中府城8座、州城（含直隶州）10座、县城92座。以府城为例，规模最大的是开封府，城周20里190步，规模较小的府城，如南阳府城，周6里27步；卫辉府城，周6里130步。其余的5座府城，都在城周8—9里余左右的规模（包括城周为7里310步的归德府城）。参见王贵祥：《明代城池的规模与等级制度探讨》，《建筑史》2009年第1辑，第86—104页。

② 《明英宗实录》卷349，天顺七年二月庚辰，"中央研究院"历史语言研究所影校本，1962年，第7028页。

③ （明）吕原：《扬州门新造石闸记》，（明）李濂撰，周宝珠、程民生点校：《汴京遗迹志》卷15《艺文二·记》，北京：中华书局，1999年，第283—285页。

④ 《明英宗实录》卷347，天顺六年十二月戊辰，"中央研究院"历史语言研究所影校本，1962年，第6994页。

外城（土城），介于开封护城大堤与现存明清砖城墙之间，系土筑，俗称土城。它的历史可追溯到五代后周显德三年（956 年）修筑的罗城，周长“四十八里二百三十三步”[①]。宋代曾多次修葺，神宗熙宁八年（1075 年）已扩展至“城周五十里百六十步，高四丈，广五丈九尺，外距隍空十五步，内空十步”[②]。在宋金、金元战争中围打开封城时，外城受到部分破坏，但城墙基址和部分城门一直使用到明末，如《如梦录》记载：“外城曰土城，周四十八里二百二十三步，仅余基址，有门不修，以土填塞，备防河患。”[③]郑之鎏的《续东京梦华录》也记载：“去城七八里许，有土城，仅有土基，孔道存焉。”[④]白愚的《汴围湿襟录》中记载：“（官军）恐民兵暗逃，将土城周围峻削，路口把守闭塞，镇以棘，畜以犬，昼夜严防。”[⑤]崇祯十五年（1642 年）李自成农民起义军七月十七日围攻开封时，“铲土城至尽，下掘深沟，以防我兵”[⑥]。

1978 年秋，开封市博物馆对东京外城进行了初步调查。1981—1983 年开封宋城考古队对外城进行了勘探，基本上弄清了外城的位置、形制和范围。根据考古勘探资料[⑦]，整个外城呈东西略短、南北稍长的长方形，周长 29120 米左右。四面城墙距今开封市现存明清城墙 1.3—2 千米，方向约 190°。加上黄河泛溢不断冲击的影响，实际构成了开封城的第二道防洪堤防。考古发掘也证实了土城确实起到了防洪作用，如 2013 年在北宋东京外城新郑门遗址发掘中，在明代地层中，城门口发现了数道夯土墙，应为防洪遗迹的重要证据。[⑧]

内城（砖城，今开封城墙），其历史可远溯到唐德宗建中二年（781 年）李勉所修筑的汴州城，后被沿用至明代，中间小有变化，故有“河南省城者，宋之内京城也”[⑨]。内城的东、西墙与现存的明清城东西墙基本重叠，唐宋至金兴定三年（1219 年）开封城的南、北城墙与今天的开封城墙位置略有变化，当时

① 《宋史》卷 85《地理志一》，北京：中华书局，1977 年，第 2102 页。

② （宋）李焘：《续资治通鉴长编》卷 293，元丰元年十月丁未条，北京：中华书局，1993 年，第 7148 页。

③ 孔宪易校注：《如梦录·城池纪》，郑州：中州古籍出版社，1984 年，第 1 页。

④ 郑之鎏：《续东京梦华录》，孔宪易校注：《如梦录·形势纪》，郑州：中州古籍出版社，1984 年，第 5—6 页。

⑤ 刘益安：《汴围湿襟录校注》，郑州：中州书画社，1982 年，第 45 页。

⑥ 刘益安：《大梁守城记笺证》，郑州：中州书画社，1982 年，第 96 页。

⑦ 开封宋城考古队：《北宋东京外城的初步勘探与试掘》，《文物》1992 年第 12 期，第 52—61 页。开封市文物工作队编，丘刚主编：《开封考古发现与研究》，郑州：中州古籍出版社，1998 年。

⑧ 王三营：《开封历史地理研究》，郑州：河南大学出版社，2017 年，第 145—146 页。

⑨ （明）李梦阳：《河南省城修五门碑》，（明）李濂撰，周宝珠、程民生点校：《汴京遗迹志》卷 16《艺文三·碑》，北京：中华书局，1999 年，第 303—306 页。

的南城墙位于今大南门北 300 米左右，北城墙位于今龙亭大殿北 500 米左右。[①]此城墙与现存明清城墙基本重合的时间是在金末宣宗定都开封期间的兴定三年（1219 年），当时曾将内城进行扩展[②]，这才形成了现存明清城墙的基础。元代，至元二十七年（1290 年）和延祐六年（1319 年）曾整修过汴梁城。至明洪武元年（1368 年），徐达等攻下开封时，开封内城轮廓基本没有太多的变动。

洪武九年（1376 年），开封城墙由土城改筑砖城，外部全部用砖包砌，城周长度与金末相同，为“二十里一百九十步”，城墙高 3 丈 5 尺、宽 2 丈 1 尺，城外有宽 5 丈、深 1 丈的护城河围绕。护城河，又称“海濠”，郑之鎏《续东京梦华录》记，“今之城门有五，各建谯楼。城之外百步许，有海濠焉。匝城四围，阔数十丈，深四五丈”[③]。

城北有一段护城大堤，该段堤防最早创筑于元延祐六年（1319 年），当年二月十一日至三月初九日修筑了北至槐疙疸两旧堤，南至窑务汴堤，长约二十里二百四十三步的黄河大堤，同时“创修护城堤一道，长七千四百四十三步。下地修堤，下广十六步，上广四步，高一丈，六十尺为一工”[④]。明初，该段护城堤防仍存在并发挥作用。

2. 1381—1451 年的“外城-内城-萧墙-紫禁城”四重城

明洪武十四年（1381 年），伴随着周王府第的竣工落成，开封城市格局由外城-内城两重城，演变为外城-内城-萧墙-紫禁城四重城，城北的一段护城堤仍存在并发挥作用。

明洪武三年（1370 年）四月初七日朱元璋诏封诸子为各地藩王，洪武九年（1376 年）起分遣他们各赴藩国，而当时的开封为“北京”，故未藩封。洪武十年（1377 年）罢“北京”，次年朱元璋改封第五子朱橚为周王，分封地为河南开封府城。周王府第的修筑时间，在洪武十二年（1379 年）下半年或十三年（1380 年）初春的可能性最大。[⑤]洪武十四年四月，周王府第落成，十月朱橚到开封就藩，这是周王行使权力的标志。

周王府的建筑布局，文献和考古资料都有体现。周王府从开始营建到竣工，约计一年左右的时间，速度如此之快，肯定是利用明初开封城内原有建筑

① 开封宋城考古队：《北宋东京内城的初步勘探与测试》，《文物》1996 年第 5 期，第 69—75、16 页。

② 《金史》卷 108《侯挚传》，北京：中华书局，1975 年，第 2389 页。

③ 光绪《祥符县志》卷 9《建置志 • 城池》，光绪二十四年（1898 年）刻本，河南大学图书馆藏。

④ 《元史》卷 65《河渠志二 • 黄河》，北京：中华书局，1976 年，第 1623 页。

⑤ 范沛潍：《周王与明代开封》，《史学月刊》1994 年第 4 期，第 111—118 页。

旧基改建而成。《如梦录·周藩纪》就曾有记载："周府本宋时建都宫阙旧基，坐北朝南，正对南薰门，即宋之正阳门也。"[①]这里"宋时建都宫阙旧基"恐不确。因为北宋亡国之后，开封城为金人占据统治，贞元三年（1155年）三月曾发生一场火灾，使得当时刚刚筹划修葺的汴京宫室"延烧殆尽"。后在正隆元年（1156年）和正隆三年（1158年），海陵王完颜亮命令梁汉臣为提举大使，左丞相张浩、参知政事敬嗣晖重新主持营建汴京大内诸宫，使得新造宫室"制度宏丽，金碧辉映，不可胜言"[②]。此后至明洪武初二百余年，宋金皇宫的废垣残壁尚存，精巧合理的布局依稀可见，故延续到明初的为金代重修之宫室。

周王府又称为"城中城""府中府"，其外部形态是由萧墙和紫禁城两道城垣组合而成的双重城。最外面的一道城垣名为萧墙，周围"九里十三步，高二丈许，蜈蚣木镇压，上覆琉璃瓦，下有台基高五尺，上安栏杆"[③]，萧墙外有大街"宽五丈"，再往外才是居民的居住区。根据考古资料和前文论述，它应是在金故宫基址上改筑的。萧墙共设有4座城门，"向南是午门，东曰东华门，西曰西华门，北曰后宰门"[④]。里面的一道城垣名为紫禁城，是砖城，"高五丈，上有花垛口，内有拦马墙"[⑤]。根据考古资料，它应是在宋皇宫旧基上改筑的。紫禁城同样设有4座城门，"南门，曰端礼门；北门，曰承智门；东门，曰礼仁门；西门，曰尊（遵）义门"[⑥]。紫禁城的外面还筑有一道城濠，与开封城的护城河规制相同，濠内地基宽阔，俱是内使居住。周藩世系自首任周王朱橚起至末王恭枵止，共传11世13王，是与明王朝同始终的29个藩国之一。周王府内外双重城的建置布局，与整座开封城市的砖城、外围的土城，共同构成"土城-砖城-萧墙-紫禁城"四重城的城市形态。在此期间，只有永乐二十年（1422年）冬十月重修了城墙。[⑦]

3. 1451—1642年的"护城堤-土城-砖城-萧墙-紫禁城"五重城

这一时期，之所以出现"护城堤-土城-砖城-萧墙-紫禁城"五重城，主要在于

① 孔宪易校注：《如梦录·周藩纪》，郑州：中州古籍出版社，1984年，第6页。

② （金）宇文懋昭撰，李西宁点校：《大金国志》卷33《汴京制度》，济南：齐鲁书社，2000年，第250页。

③ 孔宪易校注：《如梦录·周藩纪》，郑州：中州古籍出版社，1984年，第6页。

④ 孔宪易校注：《如梦录·周藩纪》，郑州：中州古籍出版社，1984年，第7页。

⑤ 孔宪易校注：《如梦录·周藩纪》，郑州：中州古籍出版社，1984年，第7页。

⑥ 孔宪易校注：《如梦录·周藩纪》，郑州：中州古籍出版社，1984年，第6页。

⑦ 光绪《祥符县志》卷9《建置志·城池》，光绪二十四年（1898年）刻本，河南大学图书馆藏。

环城一周的护城大堤的形成，这又与明代开封遭受黄河泛滥洪水灾害有关。

明洪武二十年（1387 年）夏六月，“河决开封城，自安远门入，淹没官民、廨宇甚众”①。这是明代黄河洪水首次进入开封城内。洪武二十四年（1391 年）四月，黄河形势大变，“河水暴溢，决原武黑洋山，东经开封城北五里，又东南由陈州、项城、太和、颍州、颍上，东至寿州正阳镇，全入于淮”②。这次决口，自东南至开封城北，主流折南挟持西蔡河南流，经陈州循颍水入淮，这是黄河主流首次夺颍水入淮河。洪武三十二年（1399 年），黄河再次出现决口，“冲塌土城，水从封丘门流入里城，官廨民庐淹没倾圮，而城内之水久积不涸”③。

到了明英宗正统五年（1440 年），河南等地大水，“适值黄河徙溢，冲突汴城”④，“徙啮大堤，势薄府城，上下惊惶”⑤，于是，“正统间，巡抚侍郎于谦因河逼汴城，乃筑北东西三面以御之，范铁犀勒铭其背，以镇永远。景泰二年（1451 年），巡抚都御史王暹⑥修筑南面，与东西相接，凡四十余里”⑦。

至此，开封城外形成了一个环形的大围堤，整个大堤全部用夯土筑成，南北略长，呈椭圆形，周长 40 千米，高约 8 米，顶宽 10 米，底宽 60 米。护城堤是淮河和黄河下游沿岸许多城市郊区的地物标志特征⑧，开封“护城堤-土城-砖城-萧墙-紫禁城”五重城垣格局最终形成，直至明末崇祯十五年（1642 年）黄河水患淹灌城池，城市格局未再发生重大变化，仅是城墙、城门的增补而已。

天顺五年（1461 年），“修补城垣缺处，及创筑各门月堤”⑨。嘉靖四年

---

① 光绪《祥符县志》卷 6《河渠》，光绪二十四年（1898 年）刻本，河南大学图书馆藏。

② 《明史》卷 83《河渠志一》，北京：中华书局，1974 年，第 2014 页。

③ （明）李濂撰，周宝珠、程民生点校：《汴京遗迹志》卷 5《河渠一・黄河》，北京：中华书局，1999 年，第 71 页。

④ （明）胡谧：《祭于公文二首》，（明）于谦著，魏得良点校：《于谦集（下册）》，杭州：浙江古籍出版社，2016 年，第 661 页。胡谧，字廷慎，浙江会稽人。明景泰进士，官江宁知县、山西佥事、山西按察副使、河南按察副使、广东右参政等。曾致力于地方志之纂修。成化十一年（1475 年），纂成《山西通志》17 卷。成化十五年（1479 年），至河南为官，又纂《河南总志》19 卷，二十二年（1486 年）付梓。

⑤ （明）胡谧：《庇民祠记》，（明）李濂撰，周宝珠、程民生点校：《汴京遗迹志》卷 11《祠庙庵院》，北京：中华书局，1999 年，第 175 页。成化《河南总志》卷 3《开封府上・山川》，成化二十二年（1486 年）影抄本，河南大学图书馆藏。

⑥ 王暹，字景阳，号慎庵，浙江山阴县（今绍兴市辖区）人。永乐十六年（1418 年），登戊戌科进士，初授翰林院庶吉士，授监察御史，历任刑部主事、陕西布政使、右副都御史、巡抚河南、湖广。

⑦ 成化《河南总志》卷 3《开封府上・山川》，成化二十二年（1486 年）影抄本，河南大学图书馆藏。

⑧ 章生道：《城治的形态与结构研究》，［美］施坚雅主编，陈桥驿校：《中华帝国晚期的城市》，叶光庭等译，北京：中华书局，2000 年，第 89 页。

⑨ （明）吕原：《扬州门新造石闸记》，（明）李濂撰，周宝珠、程民生点校：《汴京遗迹志》卷 15《艺文二・记》，北京：中华书局，1999 年，第 283—285 页。

（1525年），太监吕宪重修五门城楼。①万历二十八年（1600年），巡抚曾如春又增筑了敌楼。②陈所蕴《增建敌楼碑记》载，开封“万雉云连，屹屹言言，望若列嶂，壮都会也”，登城楼“四望，太行嵩室，居然在几案间，大河汤汤，仅如衣带”。③当时，高大的开封城垣，在黄河里就能看到，所以于谦《黄河舟中》诗中就写道：“顺风吹浪片帆轻，顷刻奔驰十数程。舵尾炊烟犹未熟，船头已见汴梁城。”④

经过不断增修，至明朝末年，开封城墙高度已增至5丈。修建有“敌楼五座，俱有箭炮眼，三方四正，十六邪”。此时的城墙防御体系更加完整，“大城楼五座，角楼四座，星楼二十四座，俱按二十八宿布置，样铺十座，窝铺五十四座，炮楼十座，周围四千七百零二丈，垛口七千三百二十二，城兵一百五十名”⑤。在西门（大梁门）外西关，根据《如梦录》的记载，“有城一座，亦有五门：南曰南门，又有小南门；西曰新郑门，是水门；北曰迎恩门，东门对大梁门”⑥。这也是明末开封城发展的独特之处。崇祯十五年（1642年），城外李自成起义军或城内官军（尚无定论）掘开黄河大堤，大水灌城，“锦绣中原……繁华胜景于此绝矣”⑦。河患之后，“开封旧城俱被泥沙围拥地下，垣形卑甚”⑧，残破不堪。开封及其以下的豫东平原尽成泽国，“幅员百里，一望浩渺”。其后水涸沙淤，“昔之饶裕，咸成碱卤，土地皆为石田”⑨。

总之，明代开封城市平面布局，由最初的两重城，再到四重城，最后到五重城，其变化过程是历史延续、时代要求和对黄河泛滥环境相适应的产物。1451年最终形成的“护城堤-土城（北宋外城）-砖城（内城）-萧墙-紫禁城”五重城的城市结构，这在中国乃至世界城市发展史上是绝无仅有的。

---

① （明）李梦阳：《河南省城修五门碑》，（明）李濂撰，周宝珠、程民生点校：《汴京遗迹志》卷16《艺文三·碑》，北京：中华书局，1999年，第303—306页。

② 光绪《祥符县志》卷9《建置志·城池》，光绪二十四年（1898年）刻本，河南大学图书馆藏。

③ 光绪《祥符县志》卷9《建置志·城池》，光绪二十四年（1898年）刻本，河南大学图书馆藏。

④ （明）于谦：《黄河舟中》，（明）李濂撰，周宝珠、程民生点校：《汴京遗迹志》卷24《艺文十一·七言绝句》，北京：中华书局，1999年，第492页。

⑤ 孔宪易校注：《如梦录·城池纪》，郑州：中州古籍出版社，1984年，第1页。

⑥ 孔宪易校注：《如梦录·关厢纪》，郑州：中州古籍出版社，1984年，第74—75页。

⑦ 孔宪易校注：《如梦录·序》，郑州：中州古籍出版社，1984年，第14页。

⑧ （清）计六奇撰，魏得良、任道斌点校：《明季北略（上）》，北京：中华书局，2006年，第317—321页。

⑨ （清）周玑纂修：《杞县志》卷7《田赋志》，乾隆五十三年（1788年）刊本。

第三节　开封卧牛城的仿生思想

作为我国古代最高级别的城市，古都是人们有意选择的结果，充满了礼仪规范和宗教意识，使得城市平面的布局庄严、匀称而又明朗。都城位置选定，宫阙配置，交通干线、中轴线确立，城市形状、轮廓、城门的规划，都是在风水思想支配之下完成的。这对一般普通城市的营造也同样适用。李约瑟认为中国“城乡无论集中的或者散布于田庄中的住宅，也都经常出现一种对‘宇宙的图案’的感觉，以及作为方向、节令、风向和星宿的象征主义”[①]。牛在中华优秀传统文化中有重要的图腾文化内涵，是善良、奉献和力量的象征，而牛角则为威猛和力量的象征。牛被认为是具有神秘力量的动物，老子西行骑的就是牛，其作为塑像出现在道教庙宇中，成为神圣的动物。以牛为城市的形态，使人觉得威武、强壮、可靠。[②]中国古代城池中，称为卧牛城的有宋代汴京城（今开封）、四川眉州城、安徽亳州城、顺德府城（今河北邢台）[③]、怀庆府城（今河南沁阳）、河北大名府城、青州府城等，尤以宋代汴京城（开封城）最为著名。

宋金元时期，开封卧牛城主要是针对开封城的平面形状而言，到了明代，又因为城市频繁遭受黄河水患的影响而人为增添了“五行”思想，认为牛属土，能克水，防止黄河水患。

一、形状上的开封卧牛城

开封卧牛城主要体现在城市平面形状或形势。最初，开封卧牛城指的是东京外城，后演化为整座城市。后周显德三年（956年），周世宗柴荣下诏大兴工役，远取虎牢关之土修筑东京外城。据传，城的周长是根据赵匡胤跑马一圈的长度而定，跑马时路线弯弯曲曲，形成了“卧牛”之状。陈桥驿兵变之后，赵

① 北京乾圆国学文化研究院主编：《易学与建筑环境学（下）》，北京：北京工艺美术出版社，2018年，第862—863页。

② 吴庆洲：《仿生象物与中国古城营建（中）》，《中国名城》2016年第10期，第58—70页。

③ 柴钢柱、王风军：《从仿生思想到生态城市——以“卧牛城”的考疏、继承与发展为例》，《规划师》2002年第9期，第106—108页。

匡胤当了皇帝，对外城又重新进行了扩展。扩展之前，设计者把外城修改为“方直”之状，“四面皆有门，坊市经纬其间，井井绳列”。赵匡胤勃然大怒，自取笔涂之，命以幅纸作大圈，迂曲纵斜，旁注云：“依此修筑。”因而外城的“卧牛”之状保持不变。外城，又称罗城、新城，明李濂的《汴京遗迹志》记载：后周显德三年，以其土碱，取郑州虎牢关土筑之，俗呼为卧牛城。①

而宋元以来更多的文献，卧牛城则是针对整座开封城的形势而言的。如宋代徐梦莘《三朝北盟会编》卷66：“先是术者言京城如卧牛，贼至必击善利、宣化、通津三门。善利门其首也，宣化门其项也，通津门在善利、宣化之间，而此三门者，贼必攻之地。后如其言。”②明代李濂的《汴京遗迹志》在记载开封城周围的岗丘时，提到了望牛岗“在城西南十里。汴京城形势如卧牛状，登是冈以望之，则居然可见，故名”③和牛尾岗“在封丘门外东一里许。俗以汴城为卧牛城，而此冈则牛之尾也”④，都是与卧牛城有关的。万历年间陈所蕴《增建敌楼碑记》中也称：相传东京卧牛城，三山不令显，五门不令相对也。⑤明末《如梦录》则记载为“汴梁地脉，原自西来，故惟西门直通，余四门皆屈曲旋绕，恐走泄旺气也。势如卧牛，故名卧牛城”⑥。

卧牛城成为开封城的俗称，宋元以来的文献皆有此说，首先流行于小说中。如在《古今小说》第36卷《宋四公大闹禁魂张》里，有“东京百八十里罗城，唤做‘卧牛城’”之述。宋四公道：“有三件事，你去不得……第二，东京百八十里罗城，换做‘卧牛城’，我们只是草寇，常言：‘草入牛口，其命不久。’”⑦《水浒传》第71回“忠义堂石碣受天文，梁山泊英雄排座次”结尾也写道：“不争宋江要去看灯，有分教；舞榭歌台，翻为瓦砾之场；柳陌花街，变作战争之地。正是：猛虎直临丹凤阙，杀星夜犯卧牛城。毕竟宋江怎地去闹东京？且听下回分解。”⑧

其次，杂剧中也多称开封卧牛城。“欲寻那四百年兴龙地，除是这八十里卧

① （明）李濂撰，周宝珠、程民生点校：《汴京遗迹志》卷1，北京：中华书局，1999年，第1页。

② （宋）徐梦莘：《三朝北盟会编》卷66，上海：上海古籍出版社，1987年，第498页。

③ （明）李濂撰，周宝珠、程民生点校：《汴京遗迹志》，北京：中华书局，1999年，第129页。

④ （明）李濂撰，周宝珠、程民生点校：《汴京遗迹志》，北京：中华书局，1999年，第130页。

⑤ 光绪《祥符县志》卷9《建置志·城池》，光绪二十四年（1898年）刻本，河南大学图书馆藏。

⑥ 孔宪易校注：《如梦录·形势纪》，郑州：中州古籍出版社，1984年，第3页。

⑦ （明）冯梦龙：《喻世明言》，哈尔滨：北方文艺出版社，2013年，第313页。

⑧ （明）施耐庵、（明）罗贯中著，冀勤校注：《水浒传校注本3》，北京：中央编译出版社，2014年，第855页。

牛城。”（马致远杂剧《西华山陈抟高卧》第一折［金盏儿］）陈抟说汴梁——即卧牛城形势很好，可作兴龙之地，即首都。“你将俺这两口儿生各支的撇下，空指着卧牛城内富人家。”（张国宾杂剧《相国寺公孙合汗衫》第二折［收尾］）卧牛城即汴梁城。元人张宪题《宋宫观潮图》还有“磁州夜走泥马驹，卧牛城中生绿芜。炎精炯炯照吴会，大筑钱塘作汴都”之句。

二、思想上的开封卧牛城

金元明清时期黄河频繁在开封附近泛滥、决溢和改道，使开封周边的自然地理景观日趋恶化，城市环境受到严重破坏，城市发展大受影响。特别是明代黄河洪水曾于1387年、1399年、1461年、1642年等年份冲入城内，于1397年、1404年、1410年、1414年、1478年等年份冲入护城堤，甚至在1448—1492年间，黄河在开封四周横流，将开封隔在黄河北岸。故“五行”相克思想便对形状上的开封卧牛城有了新的阐释，而开封民间旧说则有“牛牲畜坤为土，土能受水，取名卧牛城，可镇水泛圮”①。

郑之鎏的《续东京梦华录》记载：“城以卧牛名者，城枕大河，牛土属，土能克水也。西城重门相向，其牛之首乎，直吞河雒而来王气也。余则三四重门，转折而不冲向，其牛之足乎。盘曲卧镇、参差其形，惟静可以制动也。城外东北堤畔仍有一大铁牛，遥望河浒镇之，是有取乎名之也。”②清代学者顾炎武《历代宅京记》也有“汴城卧牛之形，北视黄河为子，而子不敢来害其母”之载。③清代学者常茂徕的《石田野语》也记载：“汴城北临黄河，塔以铁名，盖镇压黄河之义。铁属金，金为水之母，取子不犯母也。又在艮方，艮为土，取土能克水也。”④此几种说法，都将开封城视为卧牛城，起到镇水护城的作用。当然，也有认为此说不可信的，如和维《愚见纪忘》“固子门”，或曰“固作顾，视也。汴城卧牛之形，北视黄河为子，而子不敢来害其母”，此臆度之说，无所据。⑤这也从侧面反映了开封卧牛城说法的流行。

---

① 开封市地方志编纂委员会编：《开封市志（第6册）》，北京：北京燕山出版社，2001年，第313页。

② 《祥符县志》之《建置志·城池》引郑之鎏《续东京梦华录》，孔宪易校注：《如梦录·形势纪》，郑州：中州古籍出版社，1984年，第6页。

③ （清）顾炎武：《历代宅京记》，北京：中华书局，1984年，第228页。

④ （清）常茂徕：《石田野语》卷1，民国二十二年（1933年）商丘井氏刻本，第11页。

⑤ （明）李濂撰，周宝珠、程民生点校：《汴京遗迹志》卷1，北京：中华书局，1999年，第3—4页。

总之，明代开封地位特殊，研究意义重大。明代开封府城是全国第二等级大城市，是当时河南省内最大的城市，其平面布局颇具特色。开封五重城的平面格局和“卧牛城”仿生意象，延续宋金元发展而来，最初都是针对开封城的平面形状而言，但到了明代则因为砖城的修筑，周王府萧墙和紫禁城的出现，城市平面形状出现明显的变化，明代中期又因城市频繁遭受黄河水患的侵扰而人为新增环城一周的护城堤和增添“五行”思想，最终形成五重城城市格局和家喻户晓的“卧牛城”。明代开封城市平面布局的变化过程，是历史延续、时代要求和对黄河泛滥环境相适应的产物，是古人对所处生存环境的重要表征。

第三章　黄河泛滥灾害与开封迁城之议

历史上黄河的每一次决口和泛滥，洪水都会淹没大片土地，并波及泛滥土地上的城市。城址位置是城市历史地理和城市史研究首先要关注的问题，这也是黄河变迁对城市影响最直接的体现。[①]这当中，又因黄河与城市相互关系的复杂性，有些城市因遭受黄河水患曾有迁城动议，但因种种因素而未果，如北宋的乾宁军城、深州城[②]，明清的睢宁、安东县城[③]等，另根据郑州大学张裕童博士学位论文《明代黄河下游水患与城市迁移研究》中的整理，明代黄泛平原有11 座议迁的城市，即原武县城（1452 年）、西华县城（1452 年）、开封府城（1461 年、1487 年、1489 年）、封丘县城（1493 年）、夏邑县城（1537 年）、徐州府城（1590 年、1623 年）、曹县城（1511 年）、沛县城（1603 年）、鱼台县城（1529 年、1604 年）、蒙城县城（1544 年）、睢宁县城（1570 年、1629 年）。这样的例子还有很多，容日后深入研究。是否迁移治所是一项重大工程，牵涉政治因素、社会因素和自然因素，是各种因素协调的结果。开封城，作为黄泛平原上规模最大的府城，明清以来共出现七次“迁城之议”，这背后与黄河泛滥环境密切相关，是时人处理黄河灾害的重要思想观念表征。

---

① 吴朋飞、刘德新：《审视与展望：黄河变迁对城市的影响研究述论》，《云南大学学报（社会科学版）》2020 年第 1 期，第 69—77 页。

② 李大旗：《中央政策与地方利益：以北宋棣州、深州迁城避水为例的探讨》，《河北师范大学学报（哲学社会科学版）》2018 年第 4 期，第 73—80 页。

③ 段伟：《历史政治地理对水患的响应：以明清时期的黄淮平原为中心》，上海：复旦大学出版社，2022 年，第 91—93 页。

第一节　开封七次迁城之议

历史上开封城市的发展轨迹异常曲折，可谓盛衰至极，反复无常。根据我们之前的研究，大致经历了三个发展周期：战国至东魏天平元年（534 年），历时 899 年；534—2005 年，共计 1471 年；2005 年至今。总体上讲，开封的衰落周期要比兴盛周期长很多，这是由其政治地位、资源禀赋、地理环境变迁等综合因素所决定的。[①]在城市发展的过程中，开封城经历了不少机遇和挑战（表 3-1），其中尤以明清以来的黄河水患对开封城影响为甚，出现了七次“迁城之议”。

表 3-1　开封城市发展历史上的机遇与挑战

周期	城市	机遇事件	挑战事件
前 364—534 年	春秋仪邑	魏迁都至此	
	战国大梁城	国都	王贲淹灌大梁
	秦汉至东魏浚仪城		
534—2005 年	东魏至北周浚仪州城	县城上升为州城	
	隋汴州城	大运河的凿通	
	唐汴州城	唐后期政治地位提高	
	五代东京城	（梁、晋、汉、周）国都	
	北宋东京城	国都	“靖康之变”
	金汴京城	先陪都，后定都	金元战争“疫病流行”，黄河水患
	元汴梁城		都城迁走，黄河水患
	明清开封城	陪都、藩封之地	黄河水患，尤其 1642 年、1841 年
	1912—1954 年省会		省会西迁
	1954—2005 年省辖市		1983 年行政区划调整
2005 年至今	省辖市	“郑汴一体化”、郑汴都市核心区、河南省新兴副中心城市	

资料来源：吴朋飞等：《黄河变迁与开封城市兴衰关系研究》，北京：科学出版社，2019 年，第 14 页

① 吴朋飞：《开封城市生命周期探析》，《江汉论坛》2013 年第 1 期，第 121—128 页。

一、天顺五年（1461年）迁城之议

天顺五年七月黄河涨溢，开封城遭受了一次大水入城灾害事件，这次灾情极为严重，仅次于崇祯十五年（1642年）的那一次。在灾后救治中出现了迁城之议。

七月己亥朔，巡按河南监察御史陈璧会同都、布、按三司的奏文中记载：

自六月终霖雨，黄河溢涨。七月初四日，决汴梁土城。当时筑塞砖城五门以备。至初六日，砖城北门亦决，城中稍低之处水深丈余，官舍民居漂没过半，公帑私积荡然一空，周府官眷并臣等各乘舟筏避于城外高处。速召邻近州县官，多率舟筏赴城救济军民，然死者已不可胜纪。①

翰林吕原在《扬州门新造石闸记》中对受灾状况的记载更为翔实：

天顺五年秋七月四日，客水暴至，河溢逾防，土城遂决。越六日，风激浪拥，突北门以入。平地水深丈余，王府及官卫、儒黉、庐井、市廛，无虑数万区，尽浸没摧圮。力能结筏者，仅以身免，而老弱者往往溺死。②

英宗皇帝在得知灾情后，派遣工部右侍郎薛远前来查勘灾情，特别叮嘱并给出了治理方案："黄河冲决为患非小，卿须多方设法消除水患，筑塞河堤，务令坚完。仍巡视下流，开通疏浚，以泄城中积水。尤先抚恤被灾之家，有缺食者，于附近官廪出粟给之。或劝谕富家赈贷，被灾田亩蠲其租税，官舍民居以次修理。须水患止息，事妥民安，然后回京。"③

薛远星夜驰汴，亲率三司官员查看地形，访问群众，研究救治措施。主要采取堵塞决口、抚恤灾民、抢修民居公廨、奏请蠲免田租、开河疏导引流等措施，翰林吕原的《扬州门新造石闸记》有详细记载。首先，在决口上游下桩卷埽，作截水堤240余丈。口门合龙后，在土城东自独峦冈至猫儿冈开渠2278丈，引水东注，排除城中积水。其次，又在城东南扬州门外（北宋东京外城的汴河水门）疏浚旧渠12480丈，经太平冈、陈留入黄河，进一步排泄城中积水。这样"地稍高者，咸得修葺舍宇。凡王府等廨署，亦渐可居，而军民荡析

① 《明英宗实录》卷330，天顺五年七月，"中央研究院"历史语言研究所影校本，1962年，第6794页。

② （明）李濂撰，周宝珠、程民生点校：《汴京遗迹志》卷15，北京：中华书局，1999年，第283页。

③ 《明英宗实录》卷330，天顺五年七月，"中央研究院"历史语言研究所影校本，1962年，第6794—6795页。

流离者，接踵复业，野田堪乂者，俱播宿麦矣”[①]。

由于明代开封“城外高、城内低”的盆状地形，这次黄河大水入城也使得城内积水一时难以排出。于是，采取人力车戽的办法，“阅月水尽干涸”。并于大梁、仁和等三门修筑道路以通车马。修补被洪水冲坏的城墙，创筑各门月堤。薛远还委命布政司照磨金景辉、开封府推官刘锜在扬州门建闸，当城中积水时启闸宣泄，若外水欲入则关闭闸门。为了防止黄河决溢，开浚祥符曹家溜以分杀水势。整个工程从天顺五年九月十二日（1461 年 10 月 15 日）开工，到天顺六年二月二十六日（1462 年 3 月 26 日）竣工，“凡役丁夫三万八千四百二十一，用桩木三万一百七十四，茭稍以束计者一十二万七千四百，楗囤以件计者三千二百，麻以斤计者九千七百八十六。而闸用石八百余片，砖二万余块，灰三万余斤”[②]。

开封城经过工部右侍郎薛远的治理，“虽稍平复，而人心尚尔疑惧”[③]。天顺七年（1463 年）二月，曾协助薛远救灾的河南布政司照磨金景辉在上奏中提到“臣惟黄河四渎之宗，天下水之莫大者也。今不循故道而并流入淮，是为妄行。为今之计，在疏导以分杀其势；若止委之一淮，仍行堤防之策，臣恐开封终为鱼鳖之区矣。不此虑者，或谓疏浚之事劳费不任；殊不知欲为长久平治之道，虽劳费有弗足计，不愈于累年修筑之劳费哉！或谓浚河不如迁城。此其尤妄者！城为民设，水患不息，民困未已，城何为焉？又况所费不赀，岂易为哉！臣愚则始终惟疏浚之是计也”[④]。从这段话中可以看出，当时曾有疏浚河道和迁城两种应对灾害的措施，在河南任职的高官金景辉不同意迁城而认为采取疏浚河道的方案比较合适，英宗皇帝也同意他的意见，称“其言颇合时议”。

二、成化十八年（1482 年）迁城以避水患

成化十四年（1478 年）九月癸亥，黄河水溢，“冲决开封府护城堤五十丈，居民被灾者五百余家”[⑤]。巡抚河南右副都御史李衍等奏，河南地方河患频仍的

① （明）李濂撰，周宝珠、程民生点校：《汴京遗迹志》卷 15，北京：中华书局，1999 年，第 284 页。

② （明）李濂撰，周宝珠、程民生点校：《汴京遗迹志》，北京：中华书局，1999 年，第 285 页。

③ 《明英宗实录》卷 349，“中央研究院”历史语言研究所影校本，1962 年，第 7028 页。

④ 《英宗实录》卷 349，天顺七年二月二十一日，李国祥、杨昶主编：《明实录类纂·经济史料卷》，武汉：武汉出版社，1993 年，第 855—856 页。

⑤ 《明宪宗实录》卷 182，“中央研究院”历史语言研究所影校本，1962 年，第 3282 页。

原因是因为“下流壅塞，以致冲决散漫，淹没民居”，主张疏浚开封南部的行洪通道，“自开封西南地名新城，下抵梁家浅旧河口七里，疏浚壅塞，以泄杏花营上流水势。又自八角河口，直抵南顿，分道散漫，以免祥符、鄢陵诸县，睢、陈、归德诸州淹没”①。宪宗皇帝命李衍等“斟酌行之”。成化十八年（1482年），黄河、海河流域暴发洪水灾害。②有一条黄河漫溢洪水围困开封城的记录。《明宪宗实录》记载：成化十八年“五月丁巳，河南开封府州县黄河水溢，淹没禾稼”。当时杨理③巡抚河南，“值岁歉，河大决，汴城几垫，有议迁改者，民心汹惧”④。显然，黄河漫溢的洪水泛及开封城垣，城池几乎蛰陷。当时的情形危急，人心恐惧，才有迁城以避水患的议论。杨理以“迁岂易事”⑤的理由予以驳斥，并“增筑汴堤高厚”，加强城防，水不为害。

三、弘治二年（1489年）迁城以避水患

弘治二年，黄河出现了一次大决口。当时，黄河下游河道在原武至开封之间出现多处决口，《明史·河渠志》记载：“五月，河决开封及金龙口，入张秋运河，又决埽头五所入沁。”⑥黄河决口后的具体经行路线为：“自原武由开封黄沙冈抵红船湾凡六所，又决埽头五所，东北入沁河，溢流为二：一决南岸，自于家店经兰阳县南，东至归德，由徐、邳入淮；一决北岸，自封邱县之荆隆口，漫祥符，溃仪封县之黄陵冈，东经曹、濮，入张秋运河。”⑦这次决口后全河流量的7/10向北决出，3/10向南决出。基本上形成南、东、北三面分流的局势，向南的水流在中牟至开封县界内又分成两股，一股经尉氏等县，由颍水入淮；另一股经通许等县，由涡河入淮。此外，还有一支南决的水流东出今商丘，南流至亳州，也汇入涡河。北决的正流东经今原阳、封丘、开封兰考等

---

① 《明宪宗实录》卷184，成化十四年十一月六日，“中央研究院”历史语言研究所影校本，1962年，第3308页。

② 高建国、夏明方主编，张崇旺本卷主编：《中国灾害志·断代卷·明代卷》，北京：中国社会出版社，2019年，第54页。

③ 杨理，字贯之，直隶山阳县（今江苏淮安）人。成化二年进士，选授刑科给事中。擢鸿胪寺少卿，改大理寺左寺丞。历左右少卿。进都察院右副都御史，巡抚河南。召为工部右侍郎。弘治四年五月甲午，卒。参见李国祥主编：《明实录类纂·人物传记卷》，武汉：武汉出版社，1990年，第716—717页。

④ （清）傅泽洪辑录：《行水金鉴》卷19《河水》，上海：商务印书馆，1937年，第297页。

⑤ （清）傅泽洪辑录：《行水金鉴》卷19《河水》，上海：商务印书馆，1937年，第297页。

⑥ 《明史》卷83《河渠志一》，北京：中华书局，1974年，第2021页。

⑦ （清）夏燮撰，王日根等校点：《明通鉴（中）》，长沙：岳麓书社，1999年，第1002页。

地，东趋徐州入运河。这大致上就是贾鲁河过去的流路，也是古汴河的旧道，所以人称“汴道”。另有一支北决的水流，冲入了张秋一带的运河。从弘治二年（1489 年）开始，黄河下游形成了比较固定的汴、涡、颍三条河道，以汴道为干流。

弘治二年的黄河大决口，对开封城市影响很大。在开封附近的决溢地点，据河南守臣奏：“河决开封黄沙冈、苏村、野场，至洛里堤、莲池、高门冈、王马头、红船湾六处。”开封四周皆水，受灾严重，“所经郡县多被害，而汴梁尤甚”[①]。当时开封是河南省首府和周王朱橚藩封之地，竟然有人提出“欲迁汴城以避水患”。

六月，户科都给事中张九功等人以黄河为患进言防水三策：一是徙居民，以避水患；二是多穿漕渠，分杀水势；三是修筑故基，频年劳费，终难成立。[②]当时有主张“徙河南省避其害”[③]，“迁开封城于许州”[④]。事下工部。议谓：“河南自古都会之地，今王府、城池、司府卫大小衙门、军民居址所在，规制已定，若乃一旦迁移，未易轻议。况安土重迁，人心所系，亦难遥度。宜仍行镇巡等官详议其利害以闻。”[⑤]十一月，巡按监察御史陈宽、布政使徐恪等人奉旨研究议迁事宜，上疏称：“黄河之水，自古为患，所以防御之者，亦惟修筑堤岸耳。今幸下流冲决，分为数派，徐图修塞，岂无善策。固不必多穿漕渠，分杀水势，亦不宜辄议迁城，摇动人心，况当饥馑之余，公私匮乏，百尔财力，于何仰给？”[⑥]在布政司徐恪等人的坚持下，“迁城之议，遂不果行”[⑦]，孝宗皇帝“命所司役夫五万人治之”。可见当时黄河决溢泛滥对开封城市威胁的严重程度。

四、崇祯十五年（1642 年）迁城之议

弘治八年（1495 年）刘大夏治河后，开封附近的黄河河道相对固定，但黄

① 《明孝宗实录》卷 26，“中央研究院”历史语言研究所影校本，1962 年，第 580 页。

② （清）傅泽洪辑录：《行水金鉴》卷 20《河水》，上海：商务印书馆，1937 年，第 299 页。

③ （明）吴道南：《吴文恪公文集》卷 4，沈乃文主编：《明别集丛刊（第 4 辑）》，合肥：黄山书社，2015 年，第 323 页。

④ （清）夏燮撰，王日根等校点：《明通鉴（中）》，长沙：岳麓书社，1999 年，第 1002 页。

⑤ 《明孝宗实录》卷 27，“中央研究院”历史语言研究所影校本，1962 年，第 595— 596 页。

⑥ 《明孝宗实录》卷 32，“中央研究院”历史语言研究所影校本，1962 年，第 720 页。（清）傅泽洪辑录：《行水金鉴》卷 20《河水》，上海：商务印书馆，1937 年，第 300 页。

⑦ （清）傅泽洪辑录：《行水金鉴》卷 20《河水》，上海：商务印书馆，1937 年，第 300 页。

河的威胁并未解除。在正德至嘉靖前期，黄河下游仍呈多支分流的局面，当时比较稳定的泛道一共有5条，可分为南路和东路两大流向。南路共有2条河道，一条由涡河入淮，一条由濉河入泗入淮；东路共有3条河道，一条由贾鲁故道经徐州入泗入淮，一条由曹县东流经沛县入运河，一条是从流经曹县、沛县这一派上分出，经谷亭（今山东鱼台）入运河。[①]到了嘉靖二十五年（1546年）之后，只剩下经徐州入泗入淮的一条河道，其余的河道基本上都被堵塞了。万历年间（1573—1620年），潘季驯采取“束水攻沙”的措施将河道固定下来，形成单一的下游河道。

在这一时期，开封城只遭受1次黄河洪水入护城堤事件和1次黄河洪水入开封内城事件。这与嘉靖、万历年间之后黄河险工移至黄陵冈至曹单一带河道，特别是曹县境内有关。另外，还与开封护城堤防的修筑有很大的关系，开封护城堤-外城（北宋外城）-内城（砖城）-萧墙-紫禁城五重城的形态结构决定了除非发生不可抗拒的天灾人祸，黄河洪水是很难进入开封砖城内的。李濂《汴京遗迹志》指出，“自是（天顺五年河患）之后，堤防有法，黄河不入汴城，殆百年矣。修堤捍御之方，诚不可不讲，司其事者，所宜留意也”[②]。从弘治八年（1495年）起，再算上整个清朝，也仅有5次黄河泛滥洪水影响到开封城：万历三十四年（1606年）、乾隆二十六年（1761年）、嘉庆二十四年（1819年）这3个年份是黄河洪水进入护城堤内，崇祯十五年（1642年）、道光二十一年（1841年）这2次是黄河洪水进入开封砖城内。1642年事件，是人为扒开黄河大堤所引发的大灾难，而1841年事件，有人为疏忽管理和因行政条块分割治河者治理不力的原因。

因省城开封重要的地理区位、特殊的政治优势及繁荣的经济文化，成为明末以李自成为首的农民军的重点攻打目标，“欲得汴而据之，以号召远近，如刘季之于丰、沛也”[③]，但大明王朝的朝廷官员、周王宗室、官僚与士绅也深知开封城是中原重镇，竭尽所能地进行防御。崇祯十四年（1641年）十二月至崇祯十五年（1642年）九月间，以李自成为首的农民军与以巡抚高名衡为首的开封城内各级别官员、王府宗室、绅民展开了3次激烈的攻防战，最后黄河在朱家

① 辛德勇：《黄河史话》，北京：社会科学文献出版社，2011年，第50页。

② （明）李濂撰，周宝珠、程民生点校：《汴京遗迹志》，北京：中华书局，1999年，第71页。开封市地方史志办公室编：《万历开封府志校注》之《河防》，郑州：中州古籍出版社，2017年，第494页。

③ （清）郑廉：《豫变纪略》卷6，杭州：浙江古籍出版社，1984年，第140页。

寨和马家口决堤南流，滚滚波涛淹没了这座自唐宋金元以来的城市的所有繁华。杜本礼等指出："入清以后，开封虽然重建，但再也恢复不了古城的元气，从某种意义讲，清以前的那个开封已不复存在，在残留的明城墙基础上重修起来的清代城墙，已失去了明城墙所蕴含的皇城意味。"①灾后开封城破烂不堪，昔日繁华、富庶的开封城市尽付东流，"繁华胜景于此绝矣"②，故曾有"迁城之议"。

五、道光二十一年（1841 年）迁城之议

道光二十一年，黄河在今开封市北郊张湾附近决口南泛，波及豫、皖、苏三省，而以豫、皖受灾最重③，约计 8 府 45 州县程度不同的受灾。其间，自六月中旬至次年二月，开封城被黄河洪水围困长达 8 个月之久，这在中国灾荒史上甚为罕见，也是开封城市发展史上又一个城市衰落的关键节点事件。洪水围城过程中，城墙破损剧烈，城内积水严重，除布政司署、粮道署、开归道署、开封府署和数条街道无水外，余皆深八九尺、四五尺、二三尺不等。民房倒塌无算，城内居民纷纷登上鼓楼、城墙等高处避水。在抗灾过程中，开封市的许多标志性建筑物，如城墙的望楼、城垛，孝严寺、西北城庙宇、校场、演武厅、东棚板街阴沟石块，贡院经房、号房等，都因为应急堵御被拆除，造成了城市景观和文化事业的一大浩劫。"城则断雉颓垣，几同废垒矣。"④灾后重筑的开封城墙，即今之开封城墙。泥沙在城外大量淤淀，城外与城内的高度落差进一步增大，城内地下水位上升，开封城内变成了名副其实的盆地。

在开封城被黄河洪水围困长达 8 个月期间，道光二十一年七月二十一日河道总督文冲的一份奏疏提出"省垣卑湿，亦需另择善地，早为迁避"⑤，由此拉开了开封迁城保城之争，上自道光皇帝，下至河道、巡抚、地方绅士及当地民

---

① 杜本礼、高宏照、暴拯群编著：《东京梦华·开封卷》，北京：中国人民大学出版社，1993 年，第 187 页。

② 孔宪易校注：《如梦录·著者原序》，郑州：中州古籍出版社，1984 年，第 14 页。

③ 李文海、周源：《灾荒与饥馑：1840—1919》，北京：高等教育出版社，1991 年，第 33 页。李文海等：《近代中国灾荒纪年》，长沙：湖南教育出版社，1990 年，第 9 页。

④ 邹鸣鹤：《防守省城情形略》，（清）痛定思痛居士著，李景文、王守忠、李湍波点校：《汴梁水灾纪略》，开封：河南大学出版社，2006 年，第 161 页。

⑤ （清）痛定思痛居士著，李景文、王守忠、李湍波点校：《汴梁水灾纪略》，开封：河南大学出版社，2006 年，第 130 页。

众都被裹挟其中，开展了一场大博弈。直到道光二十二年（1842年）二月黄河决口被堵御合龙，此后重新修筑开封城垣，这场迁城之争才告一段落。具体“迁城之议”的过程，下文将详细论及。

六、同治四年（1865年）迁城许昌之议

道光二十三年（1843年）六月，黄河在中牟六堡决口，溢入祥符县界，遍及开封护城堤外，而西南一带尤甚。道光二十一年（1841年）、二十三年的两次黄河大水使得开封“城内低，城外高”的盆地地貌愈发明显，城内积水久久无法排出，已成为一大祸患。同治四年（1865年）以后，曾经在城内开渠排水，仍无法解决积水问题，因而有官员提出迁省城于许昌的动议。

同治五年（1866年）曾设法排出城内积潦，但仍没有成功。同治六年（1867年），“夏大雨，各坑积水溢出，淹圮民房甚众，城市路断”[①]，更是加剧了开封城内的积水，严重影响城市居民的生活环境。“七年六月，积潦尤甚，出入以舟，于是大议修筑，闻者咸以为难。”时任巡抚的李鹤年对开封城内外地形地势进行了实地勘察，测得“城外地高于城内水面者，七尺有奇。由是而东至太平冈，则其地，低于城内水面者，约二、三尺。又东则陈留地低而杞县高，又东至睢州之南，则益低矣。计其中最高之地，惟太平冈西之二十里及杞县、睢州之百余里，是为河水所穿之地，于此加修深广，则尾闾不患其不通矣？”[②]于是在当年十月开工深挖太平冈西边二十里的高地，打通了城内积水排泄之路。八年（1869年）四月工程顺利完工，并取得了良好的效果，“城中积水，十减七八，居民便之，而濒河之地之旧为斥卤者，亦悉易而为沃野焉”。

《浚惠济河碑》中也谈及这次疏浚的成效，还对城内疏导支河、湖泊有清楚的记载：“自是至五月之半昼夜流浑浑不息，阅七十余日，流始渐止。积年之恶，一旦输尽……水既退，量城中墙壁水痕，高者至丈，低者犹四尺余。去污就燥，人还其家，官私庐舍，已圮者新之，存者涂治之。待衢之水，皆返塘泺……明年冬，益治支渠，引小池之水，入于大塘，内甓外石，绵络纵横。又明年，益增为之。凡成城内暗沟者三，水益畅出。是年厦大水，自省以西以南

① 光绪《祥符县志》卷23《杂事志·祥异》，清光绪二十四年（1898年）刻本。

② 《巡抚李鹤年惠济河辑说序略》，光绪《祥符县志》卷7《河渠志·河防》，清光绪二十四年（1898年）刻本。

皆苦潦，而省城及省东五州县晏然，然后知下流之果未尝高也。”[①]这里说到疏浚惠济河工程完工后，经过七十多天才将城中积水排出，“量城中墙壁水痕，高者至丈，低者犹四尺余”。这很难让人想象当时开封城内的居民生活环境。笔者认为，这次工程最大的贡献是在排除城内积水后，彻底对城内排水系统进行了整治，“明年冬，益治支渠，引小池之水，入于大塘，内甓外石，绵络纵横。又明年，益增为之。凡成城内暗沟者三，水益畅出”。可以说是将整个城市水系湖泊重新整理了一遍，城内各处积水都疏导引入大塘（湖泊）中，并采取“内甓外石”，将导水沟道（明沟、暗沟）和湖泊定型化。

后经当时的河南巡抚李鹤年重新开挖惠济河，该工程自同治七年（1868 年）十月兴工，次年四月工毕，将城内积水引出东水门，经祥符、陈留，流入东南，至鹿邑入涡河。渠成，开闸放水，经过七十多天的排泄，“流始渐止。积年之恶，一旦输尽”。清同治九年（1870 年）《浚惠济河碑》记载，“迁城之议永息”。

七、中华民国开封“迁城之议”

民国初期，开封曾有一次省城是否搬迁的动议。[②]在 1920 年林传甲的《大中华河南省地理志》中有记载：“河南全省人民以开封为省会，设省议会于此，以为代表民意之机关，有立法之权。而议者谓省垣低于河堤数十丈，一遇洪潦冲决堪虞……黄沙环壅，时助暴风，城内荒冢殃及井泉，无河流以涤污，无树木以调和空气，兼之公共卫生缺乏，每年疫疠死者百分之七，居民多患肺痨痢疾。自治事业，难期发达，行政亦多不便。为达大计，急宜迁省郑县，或洛阳，或郾许，勿徒苟安一时为目前计也。”[③]这里面提到了当时开封城及其周边的环境状况，因长期受黄河泛滥河患的影响，开封城郊到处是一片无际的黄沙，几乎不见树木，每到春季刮起风来，沙土弥漫，不见天日，“一遇风日，黄沙蔽天，晴天三

① 清同治九年河南巡抚李鹤年撰文立碑。碑现存河南开封禹王台大殿前之东壁上，共两石，通长 2.58 米，高 0.36 米。碑文记载了开封自明朝以来河水为患，城中积水无法排出，同治七年李鹤年动工浚惠济河以泄城中积潦一事，并详记惠济工程规模及功效。此处碑文据左慧元编：《黄河金石录》，郑州：黄河水利出版社，1999 年，第 352—354 页。开封市地方志编纂委员会编：《开封市志（第 6 册）》，北京：北京燕山出版社，2001 年，第 276—277 页。

② 此次“迁城之议”，据武汉大学毋有江参加“中原政治地理与河南省历史地图集编纂”学术研讨会暨河南大学历史地理学第四届学术论坛（2018 年）所提交的学术论文《吴世勋〈分省地志：河南〉对于编撰〈河南历史地图集〉的参考意义》。

③ 林传甲：《大中华河南省地理志》，闽侯林氏著述发行部，1920 年，第 71 页。

尺土，下雨一街泥”，开封于是有“沙城”之称。但这一动议又因内忧外患、时局动荡，最后不了了之，开封依旧作为中华民国时的河南首府而存在。

总之，作为一座拥有2300多年建城史与366年建都史的开封城，在明清以来的六百余年间竟然出现至少七次“迁城之议”，这在中国乃至世界城市发展史上都比较罕见。而数次的迁城之议都与南泛的黄河对开封城的影响有关，是当时人们处理黄河灾害及开封城市发展的重要思想观念。开封城屡议迁城而未果，也从侧面反映出城市顽强的韧性和生命力，但每次迁城之议背后都是各方力量的博弈，这一过程极其复杂，值得深入探讨。

第二节 道光开封迁城与保城之争

道光汴梁水灾引起了学术界的高度关注，王宗虞、李文海、郑师渠、王质彬、陈业新、吴朋飞、田冰和吴小伦的论著曾涉及这次特大洪涝灾害[①]，但重点多为灾害的再现和灾情描述[②]，灾中的物价[③]，或探讨决口原因[④]，或着力于危机的应对[⑤]。而针对这次大水灾害中出现的“迁城之议”，上述提到的现有研究中

---

① 李文海等：《鸦片战争爆发后连续三年的黄河大决口》，《清史研究通讯》1989年第2期，第1—7页。李文海等：《中国近代十大灾荒》，上海：上海人民出版社，1994年。胡思庸：《近代开封人民的苦难史篇——介绍〈汴梁水灾纪略〉》，《中州今古》1983年第1期，第20—22页。王质彬、王笑凌：《清嘉道年间黄河决溢及其原因考》，《清史研究通讯》1990年第2期，第14—19页。田冰、吴小伦：《道光二十一年开封黄河水患与社会应对》，《中州学刊》2012年第1期，第141—144页。

② 王宗虞：《记道光二十一年开封张家湾河决》，《中国科学院河南分院历史研究所集刊》1960年第1集，第33—37页。郑师渠：《论道光朝河政》，《历史档案》1996年第2期，第88—94页。

③ 孙建国：《道光二十一年黄河水灾开封城“银贱钱贵”研究》，《中国经济史研究》2017年第5期，第130—143页。

④ 王质彬、王笑凌：《清嘉道年间黄河决溢及其原因考》，《清史研究通讯》1990年第2期，第14—19页。李俊男：《1841年黄河水患期间开封城百姓的生活境况》，《兰台世界》2016年第5期，第101—103页。李蓓蓓、何辰宇、袁存：《1841年黄河下游水灾及其影响分析》，《农业考古》2015年第1期，第126—131页。侯起秀：《1841年的开封保卫战》，《河南水利与南水北调》2015年第1期，第23页。吴朋飞、陆静、马建华：《1841年黄河决溢围困开封城的空间再现及原因分析》，《河南大学学报（自然科学版）》2014年第3期，第299—304页。田冰、吴小伦：《道光二十一年开封黄河水患与社会应对》，《中州学刊》2012年第1期，第141—144页。吴小伦：《道光二十一年开封的迁城之争》，《兰台世界》2011年第19期，第44—45页。陈业新：《道光二十一年豫皖黄泛之灾与社会应对研究》，《清史研究》2011年第2期，第90—101页。戴祁：《黄河祥符大工始末记》，《水利》1936年第2期，第153—166页。

⑤ Dodgen R. A. *Controlling the Dragon：Confucian Engineers and the Yellow River in the Late Imperial China*，Hawaii：University of Hawaii Press，2001，pp. 69-169. 陈业新：《道光二十一年豫皖黄泛之灾与社会应对研究》，《清史研究》2011年第2期，第90—101页。田冰、吴小伦：《道光二十一年开封黄河水患与社会应对》，《中州学刊》2012年第1期，第141—144页。

也有涉及，以吴小伦的《道光二十一年开封的迁城之争》[①]一文，较为详细。

道光二十一年（1841 年）黄河决口南泛的这场罕见的道光汴梁水灾，在《清宣宗实录》《(道光）起居注》《上谕档》《清史稿》《再续行水金鉴》《续碑传集》《辛丑河决大梁守城书事》《防守省城情形略》《汴梁水灾纪略》《(光绪）祥符县志》《清代黄河流域洪涝档案史料》《清代淮河流域洪涝档案史料》等资料中都有记载。其中，尤以《汴梁水灾纪略》最为详细和具体。清代开封痛定思痛居士的《汴梁水灾纪略》长达 5 万余字，它以日记形式，逐日记载，并将当时所能见到的有关资料加以补充和整理而成书。该书记载的洪水事件，自道光二十一年六月十六日起，到道光二十二年（1842 年）二月十六日止，历时 8 个月。由于作者对待这一历史事件是持“只记所闻所见”和“事实无饰”的严肃态度，故记载的事实是真实可靠的。此日记，目前所见有内部发行本《道光汴梁水灾》[②]和公开发行本《汴梁水灾纪略》，我们根据该资料将此次水灾发生的重要时间节点进行了初步整理（表 3-2)，从中可以看出整个灾害发展的进程，特别是何时出现“迁城之议”，以及巡抚牛鉴、河道总督文冲（包括王鼎、慧成，新任河督朱襄、新任巡抚鄂顺安）与道光皇帝之间的互动。

表 3-2　1841—1842 年开封水灾的重要时间点统计表

时间	地点及事项	奏折	上谕
道光二十一年六月十六日午刻	祥符三十一堡（开封十五里的张湾）决口，堵北门、西门、南门、宋门水门洞、曹门；黑河岗堤、西北护城河堤		
十六日夜	南堤去城十里、老人寨；护城堤内；夜晚围城状况、官僚归家聚赌，四乡泽国		
十七日早	曹门层门瓮城、二重门水浸入，堵三重门；东南红沙湾、水门洞成险工；南门被水撞开，瞬息至曹门；城外黄水弥望无助，附城居者，院内皆深二三尺许	文冲奏	
十七日晚	曹门外救出被水冲者男女二十余口		
十八日	阴雨不止；南门、东北隅、西北隅房屋倒塌无数；雷家桥、自铁塔寺至贡院前为水所不至；城根下水深五六尺，无路可通；曹门水面狭处，造木桥；出金求堵水门洞；粮价腾贵，城内罢市		

① 吴小伦：《道光二十一年开封的迁城之争》，《兰台世界》2011 年第 19 期，第 44—45 页。其他的还有：郑开齐：《牛鉴与开封城市发展关系研究》，《城市地理》2016 年第 24 期，第 242—243 页。林虹：《牛鉴在治理开封黄河水患中的作为——以〈汴梁水灾纪略〉为据》，《文物鉴定与鉴赏》2017 年第 8 期，第 32—34 页。孟超祥：《清道光二十二年至二十三年开封城池修筑研究》，《开封大学学报》2018 年第 3 期，第 56—62 页。

② 《道光汴梁水灾》，黄河水利委员会档案馆，2000 年。

续表

时间	地点及事项	奏折	上谕
十八日辰刻	曹门、曹门迤北面、红沙湾、北门大街、曹门内火神庙街铺店、鼓楼、西南隅扼要处；水大落		
十九日	水大落；东南隅苏村口、红沙湾以北冲开堤口数处，南门水势渐缓，乘机堵御；祥符六堡官署争造木筏	牛鉴奏	
十九日午刻	西门外、南门下城、南门、东南隅水门洞		
二十日	曹门以北、东乡十方院		
二十一日	漫口曰：水线一道自北而南，二十三日大溜必至；开封府、火神庙（放赈）、四乡被淹		谕内阁；谕军机大臣等
二十二日	水门洞（工竣）；贡院号舍、祥符学宫		
二十二日夜	河水复发		
二十三日	曹门北、城西北隅、朱仙镇、陈留、杞县；仓库、监狱、衙署公所		又谕（2）
二十四日	金龙四大王庙		
二十五日	北门月城渗漏，水遍西城；贡院号舍、祥符学宫	文冲奏	
二十五日夕	大溜现绕省城西南下注		
二十六日	决口后开归道步际桐望河大哭	牛鉴奏	
二十七日	西门外、二三坝		谕军机大臣等
二十八日	西门外、东南红沙湾堤口；大雨倾盆，通宵不止		
二十九日	是夕大雷雨；五城门楼	文冲奏	谕军机大臣等
三十日	北城水溜偏紧，曹、宋门渐露干滩，城东北角；南芦花岗堤	牛鉴奏	谕
道光二十一年七月初一日巳刻	西北城角；护城大坝		
七月初二日	东门外；城垛（女儿墙）、官棚、睢工		
七月初三日	河水复涨，天大雷雨；西北城角、曹门南城墙；护城堤内	文冲奏	谕军机大臣等
七月初四日	大溜复射北门、头层门		谕军机大臣等
七月初五日	平粮价、修复	牛鉴奏	
七月初六日	大雨一昼夜；曹门以南、北门外迤		
七月初七日	自水围城后，天大放晴；北门外迤西架天桥		谕军机大臣等
七月初八日	西南注六分，东注四分，东门外大溜去城二里许		
七月初九日	林则徐奉旨发往河东效力；沁河暴涨，温、孟两县地方俱大水		
七月初十日	河水复涨；北门迤西渗漏		谕军机大臣等
十一日	东北城隅挑水坝复加增高大		
十二日	是日甲子，俗为雨忌。西南城角报险、曹门以南至宋门水去城渐远；西门瓮城渗漏		
十三日	天大晴明，万里无云		
十四日	东、西、北三门外水势大落		

续表

时间	地点及事项	奏折	上谕
十五日	校场旧时比武重地，秋祭节。城垣、校场、演武厅、孝严寺、大相国寺早被拆尽	牛鉴奏	
十六日	北城外		
十七日	西北城外大溜逼城、曹门瓮城		
十八日	城西北隅；贡院经房、武闱（武闱指王宫里小门）、各庙宇		又谕
十九日酉刻	西北隅		
二十日	雨。西北隅		谕军机大臣等
二十日巳刻	城西北隅、北城楼		
二十一日	晴霁。水射西城	牛鉴奏	
二十一日夜	备锹镢于南门		
二十二日	铁塔寺		
二十二日申刻	西城、水溜		
二十二日酉刻	西门城外、西北隅、书店街		
二十四日	西城、水溜		谕内阁
二十五日	东河溜、西门以北。土岗		
二十六日	西城城根、东堤后台庄搭桥		谕军机大臣等
二十七日	西北隅水势上擎，去城二里许。西北隅、西门		
二十八日	溜复南趋，逼撞西城、北门外滩；东西城上贸易、东乡后台庄		
二十九日	封丘县、曹门、城东北隅；五门唯曹门去河较远，滩面干三四里		
道光二十一年八月初一日	西北隅，东河水复涨，曹、宋门渐露干滩		谕军机大臣等；又谕
八月初二日	东北东南城下，水落停淤，已成一片沙滩。西、北门尚在多事之时；西门外窑口庄开支河、六堡。北城西第九敌台		
八月初三日	水复东趋，溜高二尺余。五门外寺庙		
八月初四日	东河水复涨、西门外		谕军机大臣等；又谕
八月初五日	赈灾；东乡后台		
八月初六日	文庙		谕军机大臣等；又谕（2）
八月初七日	藏香祀河神		谕军机大臣等
八月初八日	南乡之芦花冈、东乡之后台、开封府、贡院号房；明远楼、至公堂、至慎堂、文明堂、四周围墙		
八月初九日	西北城，东棚板街阴沟石块；西北角至西门，所筑挑水坝已作三道		

续表

时间	地点及事项	奏折	上谕
八月初十日	行宫积水、东棚板街阴沟石块；西南淤岗		
十一日	是晚大风。北城		谕内阁；谕军机大臣等
十二日	赈厂		
十三日	清查户口		
十四日	下游州县、四乡；府文庙		谕内阁
十五日	赴六堡		
十六日	北城，驻祥符六堡		谕军机大臣等
十七日	张湾、漫口	王鼎、慧成、牛鉴奏；又奏	
十八日	见马湾、小马圈、后台庄聚赌		
十九日	东赈厂、开封府		
二十日	垣水势日平，西坝裹头必应赶紧兴做，派归德府垫办麻斤		
二十一日	北河水复西趋、挑水砖坝二道成；草房		谕军机大臣等；又谕
二十二日	东、西厂		
二十四日			谕军机大臣等
二十五日	河水复发。是日雨，自 二十 日后始一雨		
二十六日	东河水复发、东西分两股；苏村堤口、红沙湾堤口		
二十七日			给九州县口粮
二十八日	洪泽湖		
二十九日	东西两赈厂	王鼎、慧成、牛鉴奏	
三十日	两赈厂发新升斗		
道光二十一年九月初一日	开归道步际桐		
九月初二日			谕军机大臣等；又谕（2）；另片奏
九月初三日	东堤		
九月初四日	河水复射西北城隅；东河后台渡口	麟庆奏	
九月初五日	东河水大落、西河水亦渐见消		牛鉴离任，鄂顺安上任
九月初六日	西门内关庙		
九月初七日			
九月初十日	河土破工		
十一日	留牛升		

续表

时间	地点及事项	奏折	上谕
十一日晚	北门水断流，人可以涉；辕门		
十二日	东赈厂、开封府；火神庙、东岳庙		
十三日	清查册成		
十四日	东河复涨		
十五日	引河开工		
十六日		王鼎、慧成、朱襄、鄂顺安奏	
十七日	赈厂		
十八日	北门河水复南移；金龙四大王诞辰		
二十日	河水复涨，西北城、后台、水溜冲东堤		又谕
二十一日	河水复发		
二十二日	西北城隅修盖官房		
二十四日	是晚大电。西门外卖唱	麟庆奏	
二十五日	雨，天大寒		
二十六日	阴冷，是晚微雪		
二十七日	密云不雨，天复甚寒		
二十八日	晴霁；西门外		
道光二十一年十月初一日	冬祭节		
十月初二日	东赈厂、开封府	麟庆复奏	得旨
十月初三日	四乡查灾		
十月初五日	赴河工效用；大梁书院、彝山书院、黄家胡同		
十月初七日	是夜微雨。北门外、城西北隅失火		谕军机大臣
十月初八日	官任命职		
十月初十日	行宫、核学门、文场门		
十四日晚	东城门外普陀庵查灾民		
十五日	大雪。草、宋、南门外渐干露		
十六日	大雪不止		
二十日	西坝开工		
二十一日	北门外浮桥		
二十五日	撤北门砖局		谕军机大臣等
二十六日			谕军机大臣等
二十七日	楚旺镇漕厂		
二十八日	开归道、开封知府		
二十九日		朱襄奏	得旨

续表

时间	地点及事项	奏折	上谕
道光二十一年十一月初二日	城西北隅设挡凌桩、东坝开工		
初八日			谕军机大臣等
十七日			谕内阁
十八日	河水骤涨		
二十四日			谕军机大臣等
道光二十一年十二月初五日	东河后台庄过渡		
初七日			谕军机大臣等
初八日	西坝火起、开封府		
初九日	西坝弹压		
十六日	月食和六月十六相同		
二十一日			谕军机大臣等
二十四日	开引河放水		
二十五日	立春		
道光二十二年正月初六日		王鼎、慧成、朱襄、鄂顺安奏	
初八日	寅时合龙		
十一日			谕军机大臣等
十九日		王鼎、慧成、朱襄、鄂顺安奏	谕内阁
二十五日		王鼎等奏；另片奏	谕
道光二十二年二月初七日			发林则徐往伊犁
二月初八日		王鼎、慧成、朱襄、鄂顺安奏	
十二日			谕军机大臣等
十六日			谕内阁
二十一日			谕军机大臣等
二十八日			又谕

资料来源：据《道光汴梁水灾》等书整理

根据我们之前的研究，开封这次大水围困的整个水患过程分为四个阶段：漫水灌城（六月十六至二十二日）、大溜分股浸城未入城（六月二十至七月十五日）、大溜冲射危及西北城隅（七月十六至八月十五日）和堵御黄河决口（八月十六至次年正月初八日）。[①]开封“迁城之议”争论最激烈的时间段恰恰处于洪水围城最为危急的“大溜冲射危及西北城隅”阶段。整个迁城与保城之争的发生过程如下。

一、出现“弃城迁省”的时间

在这次道光开封城市水灾中，开封城被洪水围困的情形及救灾遇到的困难使得部分官员颇有弃城迁省之意，对于何时出现“弃城迁省”想法，目前有两种说法：

一是林虹的“七月初二”说[②]，其依据是：七月初二，（总河）文冲上奏朝廷，认为拦占河身，与水争地为下策，顺流疏导才是良谋，当前开封城外已四面淤积泥沙，地势低下的城内潮湿不已、难以居住，即使河归正道，百姓也需要另择善地，重建家园，因此与其费时费力费钱调派官兵、奏拨钱粮、购集料物，不如暂缓堵筑工程，另寻他处迁避，待一二年后再行查看办理。

一是吴小伦和郑开齐的“七月十八日”说[③]，其依据是：最早出现迁城的想法是来自河道总督文冲的一份奏折“省垣卑湿，亦需另择善地，早为迁避”[④]。七月十八日，道光皇帝认为：“省城建置，历有年所，择地迁移，关系重大。并著会同牛鉴详勘周咨，妥议具奏。文冲原折，著抄给阅看。将此谕令知之。”[⑤]

我们对两种观点所引用的史料，进行了复核，最后赞同林虹的“七月初二”说。由此，开封迁城之争，拉开序幕。

---

① 吴朋飞、陆静、马建华：《1841年黄河决溢围困开封城的空间再现及原因分析》，《河南大学学报（自然科学版）》2014年第3期，第299—304页。

② 林虹：《牛鉴在治理开封黄河水患中的作为——以〈汴梁水灾纪略〉为据》，《文物鉴定与鉴赏》2017年第8期，第32—34页。

③ 吴小伦：《道光二十一年开封的迁城之争》，《兰台世界》2011年第19期，第44—45页。郑开齐：《牛鉴与开封城市发展关系研究》，《城市地理》2016年第24期，第242—243页。

④ （清）痛定思痛居士著，李景文、王守忠、李湍波点校：《汴梁水灾纪略》，开封：河南大学出版社，2006年，第130页。

⑤ （清）痛定思痛居士著，李景文、王守忠、李湍波点校：《汴梁水灾纪略》，开封：河南大学出版社，2006年，第130页。

二、迁城保城的阶段性过程

七月初二日，有另择善地、重建家园的想法，但未引起各方的注意。从七月十六日起，黄河泛滥开封的水情发生变化，开封城西北隅吃紧，十八日文冲的奏折"省垣卑湿，亦需另择善地，早为迁避"，引起了道光皇帝的重视。七月十九日，道光帝的态度发生明显变化，从其对牛鉴的上谕中可以看出他实际上已产生主张放弃开封，另选他处重建的想法。他在上谕中说："惟省城猝被水围，百姓困苦情形已堪悯恻，设使水势日长，急切不能消退，而城垣断不能久泡无妨，岂非坐待百万生灵俱归沉没，朕心实有不忍。与其搬移砖石，剜肉补疮，徒事补苴，终难保护，莫若取所拨库银以为迁徙赈济之需，著牛鉴悉心妥酌，剀切晓谕。"[①]同时，他还建议：凡此城内居民各有父母妻子，趁此及早迁徙，以冀生全。如有安土重迁不愿轻去其乡者，亦不可加以逼迫。其文武大小官员兵丁人等，倘至事出危急，亦即随时酌量就近迁避，不必以城已就淹，因有守土之责，徒作无益之举。[②]显然，道光皇帝的开封迁城想法已经形成，迁城之策也在谋划当中。

巡抚牛鉴在接到两份谕旨（十八日、十九日）后，在七月二十五日与署布政司鄂顺安合词覆奏"实有万难议迁之势"，奏折中指出："省城辐辏之区，百万生灵所聚，如果万分危急不能保守，当凛遵谕旨速谋迁避。"谈到自黄河决口围城一月以来，纷纷逃散之民，多系商贾客民或土著之民在外有亲族可依者，携家往投，其实不过十分之三。其余土著之民，或户族滋繁，或系恋产业，或贫乏单寒，或只身穷独，正赖在工得值养赡身家，此项人等实有十分之七。……若一闻迁徙之令，彼愚民无知，以为城垣决不可保，则众心涣散，各自逃生，一线孤城，谁与防守？变生俄顷，间不容发，亦恐迁徙未必能及，而大溜已灌入城中矣。又恐奸民四出乘机抢夺，不但官之号令不行于百姓，即满营及标左右两营兵丁不下数千名，亦必纷纷四散不能禁止，所谓舟中之指可掬者，此时情状真不堪设想矣！以现在情形考之，实有不同。臣钦奉谕旨，臣等

---

① （清）痛定思痛居士著，李景文、王守忠、李湍波点校：《汴梁水灾纪略》，开封：河南大学出版社，2006年，第43—44页。（清）王先谦：《（道光朝）东华续录》第7册，上海：上海古籍出版社，1995年，第674页。

② （清）痛定思痛居士著，李景文、王守忠、李湍波点校：《汴梁水灾纪略》，开封：河南大学出版社，2006年，第44页。《清宣宗实录》卷354，北京：中华书局，1986年。

悉心妥酌，臣牛鉴谨与署藩司鄂顺安反复筹商，实有万难议迁之势。①

七月二十六日，钦差东阁大学士王鼎，署理藩院事、通政司通政使慧成，及随员刑部郎中蒋方正，内阁中书张亮基，刑部候补主事吴光业抵达开封指导和负责开封水围一切事务。而道光皇帝在还没有收到牛鉴二十五日的回疏之前，再次发布上谕，“前有旨谕知牛鉴，事出危急，城内居民及早迁徙，官员亦酌量迁避，计此时当已接奉。现在秋汛方长，水势靡定，倘万分危急不能保守，着即遵照前旨，先尽城内居民择地迁避，文武大小官员以次递迁。牛鉴身任巡抚，自应照料妥当，随后起身。此次议迁万不获已，原以保全百姓，总须先民后官，以免惊窜纷扰，是为至要。将此由五百里谕令知之等因，钦此”②。

牛鉴收到圣谕后，再次上奏“河南省城被水情形、断难迁移、并日内保护绥辑”一折，“省城辐辏之区，百万生灵所聚，如果万分危急不能保守，当凛遵谕旨速谋迁避。惟事体重大，审度宜详，城虽屡濒于危，而人力足以捍御，人心略无动摇，守则转危为安，迁则变生意外，此中措置，间不容发。臣与署藩司鄂顺安体察情形，实有万难议迁之势，是以于二十五日据实详陈在案”③。“就现在情形而论，大局实无可虞。至城内居民，一月以来纷纷逃避。臣前约计十分之二三，今细加咨询，率皆客民之有力者，人少而辎重多，实在迁者仅及十之一二。其余户繁有产之家，系恋乡邦，贫乏单寒之辈，藉工糊食，均不愿舍城轻去。街市如常，贸易物价亦已渐平。在工官弁绅民，众志成城，毫无惶惑。各厂赈济灾民，计口授食，亦皆一律安静。此目前实在情形。似此人心维系，安固不移，不特不可议迁，亦且无从议迁。”④在收到牛鉴“保城”的回奏后，道光皇帝的迁城之念有所松动。

而在七月二十六日钦差东阁大学士王鼎，署理藩院事、通政司通政使慧成，及随员刑部郎中蒋方正，内阁中书张亮基，刑部候补主事吴光业等 5 人抵达开封后，亲眼看到洪水水溜逼城的严峻形势，“阴有迁省之意”。《汴梁水灾纪略》详细记载：“二十九日，绅士高赐礼等赴六堡见钦差。初，钦差之来也，睹

① （清）痛定思痛居士著，李景文、王守忠、李湍波点校：《汴梁水灾纪略》，开封：河南大学出版社，2006 年，第 54 页。

② （清）痛定思痛居士著，李景文、王守忠、李湍波点校：《汴梁水灾纪略》，开封：河南大学出版社，2006 年，第 54 页。

③ （清）痛定思痛居士著，李景文、王守忠、李湍波点校：《汴梁水灾纪略》，开封：河南大学出版社，2006 年，第 54 页。

④ （清）痛定思痛居士著，李景文、王守忠、李湍波点校：《汴梁水灾纪略》，开封：河南大学出版社，2006 年，第 55 页。

水溜逼城，城内四周积水深丈许，阴有迁省之意。巡抚稔知民情，安土重迁，恐激他变，谕令绅士面见钦差，切言其故。于是，在籍礼部郎中高赐礼及前任福建闽县知县张光第、荫生县丞周之培、举人许敬安、徐嵩生等赴六堡见钦差，泣涕陈诉，言极痛切。钦差亦为流涕，遂罢其议。”[①]这样保城的队伍又增加了朝廷派来的官员。

到了八月初六日，道光皇帝说：昨（八月初五）有旨令王鼎、慧成，将河南省城现在应否迁徙，着会同牛鉴、鄂顺安，妥议具奏。本日据牛鉴驰奏“省城大局，可保无虞，现在办理情形”一折。河南省城，被水匝月，现据该抚奏称，抢护无害，碍难议迁。究竟情形若何，是否确有把握，著王鼎等详细体察情形，确实据奏。[②]八月初七日，“至省垣议迁一节，本属万不得已之举，现在水势既渐消落，民情更复团结，目前自可缓议迁移”[③]。开封保城迁城之争稍有缓和。

随着开封被围水情的发展，迁城和保城之争也进入了一个新的阶段，较之前更为激烈和紧张。这一纷争的导火索缘起于八月初五日河道总督的奏疏，吴小伦认为，这一次的争论由“迁城”过渡成“缓迁”。[④]具体的纷争过程如下：

八月初五日，文冲上奏称：“省城西北隅甚为险要，西坝裹头尚不敢轻率动工，恐激怒溜势省城吃重，将来堵筑口门，恐逼射省垣。又运送物料船只一经运到，辄被地方官员扣留，移住眷口，停泊城隅，又不载送上坝，俾资轮转。”[⑤]道光皇帝命令王鼎、慧成，将河南省城现在应否迁徙，着会同牛鉴、鄂顺安，妥议具奏。八月初六日，牛鉴驰奏“省城大局，可保无虞，现在办理情形”一折，里面说到“水消溜缓，省城大局无碍”，道光皇帝看后说“河南省城，被水匝月，现据该抚（牛鉴）奏称，抢护无害，碍难议迁。究竟情形如何，是否确有把握，着王鼎等详细体察情形，确实据奏”。显然，道光皇帝对开封城的水情信息还是掌握不全，需要王鼎等核实确认。“该抚有守土之责，既据

① （清）痛定思痛居士著，李景文、王守忠、李湍波点校：《汴梁水灾纪略》，开封：河南大学出版社，2006年，第50页。

② （清）痛定思痛居士著，李景文、王守忠、李湍波点校：《汴梁水灾纪略》，开封：河南大学出版社，2006年，第133页。

③ （清）痛定思痛居士著，李景文、王守忠、李湍波点校：《汴梁水灾纪略》，开封：河南大学出版社，2006年，第134页。

④ 吴小伦：《道光二十一年开封的迁城之争》，《兰台世界》2011年第19期，第44—45页。

⑤ （清）痛定思痛居士著，李景文、王守忠、李湍波点校：《汴梁水灾纪略》，开封：河南大学出版社，2006年，第60页。

查明省城可保无虞，迁徙自为缓计。惟秋汛方长，必应宽备料物，源源接济。”①

八月初七日，道光皇帝又根据王鼎的奏疏认为“至省垣议迁一节，本属万不得已之举，现在水势既渐消落，民情更复团结，目前自可缓议迁移”，“将来大工合龙后，可否仍为省会，着即详查具奏”。②道光心里还是有“缓议”的想法。

道光皇帝指出，“窃臣等于八月初八日准军机大臣字寄，八月初五日钦奉上谕，前因祥符汛漫口，水势渐逼河南省城，降旨饬令牛鉴会同鄂顺安商酌一切。如城垣不能坚守，即设法迁移，原因数百万生灵不能坐待淹没，且钱粮用至数十万以上，足敷搬运之资。与其仓皇补苴而终归莫保，不若先事绸缪更为妥协。旋据牛鉴奏称，有难迁之势。朕以为该抚揣度情势，保护城垣必有把握，故亦不为遥制”③。在看到河道总督文冲的奏疏后，道光皇帝有些担心，“现在秋汛正长，若果如所奏，水势激射，裹头尚不能兴工，则将来筹堵口门，溜势更急，彼时城垣愈酥，安能保其无倾圮之患？若牛鉴果有把握，必能力保无虞，则应饬令运料船只源源轮替接济，不应任听各员扣留城隅移住眷口。倘只苟安目前，毫无权变，设水势愈大，人力难施，数百万生灵与夫城内钱粮仓库俱付漂没，咎将谁归？”并责令王鼎和慧成“如可以进城，即会同牛鉴、鄂顺安熟筹定议，妥速具奏。将此由五百里谕令王鼎、慧成、牛鉴、鄂顺安知之。钦此”④。

八月初九日，钦差大臣王鼎、慧成，巡抚牛鉴合词具奏：为遵旨熟筹定议省城可守而不可迁，决口可堵而不可漫，将实在情形恭折覆奏，仰祈圣鉴事。⑤奏疏中针对道光皇帝的担忧，如实禀告：“查省城防守安定，断难议迁缘由，经臣牛鉴两次切实奏陈在案。臣王鼎、慧成未经抵汴之先，亦以为避灾远害，人情之常。及至汴半月，接晤绅士，博采舆论，历次赴城查看实在情形，水势委渐松缓，防闲亦极周备，民情又极静谧。未迁者固安堵如常，已迁者又复纷纷

① 《道光汴梁水灾》，黄河水利委员会档案馆，2000年，第120页。

② 《道光汴梁水灾》，黄河水利委员会档案馆，2000年，第121页。

③ （清）痛定思痛居士著，李景文、王守忠、李湍波点校：《汴梁水灾纪略》，开封：河南大学出版社，2006年，第59—60页。

④ （清）痛定思痛居士著，李景文、王守忠、李湍波点校：《汴梁水灾纪略》，开封：河南大学出版社，2006年，第60页。

⑤ （清）痛定思痛居士著，李景文、王守忠、李湍波点校：《汴梁水灾纪略》，开封：河南大学出版社，2006年，第59页。

折回。倘或轻举妄动，百姓至愚，以为城不可保，官已弛防，产业不可保，生计无可谋，四出窜逃，仓皇靡止。因之无赖棍徒乘机抢夺，赤手游民随声附和。即此时急公效力之义民，亦将变而为劫掠作乱之奸民。祸生不测，只在须臾，岌岌危城，何从防守？其不能迁徙委系实在情形。臣牛鉴与鄂顺安住宿城隅，躬督修守，确见水势日平。自城西北角以至西门，所筑挑水坝已作三道，城根间段业已生淤。其西北以东虽系常冲，而溜已渐弱，较之七月十八日，以至二十三等日光景，大有霄壤之别。且料物充足，城身纵有续塌，随塌随镶，咄嗟立办，省城之保守已确有把握。"[①]针对河道总督文冲奏疏中提到的不敢做西坝裹头，恐怕危及开封城这一点，王鼎等详细了解实际情况后认为"臣查河堤漫决，无不急做裹头。裹头之做，只系防其塌宽，并非进占逼溜，于省城有何吃重？水势宽，则平缓，束则紧急。查霜清水枯之时，底水本不加增，自口门以至城角，尚有十余里之遥，将来兴办大工，堵筑口门，束水抬高，难免汹涌，自属常情。然汹涌者，只在口门而外，一过口门，其势不能不渐松缓。若以夹束抬高之水行十余里之遥，尚复汹涌激射，断无是理。臣牛鉴现在城西北一带，城身之窄者，内则帮助土戗，其宽厚丈余，或二丈不等；外则沿城镶做防风埽段，纵有意外急流，亦可有备无患"[②]。总之，强调"省城可守而不可迁"。

同时，巡抚牛鉴更是指出"即使情形危迫，毫无把握，亦万万有不可迁之势。而况水势消落，料物充足，城垣之可保，已实实得有把握也"。理由如下：

第一，口门可堵而不可漫。不特省城数百万生灵盼望合龙，即省城以外各州县，及安徽、江苏各地方百姓，亦无不引领盼望合龙。若该河臣文冲所奏，畏难不办，是置百姓于不顾。明岁大汛经临，水之所至，尽成灾区，议赈议蠲，自不待言。万一数省灾黎聚集一处，更有他虞，又将何策以御之？

第二，而况检阅河口旧档，如下埽、进占、敲冰，遇万难措手之时，莫不竭尽人力，期于成功，亦断无因难不办之理。

第三，臣牛鉴殚力守城已将两月，自署藩司鄂顺安到省，得藉勷劳，于城垣修守、夷险情形，委属真知灼见。臣王鼎、臣慧成抵汴半月，三次进城，亦

① （清）痛定思痛居士著，李景文、王守忠、李湍波点校：《汴梁水灾纪略》，开封：河南大学出版社，2006年，第60—61页。

② （清）痛定思痛居士著，李景文、王守忠、李湍波点校：《汴梁水灾纪略》，开封：河南大学出版社，2006年，第61页。

于守顺迁逆情形得其窍要。而河道总督文冲，“自漫口以来，并未进省一视。其先后陈奏各折，一时危迫情形，并未亲见。即现在水势消落情形，亦未目睹”[①]。

王鼎、慧成、牛鉴、鄂顺安的奏疏，比较可靠，符合当时开封的水情形势。八月十一日，道光帝坚定了“缓迁”想法，“至开封府城，难议遽迁，俟河流稍定，再行徐议，相机办理”[②]。这样开封城是“迁”还是“保”，只能等到决口合龙后再行商议，迁城之争稍有缓解。

九月十一日，新任河道总督朱襄抵达开封，看到黄河水围开封城的形势，“仍有议迁之意”。《道光汴梁水灾》有详细记载：先是总河朱至，睹省城危险恐不可保，且各大宪亦俱犹疑，仍有议迁之意。绅士等面见总河，力陈不可迁之故，总河命开节略，以便再行会议入奏，至是合词联名上之。旋奉旨允行。[③]此后，国家派遣的督查指导大员、河道总督、河南巡抚都把焦点集中到堵御黄河决口上，“迁城之议”一事暂时也就被搁置一边了。

道光二十二年（1842年）二月八日决口合龙后，原先暂搁的“缓迁”之议重新被提出，再次出现“迁城”之争。二月二十一日，道光帝在查看王鼎等人的“查看省垣情形，暂缓迁移”一折后，认为“河南省城议守议迁，关系非细，必应通盘筹计，衷于一是，岂容两持其说”，并强调“现在大工合龙，一切形势，无难逐加履勘”，因此谕令王鼎等人再行会同妥商，“即将该处省垣究竟应迁应守之处，定议具奏”。[④]后来他又根据河南巡抚鄂顺安的奏疏，提出“省城被水之后，应办诸务，工巨费繁，拟请劝捐济用，当有旨谕令妥为办理，并饬严禁州县抑勒等弊”。同时，对“其省城究竟应迁应守”，再次谕令王鼎等人妥商定议。二月二十八日，道光皇帝根据王鼎等的奏称“民情安土重迁，原以不迁为妥善，现在踊跃捐输，应俟要工举行，再彰明定议等语。著鄂顺安届时定议具奏”[⑤]。

道光二十二年至二十三年（1842—1843年），在地方政府的主导下，开封城进行了大规模的维修。道光二十二年（1842年）三月，开封城开始加高修葺，

---

① （清）痛定思痛居士著，李景文、王守忠、李湍波点校：《汴梁水灾纪略》，开封：河南大学出版社，2006年，第62页。

② 内容较多，未摘录，见《道光汴梁水灾》，黄河水利委员会档案馆，2000年，第121—122页。

③ 《道光汴梁水灾》，黄河水利委员会档案馆，2000年，第75页。

④ 《道光汴梁水灾》，黄河水利委员会档案馆，2000年，第132页。

⑤ 《道光汴梁水灾》，黄河水利委员会档案馆，2000年，第133页。

“城旧高二丈四尺，今增高一丈，又益女墙六尺。城之西北隅全圮，西及南间段圮，其袤六百丈有奇，皆重筑焉”[①]，历时一年半才完工。新修的城垣，“周长22里70步，高3丈4尺，女墙高6尺，上宽1丈5尺，底宽2丈，城墙外壁用一色青砖砌筑，里侧护坡仍用灰土夯筑——古版夯筑。全城共有马面81座，四角各建1座角楼，城外有深1丈、宽5丈的护城河。城门5，名与明代相同”[②]。整个城市面貌焕然一新，针对这次水灾长达大半年之久的迁城保城之争无人再提，至此画上句号。

第三节　道光开封迁城之议的博弈生态

我们根据各种文献和资料中记载的有关1841年道光汴梁水灾发生过程中的重点人物，以及表3-2所呈现的重大事件整理成图3-1，以便分析。

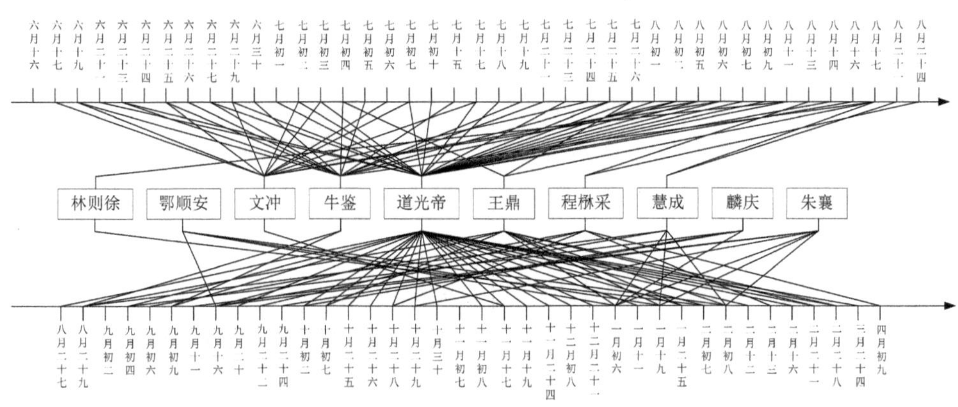

图3-1　道光汴梁水灾中的人物和时间

根据图3-1，可以看出整个黄泛水灾发生时间在1841年的六月十六日至1842年的四月九日，灾害发生过程中形成了以道光帝为中心的信息网络中枢，以巡抚牛鉴、东河总督及钦差王鼎等人的上奏为中心的上下互通渠道。各方信息互通的时间主要集中在开封这次大水围城水患四个阶段的大溜分股浸城未入

① （清）鄂顺安撰，牛鉴书：《重修河南省城碑记》，碑存开封市博物馆。现据刘顺安：《开封城墙》，北京：北京燕山出版社，2003年，第150—151页。

② （清）鄂顺安撰，牛鉴书：《重修河南省城碑记》，碑存开封市博物馆。现据刘顺安：《开封城墙》，北京：北京燕山出版社，2003年，第36页。

城（六月二十至七月十五日）、大溜冲射危及西北城隅（七月十六至八月十五日），尤其以七月二十六至八月二十四日最为集中，这也是保城与迁城之争最为紧张的时候。

保城与迁城之争过程中，形成了以道光帝、牛鉴为首的保城派和以文冲为首的迁城派之间的较量（图 3-2）。

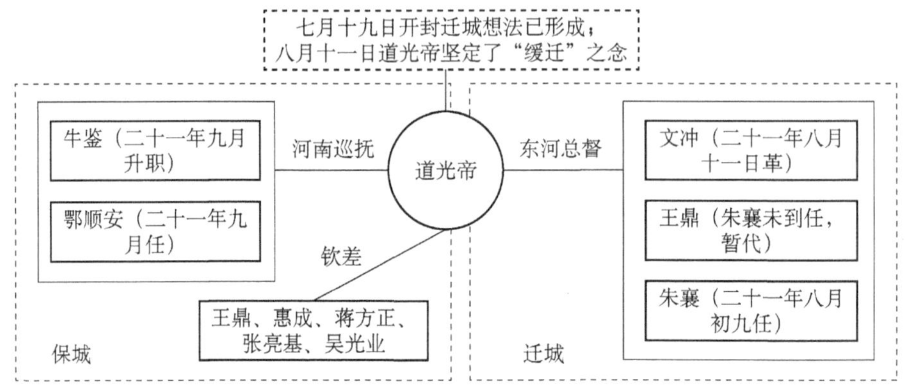

图 3-2 道光汴梁水灾中的保城与迁城

道光皇帝作为本次黄河围城水灾的总指挥，通过保城和迁城两派和钦差王鼎的上奏来了解水灾发生的具体情形。道光皇帝“迁城”的想法在钦差王鼎未抵达开封之前，主要是通过河道总督文冲和河南巡抚牛鉴的上奏来获取信息的。

最早有迁城想法的是文冲七月二日的奏折。道光帝随即安排人事，七月三日谕，命林则徐戴罪效力，赶赴开封治水。七月四日，道光帝令王鼎作为钦差驰往开封，又令牛鉴对所有灾民“妥为抚恤，勿令失所，一俟水退，即当分别安辑，复其旧业”①。随着洪灾事态的发展，到七月十七日，道光帝提到文冲的奏折“省垣卑湿，亦需另择善地，早为迁避”。于是开始有了迁城的想法。

七月十八至八月九日，是迁城、保城之争最为激烈的阶段。道光帝与文冲、牛鉴共进行了 13 次往来，信息交流之频繁，“守”“迁”言辞之激烈，这也反映出开封黄河水灾的发展情况，而河道总督和河南巡抚各守其职，站在自己的角度去考虑问题。七月二十六日，道光帝派的钦差王鼎等 5 人抵达开封，保城队伍得到进一步壮大。

八月十一日，道光帝将文冲彻底革职。八月十六日，林则徐赶到祥符六

① 《清宣宗实录》卷 354，道光二十一年七月，北京：中华书局，1986 年，第 383 页。

堡。开封水灾的情形得到缓解，道光帝由迁城渐渐转为“缓迁”。九月九日，牛鉴接到道光帝的圣旨，立即赴两江总督新任。这样，保城、迁城之争的两位重要人物都调离岗位，处理开封水灾的主要任务就是堵御黄河决口了。保城迁城实际上已告一段落。九月十一日，新河道总督朱襄到，“仍有议迁之意”，实则已构不成威胁。此后，在王鼎、林则徐等人的共同努力下，黄河决口于1842年二月八日合龙，道光开封水灾算是彻底解决。二月二十一日，道光帝谕令王鼎等人究竟是迁是守，定议具奏。二月二十八日，道光帝再次谕令王鼎等人商定开封的迁守问题。随后王鼎奏称“民情安土重迁，原以不迁为妥善，现在踊跃捐输，应俟要工举行，再彰明定议”。实质上，在黄河决口彻底堵御后，已无搬迁的可能，剩余的就是灾后修复工作了。灾害过程中的各种险象环生，道光帝对灾害的处理，与河道总督文冲、河南巡抚牛鉴、钦差王鼎等关系密切。对这三人的生平和经历的梳理，也有助于加深理解这次水灾中的“迁城之议”。

根据《清史稿》记载：“河道总督，江南一人，山东河南一人。直隶河道以总督兼理。掌治河渠，以时疏浚堤防，综其政令。营制视漕督。”①其中，东河河道总督一直为专任。东河总督，正二品，兼兵部侍郎、右副都御史衔。1841年开封水灾发生前后的几任河道总督，如下：

文冲，字一飞，满洲镶红旗人。荫生，工部主事，官至东河河道总督。有《一飞诗钞》。由湖北按察使转任河道总督，道光二十年（1840年）二月二十三日任，道光二十一年（1841年）八月十一日革职。道光二十一年，黄河在河南祥符决口，而当时的河督文冲“视河工为儿戏，饮酒作乐”，险情出现时，“厅官禀报置不问，至有大决”。②道光二十一年，水围开封长达八个月之久，朝廷追究东河总督文冲的责任，先是将其革职，在河工枷号三个月，然后发往伊犁充当苦差。

朱襄，安徽芜湖人。嘉庆二十五年进士，道光二十一年八月初九任东河河道总督，道光二十二年（1842年）九月初七病卒。史籍中对朱襄的记载非常少，他在担任河督前曾担任淮海河务兵备道、常镇海兵备道、徐州河务兵备道，有一定的治河经验，最后卒于河督任上。据记载，其担任河督期间“安澜

① 《清史稿》卷116，北京：中华书局，1976年，第3341页。

② 袁英光、童浩整理：《李星沅日记（上册）》，北京：中华书局，1987年，第280页。

著绩”[①]。

王鼎，陕西蒲城人，生于乾隆三十二年（1767 年），卒于道光二十二年四月，嘉庆元年（1796 年）恩科进士，官至太子太师，东阁大学士，军机大臣。道光开封水灾发生后被道光帝任命为钦差大臣派往开封，道光二十一年八月初九由大学士暂署东河河道总督，时新任河道总督朱襄未到任。在任期间，对开封保城和治理水患贡献很大，其人“清操绝俗，生平不受请托，亦不请托于人。卒之日，家无余赀”[②]。

慧成，满洲镶黄旗人。道光十六年（1836 年）进士，兵部右侍郎，道光二十二年（1842 年）九月十六日署东河河道总督，二十三年（1843 年）六月十六日革职。道光二十二年十一月初七，实授。

牛鉴，甘肃武威人，进士，道光十九年（1839 年）六月任河南巡抚，二十一年（1841 年）九月升署两江总督。在道光汴梁水灾中力主保城，贡献较大。

鄂顺安，满洲正红旗人，道光二十一年九月署理河南巡抚，二十八年（1848 年）八月革职。其中，道光二十三年闰七月十五日，钟祥未到任之前，任河南巡抚兼理河道总督。

道光汴梁黄河决口传至京城后，朝廷上下高度重视。七月初四日，道光帝命大学士王鼎、通政司通政使慧成驰往河南督办大工。八月初九日，以江苏淮扬道朱襄任东河总督，十一日下谕已革职责令戴罪图功的原河督文冲“枷号河干示众”[③]。同时还下诏命前往伊犁充军尚在途中的林则徐“折回东河效力赎罪”[④]。八月十六日，林则徐到达开封治河，而此时鸦片战争中英交战正酣，战争经费陡增，当时库存银仅为 680 万两，比上年的 1035 万两，减少了 1/3 还多[⑤]，直接导致国家派拨治理黄河的经费不足，林则徐在《张仲甫舍人闻余改役东河以诗志喜因叠寄谢武林诸君韵答之（其一）》诗里感慨道：“谁输决塞宣房费，况值军储仰屋愁。”[⑥]九月初一日，因国家派拨经费迟迟未到，布政司鄂顺安恐延缓时日，贻误工期，便全城筹银开工，“署开封府邹鸣鹤，以城内八家典

① 汪胡桢、吴慰祖：《清代河臣传》，周骏富辑：《清代传记丛刊》第 56 辑，台北：明文书局，1985 年，第 246 页。

② 《清史稿》卷 363，北京：中华书局，1977 年，第 11415 页。

③ 《清文宗实录》卷 41，咸丰元年闰八月上，北京：中华书局，1986 年，第 567 页。

④ 来新夏编著：《林则徐年谱》，上海：上海人民出版社，1985 年，第 366 页。

⑤ 彭泽益：《十九世纪后半期的中国财政与经济》，北京：人民出版社，1983 年，第 11 页。

⑥ 来新夏编著：《林则徐年谱》，上海：上海人民出版社，1985 年，第 371 页。

商旧存官银十五万两，遂传集八家抽取存项，勒限饬缴。并择大钱店八家，借银二十万两”[①]。经王鼎、林则徐、慧成、朱襄、鄂顺安和广大民众共同努力，祥符张湾黄河决口在第二年二月八日合龙成功，共用银600余万两。

总之，道光开封大水中的保城迁城之争最终以“保城”成功而结束，但在这一围困开封城8个月的特大水灾中，“迁”“守”的争议对当时开封官民心态、治理洪水方案等的重要影响，是难以想象的。河道总督文冲从自身职守角度挑起的迁城之争几乎贯穿整个救灾赈灾过程，给灾区社会带来了一定的负面影响，也引起了灾区人民的极大愤慨。时人李星沅曾写道：“（文冲）妄请迁省洛阳，听其泛滥，以顺水性，罪不容于死矣！约伤人口至三四万，费国帑须千百万，一枷示何足蔽辜？汴人皆欲得其肉而食之，恶状可想。”[②]而当时道光帝一是忙于中英交战，二是最初信息来源不畅，导致在“迁城”与“保城”上犹豫不决，也助推着争论的持续进行。后钦差大学士王鼎等人的到来，加上河南巡抚牛鉴、开封知府邹鸣鹤、河南学政许乃钊及当地绅士王懿德等牢牢坚守“保城”之念，民心民力得以凝聚，最终保住了开封这座千年古城。从道光开封水灾中的保城迁城之争，可以窥见当时处理灾害的各方力量的博弈政治生态，对当今重特大事故的处理也有一定的启示。

---

① （清）痛定思痛居士著，李景文、王守忠、李湍波点校：《汴梁水灾纪略》，开封：河南大学出版社，2006年，第72页。

② 袁英光、童浩整理：《李星沅日记（上册）》，北京：中华书局，1987年，第280页。

第四章　黄河泛滥灾害与明代开封镇河铁犀

1963年11月，河南省人民委员会公布了第一批省级重点文物保护单位名录，分为近现代文物（13处）、石窟造像（8处）、古建筑及历史纪念建筑物（62处）、石刻及其他（46处）、古文化遗址（107处）、古墓葬（17处），共计253处。其中，开封的省级重点文物保护名单有10处（表4-1），加上之前国务院于1961年3月4日公布的全国重点文物保护单位名录中的北宋时期的祐国寺塔（铁塔），开封这11处重点文物保护单位，是开封历史文化发展的精华和重要时代见证。

表4-1　开封市第一批省级重点文物保护单位名录

类别	编号	名称	时代	地点
近现代文物	1	杞县农民革命起义旧址	1926年	杞县
石窟造像				
古建筑及历史纪念建筑物（62）	44	繁塔	宋	开封市
	54	兴国寺塔	宋	尉氏县
	78	龙亭	清	开封市
	81	相国寺	明至清	开封市
石刻及其他（46）	123	黄陵岗塞河功完碑	明	兰考县
	127	紫铜钟	明	尉氏县
	129	铁犀牛	明	开封市
古文化遗址（107）	203	陆（鹿）台岗遗址	新石器时代、商	杞县
	236	开封城墙	明代	开封市
古墓葬（17）				

开封第一批省级重点文物保护单位（表4-1）中的“铁犀牛”，是明代开封城市发展与黄河水患互动关系的历史见证。我们在阅读相关文献过程中，发现

前人对该造型奇特的铁铸怪兽，关注不够，特别是对于谦亲撰的《镇河铁犀铭》的铭文，各种文献记载错讹较多。我们在梳理文献和实地考察的基础上，思考镇河铁犀为何物、产生的时代背景及它在全国的影响等重要问题。

第一节　镇河铁犀为何物

镇河铁犀，俗称“铁犀牛”。今河南省开封市古城东北 2500 米的铁牛村北，有一尊铁铸犀牛，高 2.04 米，围长 2.66 米，坐南向北，面河而卧。它浑身乌黑，独角朝天，双目炯炯，造型雄健。背上铸有正统十一年（1446 年）于谦撰写的《镇河铁犀铭》。1958 年熊伯履和井鸿钧合编的《开封市胜迹志》中载有“回龙庙明铁犀”，对其记载甚详：北门外东北四里辛庄回龙庙（俗名铁牛庙）内，存有明正统十一年巡抚于谦所铸铁犀（犀形状似牛角生鼻端）一具，当时幻想借此镇压水患，并建庙奉祀河神。明末河决，庙毁犀沉，清顺治年间掘出，康熙三十年（1691 年）巡抚阎兴邦重建庙宇，改名铁犀镇河庙，将铁犀移置庙中，建亭复盖，光绪年间，庙已久废，铁犀尚存，高五尺，周围八尺，背上铸有阳文“镇河铁犀铭”四言韵语二十二句八十八字，下款铸有“正统十一年岁在丙寅五月吉日，浙人于谦识”等十八字（“《(光绪）祥符县志》，祠祀及丽藻”)。又如梦录载铁犀附近有“石碑一通，上镌山水二字，大约四尺，字画深五寸许，坐南向北，取镇压黄河”。此碑早已无存。①

这是铁犀牛于 1963 年被公布为河南省第一批重点文物保护单位之前比较重要的文献记载，对我们复原和认识铁犀牛提供了非常重要的线索。

首先，该文献指出铁犀牛是在开封东北的辛庄，今开封北郊辛庄无铁犀，其东邻的铁牛村有铁犀牛，而铁牛村属于一个自然村，隶属于辛庄行政村。

其次，文献点明的明正统十一年巡抚于谦铸造铁犀，以及在明清的演变情况，基本符合事实。至于铸造铁犀的原因，下一节将详细探讨。本部分重点考察《镇河铁犀铭》的铭文和落款，以把握基本史实。

我们先来看《如梦录·关厢纪第七》记载：“土城角，有铁犀一只，于忠肃公制。犀背有忠肃公铭，<u>在今城外东北铁犀庙，俗呼为铁牛</u>。石碑一通，上镌

① 熊伯履、井鸿钧合编：《开封市胜迹志》，郑州：河南人民出版社，1958 年，第 87 页。

山水二字，大约四尺，字画深五寸许，坐南向北，取镇压黄河。碑今无存。”[①] 孔宪易先生校注的忠肃铭《镇河铁犀铭》曰：“百鍊玄金，**熔**为**真**液。变幻灵犀，雄威赫奕。**填御提**防，波涛永息。安若泰山，固如磐石。水怪潜形，冯夷敛迹。城府坚完，民无垫溺。雨顺风调，男耕女织。四时循序，百神效职。亿万闾阎，措之**衽**席。惟天之**休**，惟帝之力。**尔亦**有庸，传之无极。”正统十一年岁在丙寅五月吉**旦**，浙人于谦识。[②]

孔宪易先生是开封著名的文史专家，曾完成《如梦录校注》《东京梦华录校注》《夷门集稿》等共计60余万字的著作，对《歧路灯》、《清明上河图》、北宋东京城、繁塔等都有独到的研究见解。作为一位开封地方史志研究的权威专家，他校注的“忠肃铭”应该是比较可靠的，且我们通过进一步查阅一些文献，发现《镇河铁犀铭》是一个很重要的学术问题。现整理和论述如下。

我们多次考察铁牛村的镇河铁犀，发现铁犀背上的铭文，因时代久远，有些模糊不清，在此试图另辟蹊径，从一些文献记载中复原《镇河铁犀铭》，目前所见比较重要且相对可靠的文献资料上录有的铭文，见表4-2。

表4-2　不同版本的《镇河铁犀铭》文

孔宪易版	1982年《古都开封》	1986年《开封（初稿）》	1988年《开封文物胜迹》	1999年《黄河金石录》	2001年《开封市志（第6册）》	杭州于谦祠
百鍊玄金，**熔**为**真**液	溶、金	溶	溶、金	溶	溶、金	金
变幻灵犀，雄威赫奕						
填御提[③]防，波涛永息				镇		
安若泰山，固如磐石						
水怪潜形，冯夷敛迹						
城府坚完，民无垫溺						
雨顺风调，男耕女织						
四时循序，百神效职						
亿万闾阎，措之**衽**席	袵					
惟天之**休**，惟帝之力	庥	庥	俯	庥	庥	庥

① 孔宪易校注：《如梦录》，郑州：中州古籍出版社，1984年，第76页。此处下横线为清代咸丰二年（1852年）常茂徕注释的校注文字。

② 孔宪易校注：《如梦录》，郑州：中州古籍出版社，1984年，第77页。该书1963年10月初稿，1980年7月修改，1984年8月出版。“鍊”同“炼”，“熔”同“鎔”，后文不再进行区分。黑体部分强调不同文献中字形的变化。

③ “提”当为“堤”，应为印刷错误。

续表

孔宪易版	1982年《古都开封》	1986年《开封（初稿）》	1988年《开封文物胜迹》	1999年《黄河金石录》	2001年《开封市志（第6册）》	杭州于谦祠
尔亦有庸，传之无极						
正统十一年岁在丙寅五月吉旦，浙人于谦识	—	日	—	—	日	—

注：此表中，后几列只显示不同之处

表4-2主要反映的是中华人民共和国成立后的各种文献记载，通过比较和勘核，镇河铁犀铭文主要存在6处文字差异。我们仔细探究其中文字有迥异的原因，可能是自于谦铸造和背刻铭文时，就存在两个版本。具体论述如下。

一是文字留存本。

明代开封地方文献中，有万历十三年（1585年）刻本《开封府志》，以及李濂嘉靖二十五年（1546年）自刻本《汴京遗迹志》现存。在李濂的《汴京遗迹志》中有“铁犀铭”：

> 百鍊玄金，**鎔**为**真**液。变幻灵犀，雄威赫奕。**镇厥**堤防，波涛永息。安若泰山，固如磐石。水怪潜形，冯夷敛迹。城府坚完，民无垫溺。雨顺风调，男耕女织。四时循序，百神效职。亿万闾阎，措之**枕**席。惟天之**休**，惟帝之力。**亦尔**有庸，传之无极。①

明代河南的省志存有两种，即成化二十二年（1486年）影抄本《河南总志》和嘉靖三十五年（1556年）刻本《河南通志》，这当中嘉靖《河南通志》卷41有“皇明于谦铁犀铭”铭文留存：

> 百鍊玄金，**鎔**为**真**液。变幻灵犀，雄威赫奕。**镇厥**堤防，波涛永息。安若泰山，固如磐石。水怪潜形，冯夷敛迹。城府坚完，民无垫溺。雨顺风调，男耕女织。四时循序，百神效职。亿万闾阎，措之**枕**席。惟天之**休**，惟帝之力。**亦尔**有庸，传之无极。②

嘉靖《河南通志》收录的铭文，实际上出于李濂之手。因为嘉靖三十五年（1556年）刊本，主修为邹守愚，纂修者为李濂和朱睦㮮。③

① （明）李濂撰，周宝珠、程民生点校：《汴京遗迹志》，北京：中华书局，1999年，第333页。

② 嘉靖《河南通志》卷41《艺文》，明嘉靖三十五年（1556年）刻本。

③ 刘永之等：《河南地方志提要（上册）》，开封：河南大学出版社，1990年，第19—21页。

于谦是铸造铁犀的当事人，在他的《于谦集》卷8中是这样记载的：

百錬玄金，**鎔**为**真**液。变幻灵犀，雄威赫奕。**镇厥**堤防，波涛永息。安若泰山，固如磐石。水怪潜形，冯夷敛迹。城府坚完，民无垫溺。雨顺风调，男耕女织。四时循序，百神效职。亿万闾阎，措之**枕**席。惟天之**休**，惟帝之力。**亦尔**有庸，传之无极。①

我们对比发现这三处收录的文字完全一致，当是同一个来源。

到了清代，顺治《祥符县志》中有《镇河铁犀铭》，指出“其原铭在背”，我们仔细阅读后发现，该处收录的铭文“镇厥”成了“填御”、“泰山”成了“太山”，最后的“亦尔”因目前所见版本该处内容阙如，不得而知。②但在此后的康熙《河南通志》中也有“于谦铁犀铭”③，该处收录的铭文，除“水怪潜形”为“水性潜形”外，其余都与明代的一致。雍正《河南通志》中收录的“明于谦铁犀铭”，与明代的铭文相同。

二是拓本流传本。

根据我们掌握的资料，目前“铁犀铭”的拓本最早来源是出于清代黄叔璥之手，在其所著《中州金石考》中有“回龙庙铁犀铭，正统十一年于谦撰”：阎兴邦《铁犀镇河庙碑记》，出大梁之安远门，东北隅四里许，有回龙庙，庙后有铁犀一，狰狞蹲踞，半出土上，背凿铭词，乃明正统丙寅巡抚于忠肃所铸以镇水患者。闯贼围汴，曾用万夫移犀他所，千锤百煅，声闻十里，浃旬不能损其全躯，仅于左胁下穿一穴。壬午埋没土中，后人劚地而得之。视其铭词，隐隐隆起，若商周彝鼎，银钩无损，良有神呵护矣。其铭曰：百炼玄金，**镕**为**真**液。变幻灵犀，雄威赫奕。**填御**堤防，波涛永息。安若泰山，固如磐石。水怪潜形，冯夷敛迹。城府坚完，民无垫溺。雨顺风调，男耕女织。四时循序，百神效职。亿万闾阎，措之**衽**席。惟天之**休**，惟帝之力。**尔亦**有庸，传之无极。汴人庶吉士袁擔如亦有赞。④

《中州金石考》的作者黄叔璥（1666—1742年），字玉圃，顺天府大兴人。乾隆元年至乾隆五年（1736—1740年），任河南开归道，撰成《中州金石考》，

① （明）于谦著，魏得良点校：《于谦集（下册）》，杭州：浙江古籍出版社，2016年，第637页。

② 顺治《祥符县志》卷6，清顺治十八年（1661年）刻本。清汪价的《中州杂俎》卷4中也有“铁犀”，其所录铭文与此相同。参见《中州杂俎》21卷，民国十年（1921年）安阳三怡堂排印本。

③ 康熙《河南通志》卷49，清康熙三十年（1691年）刻本。

④ （清）黄叔璥：《中州金石考》8卷，民国六年（1917年）顾氏金佳石好楼本。

开创河南地区金石学专门著述之先河。该书的著录与考证对于今人考察和研究河南各地金石碑刻仍具有重要的参考价值。[①]我们根据《中州金石考》中文字的录入，发现他收录的“铁犀铭”与明代有三处不一致，即“填御”“衽席”“尔亦”，这也导致后来的流传错误。光绪年间吴庆坻《蕉廊脞录》[②]中有“于谦填河铁犀铭”，现部分摘录如下：

于谦填河铁犀铭

光绪甲午正月，黄仲弢前辈得于忠肃公《填河铁犀铭》拓本，凡八行。第一行“填河铁犀铭”五字。铭六行，文曰：“百炼玄金，**熔**为**真**液。变幻灵犀，雄威赫奕。**填御**提防，波涛永息。安若泰山，固如磐石。水怪潜形，冯夷敛迹。城府坚完，民无垫溺。雨顺风调，男耕女织。四时循序，百神效职。亿万闾阎，措之**衽**席。惟天之**佑**（四字提行，高一格）。惟帝之力（帝字以下提行，高一格）。**尔亦**有庸，传之无极。”铭凡六行，铭前一行“填河铁犀铭”五字，末一行“正统十一年岁在丙寅五月吉**旦**浙人于谦识”十八字。后有道光戊申七月既望刘师陆跋，云：“黄叔璥《中州金石考》引阎兴邦《铁犀填河庙碑记》云：‘出大梁之安远门，东北隅四里许，有回龙庙，后有铁犀一，狰狞蹲踞，半出土上，背凿铭，乃正统丙寅巡抚于忠肃所铸以镇水患者。闯贼围汴，曾用万夫移犀他所，千锤百煅，声闻十里，挟旬不能损其金躯，仅于左胁下穿一穴。壬子埋没土中，后人劚地而得之。视其铭词，隐隐隆起，若商周彝鼎，银钩无损，良有神呵护矣。其铭曰云云。’道光癸巳岁，余客大梁，尝访其地，亲至所谓回龙庙者，殿宇数楹，梁柱缔构颇新，惟周垣未葺。问之土人，谓数年前有议重修者，庀材未竟而止。中祀神座神牌尚存，乃明季洎国朝有功于民社宣防者。殿外亭基上，铁犀宛然在焉。铭文及前后题识，分别犀背左右各四行。‘镇河’‘镇

① 刘仲华认为，“黄叔璥虽然大量利用前人的金石学著录，并摘录其中相关的一些考证资料，但他自己所补充的一些资料，对于后人了解这些金石的迁移流传具有非常重要的意义。例如，由明代河南巡抚于谦铸造的镇河铁犀，背后有于谦所撰铭文，崇祯年间黄河水患，回龙庙被黄水荡平，铁犀深陷泥淖中。清顺治年间，将铁犀挖出。康熙年间，巡抚阎兴邦重修庙宇，改回龙庙为铁犀镇河庙。在《回龙庙镇河铁犀》条下，黄叔璥抄录了阎兴邦《铁犀镇河庙碑记》，对于人们了解这一历史便很有帮助”。参见刘仲华：《清代黄叔璥〈中州金石考〉的学术特色》，《唐都学刊》2004年第3期，第72—75页。

② 吴庆坻（1849—1924年），字子修，又字敬强、稼如，别号悔馀生、蕉廊、补松老人，浙江钱塘（今杭州）人。光绪十二年（1886年）进士，改翰林院庶吉士，散馆授编修。历任会典馆总纂，四川、湖南学政。著有《蕉廊脞录》《补松庐文录》《补松庐诗录》《辛亥殉难记》《庚子赴行在日记》《杭州艺文志》等。参见俞樾著，张燕婴整理：《俞樾函札辑证（下）》，南京：凤凰出版社，2014年，第458页。

御'，并作土旁；'百神效职'，黄考作'百辟'，盖误。余摩挲文字，确是铸成，非凿出者。流贼锤锻经旬，卒未能损其全体，迨用狡谋灌城，而犀终以土得完，迨二百余年之后，犹若新发于硎。及余访得时，四百余年矣。闻癸卯、乙巳两岁，大梁再经水患，环城皆水，回龙庙者谅已同在波流，犀纵尚存，当亦沉埋沙砾中，未知其出又在何时？今日曝书，拾得纸本，不胜慨然。时正荆江盛涨之时，因取装池，赠防江诸同事，且存金石旧话云。"①

在雅昌艺术品拍卖网、孔夫子旧书网和中国拍卖网上有"于忠肃公铁犀铭"拓本。其中中华民国时期拓本，鉴藏印为伯褧持赠（朱），臣邵章②印（白色），伯絅（红色），拍卖时撰有提要"此铁犀为于谦正统十一年抚河南时所铸，以镇水患，道光间刘师陆曾拓以行世。是件为中华民国二十三年（1934年）邵瑞彭访得所拓，有邵章题记，可知为邵章赠予陈汉第者"。

于忠肃公铁犀铭

都一百十字，载黄玉圃叔璥中州金石考

倬盦题耑

填河铁犀铭

百炼玄金，**熔**为**真**液。变幻灵犀，雄威赫奕。**填御**堤防，波涛永息。安若泰山，固如磐石。水怪潜形，冯夷敛迹。城府坚完，民无垫溺。雨顺风调，男耕女织。四时循序，百神效职。亿万闾阎，措之**衽**席。惟天之**佑**，惟帝之力。**尔亦**有庸，传之无极。

正统十一年岁在丙寅五月吉旦浙人于谦识

显然，该铭文很清楚地记载其来源于黄叔璥《中州金石考》。道光年间刘师陆曾将铁犀铭文拓行于世。这是目前所了解的拓本来源。而黄叔璥《中州金石考》在收录铭文时，就已至少有三处与明代的版本不同（前已指明），可能来源于顺治《祥符县志》，后来的刘师陆拓片及吴庆坻《蕉廊脞录》中，都沿袭黄叔璥的铭文，后人遂以讹传讹。

今杭州于谦祠的前殿与后殿间的天井里，赫然立着一尊威武雄壮的铁犀

① （清）吴庆坻撰，刘承幹校，张文其、刘德麟点校：《蕉廊脞录》卷6，北京：中华书局，1990年，第175—176页。

② 邵章（1872—1953年），字伯褧、伯絅，号倬庵，浙江杭州人。光绪进士，历任浙江两级师范学堂监督、北京法政专校校长，民国平政院院长等。工诗文，擅书法。著有《云淙琴趣词》《倬庵诗稿》《倬庵文稿》等。

牛，身高约 2 米，围长约 2.5 米，周身乌黑，独角朝天，背上铸有于谦亲撰的《镇河铁犀铭》。

碑上文字如下：

> 百炼玄金，**溶**为**金**液。变幻灵犀，雄威赫奕。**填御**堤防，波涛永息。安若泰山，固如磐石。水怪潜形，冯夷敛迹。城府坚完，民无垫溺。雨顺风调，男耕女织。四时循序，百神效职。亿万闾阎，措之**衽**席。惟天之**庥**，惟帝之力。**尔亦**有庸，传之无极。

该《镇河铁犀铭》不知何所据，既与《于谦集》不同，也与流传的拓本迥异，错误较为明显。

三是实物留存本。

最后我们再来看现存开封市郊铁牛村的铁犀牛实物（图 4-1），因时代久远，部分铭文已模糊不清，但关键几处还是可以辨认的。

图 4-1　现存《镇河铁犀铭文》（部分已模糊不清）

一处是，“真液”，非“金液”；一处是，“镇御”，非“填御”“镇厥”；最后一处，“措之衽席。惟天之佑，惟帝之力。尔亦”，因模糊不清，已不可考。我们对比不同版本的《镇河铁犀铭》，发现孔宪易先生整理的铭文，除“提”为“堤”之印刷错误和“填”应为“镇”外，其余的文字可能更接近于实物留存。牛建强教授研究认为“《嘉靖河南通志》卷 41、李濂《汴京遗迹志》卷 18 所载《铁犀铭》等皆有个别文字错误。李镰云铁犀有二，未知然否？”[①]经过我们的梳

① 牛建强：《于谦与明宣德、正统间的河南地方社会》，《黄河文明与可持续发展》第 1 卷第 1 辑，开封：河南大学出版社，2008 年，第 91—113 页。

理，不应是文字错误，它们皆有同一来源，当有所据。至于其与实物铭文为何不同，或许有待考证。

第二节　明代镇河铁犀产生背景

一、正统年间开封附近的黄河

明代黄河频繁决口，河道变迁较大，黄河治理局面复杂。明代黄河治理过程中，治黄、治运、治淮、护陵相互交织，彼此牵制，呈现出一种错综复杂的局面，其矛盾之多，治河之难，是任何一个朝代也无法比拟的。①以正德元年（1506 年）为时间分界点，可以看出明代前后期黄河河势及治黄方略与措施存在着较大差别。明代前期，即洪武元年（1368 年）至弘治十八年（1505 年），42 年有决溢记载；明代后期，即正德元年（1506 年）至崇祯十七年（1644 年），53 年有决溢记载，可见明朝黄河水患横流，灾难之严重。明代初年，黄河基本仍走元代贾鲁治河所形成的贾鲁河故道，大体经今封丘南、开封北、东明、兰考之间，又过商丘北、虞城南、夏邑、砀山之间，东经萧县北，至徐州入泗水，再循泗入淮，此为黄河主流。这从《明实录》和《明史・河渠志》的记载中可知明代前期（1368—1505 年）黄河的决溢和流向（详见表 4-3）。根据文献记载和整理情况，1368—1447 年黄河在开封附近泛滥决口至少有 44 次，开封城市环境大受影响。

表 4-3　明前期（1368—1505 年）黄河决溢、改道情况统计表

序号	时间	性质	决溢地点
1	洪武七年（1374 年）五月	决	开封堤
2	洪武八年（1375 年）正月	决	开封
3	洪武十一年（1378 年）	决、溢	兰阳、封丘
4	洪武十四年（1381 年）七月	决	原武、祥符、中牟等
5	洪武十五年（1382 年）七月	决	荥泽、阳武
6	洪武十六年（1383 年）六月	溢	荥泽、阳武

① 吴萍：《略论明代黄河治理的复杂性》，中国水利学会水利史研究会编：《黄河水利史论丛》，西安：陕西科学技术出版社，1987 年，第 69—82 页。

续表

序号	时间	性质	决溢地点
7	洪武十七年（1384年）八月	决	开封府
8	洪武二十年（1387年）	决	原武
9	洪武二十二年（1389年）	溢	仪封
10	洪武二十三年（1390年）	决	归德府、西华
11	洪武二十四年（1391年）	决	原武
12	洪武二十五年（1392年）	决	阳武
13	洪武三十年（1397年）八月	决	开封
14	洪武三十二年（1399年）	决	封丘
15	永乐二年（1404年）	决	开封
16	永乐八年（1410年）	决	开封
17	永乐九年（1411年）	决、漫	阳武、中牟、祥符、尉氏等
18	永乐十年（1412年）六月	决	阳武
19	永乐十二年（1414年）八月	溢	开封
20	永乐十四年（1416年）	决	开封
21	永乐十六年（1418年）十月	溢	河南
22	永乐二十年（1422年）	溢	开封府、归德、睢州、祥符、阳武、中牟、宁陵、项城、永城、荥泽、太康、西华、兰阳、原武、封丘、通许、陈留、洧川、杞县等
23	永乐二十二年（1424年）九月	溢	祥符、陈留、鄢陵、太康、阳武、原武等
24	宣德元年（1426年）	溢	开封十县
25	宣德三年（1428年）	漫	开封府之郑州、祥符、陈留、荥阳、荥泽、阳武等十县
26	宣德六年（1431年）	溢	开封府之祥符、中牟、阳武等八县
27	正统元年（1436年）	决、漫	开封府、彰德、河南、怀庆、卫辉等府
28	正统二年（1437年）九月	决	开封、原武、荥泽、濮州
29	正统三年（1438年）	决	阳武、武陟
30	正统四年（1439年）五至六月	溢	开封府
31	正统五年（1440年）	漫	开封
32	正统八年（1443年）七月	溢	汴水
33	正统九年（1444年）	决	开封、卫辉、怀庆等
34	正统十年（1445年）夏	决	河南睢州、磁州、祥符、杞县、阳武、原武、封丘、陈留等多地
35	正统十二年（1447年）	决	原武

注：此表主要根据附录一《开封黄河年表》整理而成，其中1448—1505年期间的未体现

正统十三年（1448年），黄河在陈留、新乡、荥泽等处决口。“河南陈留县奏：今年五月间，河水泛涨，冲决金村堤及黑潭南岸。”①七月，河决河南新乡八柳树，漫流山东曹州、濮州，抵东昌，坏沙湾。同时，荥泽孙家渡也决口，河水东南漫流原武、开封、祥符、扶沟、通许、洧川、尉氏、临颍、郾城、陈州、商水、西华、项城、太康十数州县，“没田数十万顷”②。“黄河旧从开封北转流东南入淮，不为害。自正统十三年改流为二。一自新乡八柳树，由故道东经延津、封丘入沙湾。一决荥泽，漫流原武，抵开封、祥符、扶沟、通许、洧川、尉氏、临颍、郾城、陈州、商水、西华、项城、太康。”③这样，黄河决荥泽孙家渡后，主流经开封城西南泛陈留入涡河，撇开封城于河北。于是在开封城西筑堤30余里。

黄河自金代明昌五年（1194年）在阳武决口改道后，开封就成为濒河之城，屡遭洪水肆虐之苦。根据上述黄河决溢灾害资料的统计（表4-3）可以看出，从洪武八年（1375年）至正统十二年（1447年）的70多年间，黄河决口达35次之多，是名副其实的“三年二决口”。黄河在明洪武二十年（1387年）和永乐八年（1410年）出现的两次决口，对开封造成了极大的危害。当时黄河的主泓距离开封城最近时仅5里左右，其奔腾喧嚣之声，城内日夜可闻。朝廷虽然也调拨钱粮堵决修堤，但城北汹涌的黄河，如一把悬在开封民众头顶上的利剑，令百姓惶惶不可终日。一到汛期，开封民众就提心吊胆。危难之际，于谦于宣德五年（1430年）受命为河南山西巡抚，来到开封。他上任后面临的困难很多，最重要的举措就是要解决黄河河患问题。牛建强教授曾对于谦抚豫18年间所采取的奏减赋税、灾荒赈贷、扶绥流民、治理黄河、保护生产、整顿吏治、重视教育、整治驿道、防杜隐患、优待军伍等十个方面的措施进行论证，认为“于谦对河道特别是对黄河的治理，是他在河南所有政绩中最精彩的篇章”④。于谦在任期间主要的治河措施有：

第一，疏浚河道。于谦在任职巡抚河南期间，对黄河的治理尤为突出，他常轻骑简从，几乎走遍豫省各州县，访问父老，探寻疾苦，察知应兴应革事

① 《明英宗实录》卷167，“中央研究院”历史语言研究所影校本，1962年，第3233页。

② 黄河水利委员会黄河志总编辑室编：《黄河志·黄河大事记》，郑州：河南人民出版社，2017年，第63页。

③ 《明史》卷83《河渠志一》，北京：中华书局，1974年，第2017页。

④ 牛建强：《于谦与明宣德、正统间的河南地方社会》，《黄河文明与可持续发展》第1卷第1辑，开封：河南大学出版社，2008年，第91—113页。

项，即向朝廷建言。宣德年间，政府组织对开封至兰考之间严重淤积的河道进行一次大规模疏浚，收到明显成效。

第二，厚筑堤防。于谦一心治河，下令厚筑堤岸，加强黄河防护，并将河堤“计里置亭，亭有长，责以督率修缮。并令种树凿井，榆柳夹路，道无渴者”[①]。即每里置一亭，分段包干，责任到人。宣德六年（1431年）夏秋之际，开封等地黄河决口，大量农田被淹，于谦殚精竭虑，治理河患。河南近河之处时有决口，于谦亲自到决堤之处，与民众一起筑堤，并“解所服衣以塞决口”[②]。由是黄河安澜，民众怀念。

第三，修复开封护城大堤。他亲自巡察黄河水情，有《黄河舟中》诗云：“顺风催浪片帆轻，顷刻奔驰十数程。舵尾炊烟犹未熟，船头已见汴梁城。”[③]其采取积极治理黄河的措施，修葺黄河大堤，加强河防，修复了开封城外东、西、北三面护城堤，总长达四十余里，受到人民的拥戴。

第四，铸造镇河铁犀。至今开封城东北铁牛村还保存有于谦督造的“镇河铁犀”，上刻于谦所撰铭文，记载了其率领民众治理黄河成效显著、民安其业的情况。[④]明正统间巡抚侍郎于谦筑东、西、北三面，而镇以铁犀，铭其背。[⑤]明正统间巡抚于谦因河逼汴城，乃筑东、西、北三面以御之，铸铁犀勒铭其背，以镇永远。[⑥]

显然，镇河铁犀的出现是明代前期（1368—1505年）黄河在开封附近决溢泛滥的催生物，它是伴随着一系列治黄措施的配套产物，更是关键治水人物于谦的作用。明人胡谧在《庇民祠记》中指出，“公（于谦）抚莅中州，前后凡十有八稔，厥绩历历可纪，而弭河患尤足以见其感动天地”[⑦]。镇河铁犀表达了当时人们要求根除黄河水患的强烈愿望，也是古代中原大地频遭水患的历史见证。

二、五行厌胜思想

中国古代水旱灾害频繁，人们认为水旱灾害的发生往往是受到蛟龙的控

① 《明史》卷170《于谦传》，北京：中华书局，1974年，第4544页。

② 《河南通志》卷24，明嘉靖三十五年（1556年）刊本。

③ （明）于谦著，魏得良点校：《于谦集（下册）》，杭州：浙江古籍出版社，2016年，第613页。

④ 《河南通志》卷41，明嘉靖三十五年（1556年）刊本。

⑤ 顺治《祥符县志》卷1，清顺治十八年（1661年）刻本。

⑥ 乾隆《续河南通志》卷7《舆地志·山川》，清乾隆三十二年（1767年）刻本。

⑦ （明）胡谧：《庇民祠记》，（明）李濂撰，周宝珠、程民生点校：《汴京遗迹志》卷11《祠庙庵院》，北京：中华书局，1999年，第176页。

制。[①]为了减少灾害的发生，在传统“厌胜”思想的影响下，一些器物被古人赋予了神化观念[②]，具有压制蛟龙恶性的神力，其被称之为“镇水神物”。因此，在全国范围内出现了众多的镇水神物，主要包括铁牛镇水、趴蝮镇水、兵器镇水、塔楼镇水等。开封镇河铁犀就是其中比较重要的一种类型，是古代治理黄河水患的见证。

镇河铁犀，也叫镇河铁牛。之所以用铁犀镇水，目前来看有以下几种说法：一是，传说大禹治水时，每治理好一个地方，即铸一铁牛沉入水底，以镇服水患。后人竞相沿袭，但将铁牛改置岸边上。二是，民间认为，犀为神牛，牛能耕田，属坤兽，坤在五行中为土，土能克水。三是，古人认为河患是水怪蛟龙作祟，蛟龙害怕犀牛，于是在黄河边铸造铁犀牛雕塑，以镇河患，又称镇河铁犀。四是，铁者金也，为水之母，子不敢与母斗。后两种说法主要源于中国古代传统文化中的“五行学说”，五行中铁属金，金生水，为水之母；五行中牛属坤，坤属土，土性能克水，取“五行学说”中相生相克之意，遂铸铁犀以镇河患。当时河南山西巡抚于谦为顺应民意，增强和鼓舞民众治理黄河的信心，便铸造大铁犀放置在黄河边上，以镇河患和水怪。当然，这些观念在现代人看来是极不科学的，但在当时，却给饱受河患之苦的人们以心理上的安慰。

于谦督造镇河铁犀还有不少传说流传下来，这里可以举一例。传说有一天，于谦在黄河大堤上视察河情时遇见一位白发苍苍、愁眉不展的老人，勤政爱民的于谦赶忙走上前去打探究竟。老人叹了口气说：“开封有两害：贪官和水怪。眼下贪官已除，水怪尚在，它经常在黄河里兴风作浪，百姓苦啊！怎么能不让人担心呢？”正愁于黄河事务的于谦急忙问：“依您老高见，怎么办才好呢？”老人意味深长地说：“要除水怪，人神合力，厚筑堤坝，请来铁犀。”于谦望向远方稍加思索，等回神再想详问老人时，老人已经不见了，看着空空如也的身旁，于谦大喜：“这是神仙在指点我啊！”他仔细思索起刚才老人的话，铁犀就是铁牛，牛属土，土能克水，铁属金，金生水，金为水母，母治子，牛亦识水性，可降水怪。“对！造铁犀除水患！”

于谦越想越兴奋，回到府中立即召集全城的铁匠，生火开炉，铸造了一头高 2.04 米、围长 2.66 米的独角铁犀。大家欢欣鼓舞地将铁犀运到护城堤上。铁

① 姚立江：《蛟龙神话与镇水习俗》，《中国典籍与文化》1998 年第 4 期，第 102—104 、111 页。

② 涂师平：《我国古代镇水神物的分类和文化解读》，《浙江水利水电学院学报》2015 年第 3 期，第 1—6 页。

犀坐南向北，面河而卧，通身乌黑，独角朝天，后背刻有于谦撰写的《镇河铁犀铭》："百炼玄金，溶为真液。变幻灵犀，雄威赫奕。镇御堤防，波涛永息。安若泰山，固若磐石。水怪潜形，冯夷敛迹。城府坚完，民无垫溺……"此后开封果然再无特大水灾发生，镇河铁犀成了百姓心中的神物，至今开封古城东北还有一座以铁犀命名的村子，铁牛村。

正统十一年（1446 年）八月，于谦着力治理黄河水患，在开封黄河南岸铸造镇河铁犀一尊，除了本章第一节详细论述的《镇河铁犀铭》之外，当时还有"祭河神文"两则。即："曩者河水为患，薄近城邑。修筑堤岸，劳费财力。建祠妥灵，水患乃息。大雨时行，民事当忧。希神默相，降祉垂休。堤防巩固，河道安流。今特遣官，祭以牲醴。诚意感孚，灾患消弭。戴神之惠，曷其有已!"

又："惟神毓秀阴阳，或流或峙。成象在天，成形在地。相顺则为生成，相反则为克制。惟城惟隍，以屏以蔽。祀典攸崇，生民依庇。兹者河水为患，民劳财费，垂成厥功，乃值乖异。水不由北，而反南至。意者或祀缺于事神，或冒犯乎禁忌。今特遣官，牲醴以祭。惟神垂休，除害兴利。北河则顺，遵乎洪流；南岸则增，崇乎地势。民无久劳，事乃克济。万古千秋，戴神之惠。"①

李濂在按语中给予于谦很高的评价，"于肃愍之巡抚河南也，其为吾民经画建百世之利者甚多。而捍御黄河，厥绩尤著。观《祭河神文》二篇，亦可见其用心之恳恻矣。谨录之，以为后之君子告"②。正德年间，开封城外东南 3 里许的吹台上建有禹庙，两庑配有水德祠，祭祀历代的治水英雄 29 位。在明代的 5 位治水人物中，于谦排行第 2 位。牛建强教授指出："在汴人的眼里，于谦同时也是一位治水英雄。于谦曾寄望于神灵的佑护，最后又被崇敬他的人们尊奉为神灵。"③

铁犀最初被安放在回龙庙中。天顺元年（1457 年），于谦在"夺门之变"④

① （明）于谦：《祭河神文二首》，（明）李濂撰，周宝珠、程民生点校：《汴京遗迹志》卷 18《艺文五·杂文》，北京：中华书局，1999 年，第 348—349 页。

② （明）李濂撰，周宝珠、程民生点校：《汴京遗迹志》卷 18《艺文五·杂文》，北京：中华书局，1999 年，第 349 页。

③ 牛建强：《于谦与明宣德、正统间的河南地方社会》，《黄河文明与可持续发展》第 1 卷第 1 辑，开封：河南大学出版社，2008 年，第 104 页。

④ 明正统十四年（1449 年），英宗被瓦剌掳去后，兵部尚书于谦等拥立英宗弟（景帝）逼尊英宗为太上皇，抗击瓦剌。第二年英宗释回京，景泰八年（1457 年），得宦官曹吉祥、将领石亨、官僚徐有贞的支持，乘景帝病重，发动政变，夺宫门，登奉天殿复位，废景帝，杀于谦，史称夺门之变。

中遇害。开封人民为了纪念于谦，就在安放铁犀的回龙庙旁边建造了一座庇民祠来祭祀于谦，追思于谦治河的功绩。明胡谧撰有《庇民祠记》。[①]如今的开封城里，乡贤祠、禹王祠、水德祠里，都供奉有于谦的牌位。

到了明末崇祯十五年（1642年），李自成第三次攻打开封。农历六月十四日，农民军“千余人掘河，使逆流而上，水势缓，高不过五寸”。农历九月十五日夜，趁黄河秋水大涨，在开封城北朱家寨、马家口两处黄河大堤被扒开，开封城内一夜之间变成汪洋。此次大水，开封周王朱恭枵趁机乘船逃走，开封城内及四郊百姓十有八九葬身鱼腹。大水过后，开封近郊的回龙庙、庇民祠俱被洪水吞没，镇河铁犀被淤埋于黄沙之下。还有传说，当时黄河决口淹开封，以为是回龙庙镇河铁犀作怪，即派人“用万夫移犀他所”“千锤百煅，声闻十里”（据下文《改建铁犀镇河庙碑记》，为农民军所为）。镇河铁犀左胁被穿一洞。至今，铁犀胁洞仍清晰可见。

第三节　清代以来镇河铁犀的流变

一、开封镇河铁犀的变迁

清顺治年间，铁犀被人重新挖出来。康熙三十三年（1694年），阎兴邦担任河南巡抚时，在回龙庙旧址重建庙宇，人们将铁犀牛移置庙内，庙便改称铁犀镇河庙。铁犀也被改变原座朝向，坐南向北，背城面河，并建亭覆盖。今庙已不存，但铁犀与阎兴邦所立的两通碑均保存下来。在月台北蹬道两侧各立石碑一通，为清代河南巡抚阎兴邦撰文，东为《改建铁犀镇河庙碑》，西为《铁犀铭碑》。其《铁犀铭碑》，四言韵语，24句，96字，全文为：

昔明中叶，河悍未戢。维于中丞，铸犀镇压。
冯夷效顺，水怪潜蛰。越二百年，莫绳旧业。
庙背而倾，犀残而溺。我来豫土，黄流允翕。
天子圣神，百灵环集。尔宅尔田，不氾不啮。[②]

---

① 开封市地方史志办公室编：《万历开封府志校注》，郑州：中州古籍出版社，2017年，第428—429页。

② “啮”，《黄河金石录》第188页作“齿”，经我们现场确认而改正。参见左慧元编：《黄河金石录》，郑州：黄河水利出版社，1999年，第188页。

既厘庙貌，作亭树碣。嶷嶷者犀，铮铮者铁。

以卫金堤，以丰玉粒。爰勒兹铭，用始前哲。

康熙三十年岁次辛未季秋之吉宣府阎兴邦识。

《改建铁犀镇河庙碑记》[①]碑，高约2米，宽0.65米。石碑从铁犀镇河庙原址挖出时已斜断为两块，碑文为楷书，由清康熙河南等处提刑按察使司按察使杨凤起篆额，河南等处承宣布政使司布政使田启光书丹。碑文记述了“敕建铁犀镇河庙”的原因及其经过。碑现立于镇河铁犀前，年久风化，多数字迹已模糊不清，部分字迹已缺失，为资治存史，现校勘兹录于后。

改建铁犀镇河庙碑记

出大梁之安远门东北隅四里许，有回龙庙。面城背河，委在黄沙蔓草间。郡县志所不载，亦无碑碣可考。询之土人，曰：“以祀河神者。”相传盖久，今则残垣败宇，为盲风苦雨所侵蚀，岌岌欲倾。且河环坎方而庙乃离向，譬之南辕而北辙，其不足以邀神之祐也明甚。

庙后有铁犀一，狰狞蹲踞，半出土上，背凿铭词，凡二十二句，古雅苍健，系正统十一年丙寅五月巡抚于忠肃所铸，以镇水者。其词有曰：“安若泰山，固若磐石。水怪潜形，冯夷敛迹。城府坚完，民无垫溺。雨顺风调，男耕女织。”即此数言观之，则公之为大梁计安全者，可谓防之周而虑之密矣。大梁之人，宁得不子子孙孙思公如一日哉！公抚豫前后一十八年，历穷乡以殚经画，劝收籴以备饥荒，止牧马以绥闾左，绝苞苴以励清风。又因河决侵汴堤甚急，亲临其地，解衣塞之，复吁天愿以身代，而水果退。时恭定年公为左藩亦有恩惠在大梁，民并祀之于庙以报德。今庙虽飘摇颓蔽，惟此铁犀岿然如故。当闯贼之围大梁也，曾用万夫移犀他所，千锤百煅，声闻十里，浃旬不能损其全躯，仅于左肋少穿一穴。壬午岁，遂埋没土中，后人劚地而得之。视其铭词，隐隐隆起，若商周鼎彝，银钩无损，可谓有神物焉为之呵护矣。凡功德之及民者非独人爱之，神亦默相之。岘首之碑，雷阳之竹，千载讴思，矧□其陆离斑驳，沁入人心者乎？予抚豫三载，往来河上，享安澜之福，睹此庙宇向南孤峙，失其方位，因

① 此碑名，左慧元编《黄河金石录》和王兴亚编《清代河南碑刻资料》作“改建铁犀镇河神庙碑记”，经我们现场确认，无“神”字。康熙《开封府志》卷37《艺文记》收录有《改建铁犀镇河庙碑记》的碑文，现两种整理本（康熙《开封府志（整理本）》，北京：北京燕山出版社，2009年，第1004—1005页）和（《康熙开封府志点校》，郑州：中州古籍出版社，2018年，第825—826页）中的点校，错误较多。

捐俸畀开封同知王永羲为之。改作正厥形势，面对大河，为垣、为门、为堂、为庑，各尽其制；又为亭一楹，置铁犀于中，夫圣人在上，百灵效顺。虽不必求之于溟漠。然众水清，而河独浊，浊则易淤。众水直，而河独曲，曲则易啮。众水则柔，而河则刚。众水皆平，而河则险。刚者溃岸，险者崩沙。与其极人工以救之于已然，不如藉神力以制之于未然。且铁犀有二义焉：铁者金也，为水之母，子不敢与母斗，蛟龙咸畏之；犀即牛也，牛属坤畜，坤为土，性能克水。昔李冰治蜀江，亦作犀以镇之，而勒铭其上。于公之为此，盖仿古人之遗意云。若予今日幸叨神庇，洋洋者河翕而不暴，遂得以余闲葺其庙貌，妥侑神灵，仍祀忠肃、恭定二公于左右，用报肤功，复立铁犀，潜伏水怪。此非止酬德于目前，亦欲吾民世世奠其田宅里居，则斯庙斯亭必有继予而永保之者。予不敏无能，踵于、年二公之芳规，然安敢一日而忘斯民，以负圣天子重大之畀哉！是为记。

时：

康熙三十年岁次辛未季夏吉旦。

巡抚河南等处地方提督军务兼理河道都察院右副督御史加四级阎兴邦撰文。

河南等处承宣布政使司布政使田启光书丹。

河南等处提刑按察使司按察使杨凤起篆额。

管理河南通省驿盐兼理粮储分守开归河道布政使司参政韩俊杰，河南通省巡理河道按察使司佥事牟铨元。

开封府知府加一级苏佳嗣。

南河同知加一级王永羲。

管粮通判刘君向。

祥符县知县王鼎臣同督修立奉。①

之后，庙内还出现阎公祠、王公祠②，“在府城东铁犀庙内，祀同知王永

① 根据我们铁牛村调研时的拍照资料，因碑刻已弥漫不清，又再据左慧元编《黄河金石录》和王兴亚编《清代河南碑刻资料》“改建铁犀镇河神庙碑记”校勘。参见左慧元编：《黄河金石录》，郑州：黄河水利出版社，1999年，第189—190页。王兴亚编：《清代河南碑刻资料》，北京：商务印书馆，2016年，第242—243页。除这通碑外，还有马志元《重修于公铁犀祠记》记载此事，参见（清）丁丙：《于公祠墓录》卷末。

② 《开封市郊区志（第1稿）》“庙、祠、宫”中指出“闫（阎）公祠，闫（阎）兴邦，在城东北铁犀庙内。今北郊乡铁牛村。有碑。王公祠（王永羲）在城东北铁犀庙内，今北郊乡铁牛村。已毁”。参见开封市郊区地方史志编纂委员会编：《开封市郊区志（第1稿）》，开封市郊区地方史志编纂委员会，1993年，第634页。

羲”[①]。2019年底，开封市文化广电和旅游局与龙亭区人民政府对镇河铁犀庙修复和完善时，新挖出的三通石碑，多模糊不清，其中一通为当地百姓供奉王永羲的长生禄位碑，“河南开封府南河同知尔玉王公长生禄位 公讳永羲”。另一通碑为《重修铁犀镇河庙碑记》，落款为“大清乾隆九年岁次甲子菊月上浣 吉旦”。

随着时间的流淌，到了道光二十一年（1841年）六月十六日，黄河决祥符三十一堡（今开封北郊张湾村东），开封城再次遭受黄河水患围困长达八个月，铁犀镇河庙位于护城堤与开封城墙之间，再遭水浸。至清光绪年间，庙已坍塌，仅存镇河铁犀、八角亭和两通碑。

中华民国二十九年（1940年），当时侵华日军企图将铁犀牛搬运到开封城内，熔化后用于制造军火，铁牛村村民奋力抗争，最终得以保全，仍留原址。由于镇河铁犀拥有重要的历史和艺术价值，1963年被公布为第一批河南省重点文物保护单位。1991年2月11日，江泽民总书记视察花园口黄河，在将军坝坝头留影。坝头西侧有一座铁犀牛，即为开封镇河铁犀复制品，可见其影响。

另外，回龙庙是明清开封近郊重要的农贸庙会。明正统十一年（1446年），河南山西巡抚于谦为治理黄河灾害，铸造镇河铁犀立于开封北门外东北角黄河岸边护城土堤上，铁犀铸成之后，又盖了一座规模宏大的回龙庙，奉祀河神。每年农历四月初八为回龙庙庙会，庙会期间，周围十里八村前来进香者络绎不绝，庙会香火3天，大戏不断，常有1—3台，热闹非凡。庙会上粮食、蔬菜、土布、小百货、农副产品交易旺盛。后来庙会又扩演为“小满会”，每年小满期间，周围几十里农民都前来进香赶会，庙会上粮食、农具、饮食、百货、农副产品交易繁盛，在开封一带影响较大。清代后期，由于黄河泛滥，回龙庙坍塌，庙会渐废。[②]

二、镇河铁犀在全国的影响

历代相传犀和牛能镇水，我国传统的镇水文化最早可以追溯到夏禹时期的传说。相传大禹在治水的时候，每治理一处，就会铸一头铁牛沉入水底，用来克制水怪。文字记录最早出现在《吴越志》中，有记载：“钱武肃时有献云鹤水

① 乾隆《续河南通志》卷13《舆地志・坛庙》，清乾隆三十二年（1767年）刻本。

② 开封市地方志编纂委员会编：《开封市志（第6册）》，北京：北京燕山出版社，2001年，第372页。

犀带者，武肃登碧波亭，命许彦方系带试水，水开七尺许。”[①]这里说的是犀角能分水。宋代欧阳修《集古录》记载：“秦李冰为蜀守，凿川导江，以去水患。其神怒，化为牛，出没波上。君操刀入水杀之。因刻石以为五犀，立于水旁，与江誓曰：‘后世浅无至足，深无至肩。’谓之誓水碑。立在彭州。”[②]意思是水将至足应及时壅水，水深近肩应及时泄水。后来，石犀测水的科学作用被人遗忘，石犀“厌水精”的“厌胜法”却被仿效。上述1446年河南山西巡抚于谦所铸造的开封镇河铁犀，就是其中的佳品和代表。清代，黄钧宰《金壶七墨》中记载“黄河堤上，间数里，则有铁犀一具，回首西望，逆流而号，以禳水势”[③]。目前，国内各种镇水神物数目众多，类型多样（表4-4），都与开封镇河铁犀的功能类似，起到镇水消灾的作用。

表4-4　中国镇水神物分布情况统计表

序号	名称	所在区域	年代	流域	现存状况
铁牛类					
1	河北邯郸县铁牛	河北邯郸市	清	沁河	消逝
2	河北大名县铁牛	河北大名县	清	海河	消逝
3	北京庞村铁牛	北京石景山区	清	永定河	消逝
4	北京颐和园铜牛	北京海淀区	清	昆明湖	现存
5	山东阳谷县戊己山铁牛	山东阳谷县	明	黄河	现存
6	河南陕县铁牛	河南三门峡	唐	黄河	消逝
7	河南开封铁牛	河南开封市	明	黄河	现存
8	河南洛阳铁牛	河南洛阳市	明	洛河	消逝
9	河南漯河铁牛	河南漯河市	清	淮河	现存
10	河南周口铁牛	河南周口市	清	淮河	新铸
11	河南荥阳铁牛	河南荥阳市	清	黄河	新铸
12	河南台前县铁牛（2头）	河南台前县	清	黄河	现存
13	河南兰考县红庙村铁牛	河南兰考县	清	黄河	消逝
14	陕西牧马河铁牛	陕西西乡县	清	牧马河	现存
15	陕西宝鸡市虢镇铁牛	陕西宝鸡市	清	渭河	新铸
16	山西大同善化寺铁牛	山西大同市	明	御河	现存
17	山西霍州铜牛	山西霍州市	唐	汾河	消逝
18	山西省永济蒲津关铁牛（4头）	山西永济市	唐	黄河	现存

① （明）田汝成：《西湖游览志余》，杭州：浙江人民出版社，1980年，第364页。

② 黄芝岗：《中国的水神》，北京：生活·读书·新知三联书店，2012年，第24页。

③ （清）黄钧宰：《金壶七墨》卷5，清同治十二年（1873年）刻本。

续表

序号	名称	所在区域	年代	流域	现存状况
19	宁夏唐徕渠铁牛	宁夏银川市	唐	黄河	现存
20	安徽怀宁府铁牛	安徽怀宁县	清	长江	消逝
21	安徽省潜山县铁牛铁猪	安徽潜山县	宋	潜河	现存
22	湖北荆州万城堤铁牛	湖北荆州市	清	长江	消逝
23	湖北荆州中方城铁牛	湖北荆州市	清	长江	消逝
24	湖北荆州上渔埠头铁牛	湖北荆州市	清	长江	消逝
25	湖北荆州李家埠铁牛	湖北荆州市	清	长江	消逝
26	湖北荆州中独阳铁牛	湖北荆州市	清	长江	消逝
27	湖北荆州杨林矶铁牛	湖北荆州市	清	长江	消逝
28	湖北荆州御路口铁牛	湖北荆州市	清	长江	消逝
29	湖北荆州黑窑厂铁牛	湖北荆州市	清	长江	消逝
30	湖北荆州观音矶铁牛	湖北荆州市	清	长江	消逝
31	湖北荆州郝穴铁牛	湖北荆州市	清	长江	现存
32	湖北荆州李埠镇铁牛	湖北荆州市	清	长江	现存
33	湖南岳阳县铁牛	湖南岳阳市	清	长江	新铸
34	湖南茶陵县铁牛	湖南茶陵县	宋	洣水	现存
35	湖南湘潭县铁牛	湖南湘潭市	明	湘江	现存
36	江西九江铁牛	江西九江市	明	长江	消逝
37	四川成都石犀	四川成都市	东汉	长江	现存
38	四川绵阳铁牛	四川绵阳市	清	涪江	新建
39	江苏邳州铁牛	江苏邳州市	清	故黄河	消逝
	江苏泗阳铁牛	江苏泗阳县	清	故黄河	消逝
	江苏响水铁牛	江苏响水县	清	故黄河	消逝
	江苏清江浦洪福庄铁牛	江苏淮安市清江浦区	清	故黄河	消逝
	江苏卞家汪石工堤铁牛	江苏淮安市淮阴区	清	大运河	消逝
	江苏涟水铁牛	江苏涟水县	清	故黄河	消逝
	江苏洪泽湖大堤高堰大坝铁牛	江苏淮安淮阴区	清	淮河	现存
	江苏洪泽湖大堤高良涧铁牛	江苏淮安洪泽区	清	淮河	现存
	江苏洪泽湖大堤龙门大坝铁牛	江苏淮安洪泽区	清	淮河	现存
	江苏洪泽湖大堤茆家围铁牛	江苏淮安洪泽区	清	淮河	现存
	江苏洪泽湖大堤夏家桥铁牛	江苏淮安洪泽区	清	淮河	现存
	江苏淮安清口新大墩铁牛	江苏淮安淮阴区	清	大运河	消逝
	江苏高邮马棚湾铁牛	江苏高邮市	清	大运河	现存
	江苏扬州邵伯铁牛	江苏扬州江都区	清	大运河	现存
	江苏阜宁清水塘铁牛	江苏阜宁县	清	故黄河	消逝
	江苏徐州镇河铁牛	江苏徐州鼓楼区	清	故黄河	新铸

续表

序号	名称	所在区域	年代	流域	现存状况
40	广东潮州湘子桥铁牛（2）	广州潮州市	清	韩江	新铸
41	浙江镇海铁牛	浙江海宁市	清	钱塘江	新铸
	趴蝮类				
1	河北沧州铁狮子	河北沧州市	五代	渤海	新铸
2	北京通州庆丰闸趴蝮	北京通州区	元	大运河	现存
3	北京西城万宁桥趴蝮	北京市西城区	元	大运河	现存
4	北京东城玉河遗址趴蝮	北京市东城区	元	大运河	现存
5	北京朝阳庆丰上闸遗址趴蝮	北京朝阳区	元	大运河	现存
6	北京通州永通桥趴蝮（4只）	北京通州区	明	大运河	现存
7	北京通州通运桥趴蝮（4只）	北京通州区	明	大运河	现存
8	北京通州广利桥趴蝮	北京通州区	清	大运河	现存
9	山东阳谷县张秋西关桥趴蝮	山东阳谷县	明	大运河	现存
10	山东阳谷七级闸趴蝮	山东阳谷县	明	大运河	现存
11	山东东平县戴村坝趴蝮	山东东平县	明	大运河	现存
12	山东济南高新区飞虹桥趴蝮	山东济南市	清	小清河	现存
13	山东济南历城区鸭旺口村古石桥趴蝮	山东济南市	明	小清河	现存
14	山东汶上县南旺趴蝮	山东汶上县	明	大运河	现存
15	山东聊城辛闸趴蝮	山东聊城市	明	大运河	现存
16	山东阳谷县荆门上闸趴蝮	山东阳谷县	明	大运河	现存
17	山东阳谷县阿城上闸趴蝮	山东阳谷县	明	大运河	现存
18	山东阳谷县荆门下闸石狮	山东阳谷县	明	大运河	现存
19	山东兖州金口坝趴蝮	山东济宁市	明	大运河	现存
20	山东聊城土桥闸遗址趴蝮	山东聊城市	明	大运河	现存
21	山东济南文庙铁牛山	山东济南市	明	大运河	现存
22	安徽泗县古运河趴蝮	安徽泗县	明	古汴河	现存
23	浙江杭州拱宸桥趴蝮	浙江杭州市	明	大运河	现存
24	江苏南京高淳虾爬虫	江苏南京市	明	长江	现存
25	江苏扬州湾头镇壁虎坝壁虎	江苏扬州市	明	大运河	现存
26	云南昆明盘龙江畔安澜亭铜犴	云南昆明市	清	盘龙江	现存
27	河南云溪桥趴蝮	河南浚县	明	卫河	现存

续表

序号	名称	所在区域	年代	流域	现存状况
		神人类			
1	四川都江堰李冰石刻造像	四川都江堰市	东汉	岷江	现存
2	四川乐山大佛	四川乐山市	唐	岷江	现存
3	山西晋祠四金人	山西太原市	宋	汾河	现存
4	河南三门峡铁人	河南三门峡市	元	黄河	现存
5	江苏淮安镇淮楼铁人	江苏淮安市	明	淮河	消逝
		兵器类			
1	山东兖州镇水宝剑	山东济宁市	清	泗河	现存
2	湖南岳阳洞庭湖铁枷（3 把）	湖南岳阳市	宋	洞庭湖	现存
3	安徽濠州釜鬲、镬锄	安徽凤阳县	南北朝	淮河	消逝
4	江苏淮安镇水铜柱	江苏淮安市	明	淮河	消逝
5	江苏南京铁塔寺飞来剪	江苏南京市	南北朝	长江	现存
6	江苏南京灵谷寺飞来剪	江苏南京市	南北朝	长江	现存
7	江苏南京大报恩寺飞来剪	江苏南京市	南北朝	长江	现存
		塔楼类			
1	四川广安白塔	四川广安市	宋	渠江	现存
2	重庆云阳县镇水龙亭	重庆云阳县	清	长江	现存
3	江西九江锁江楼塔	江西九江市	明	长江	现存
4	山西祁县镇河楼	山西祁县	明	汾河	现存
5	江苏淮安镇淮楼	江苏淮安市	宋	淮河	现存
6	河南孟州锁水阁	河南孟州市	清	黄河	现存

注：此表系由复旦大学历史地理专业博士生王叶蒙整理

第四节　镇水神物的当代价值

镇水神物具有丰富的遗产价值，根据戴维·索罗斯比（David Throsby）在《文化政策经济学》[①]一书中对文化遗产价值的分类，此处主要从科学价值、历史价值、文化价值三个方面对镇水神物的遗产价值进行揭示评估。

① ［澳］戴维·索罗斯比：《文化政策经济学》，易昕译，大连：东北财经大学出版社，2013 年，第 117—123 页。

一、科学价值

镇水神物不仅是民间信仰的空间物化，而且本身也具有当时很实用的科学价值，主要体现在水位测量与警报、浮桥的锚固，以及为今天了解当时的铸造工艺提供了最为直接的范本。

以镇水铁牛为例，古人将其放置于河流沿岸，起到了对水位线的测量与报警作用。如河南周口的沙河铁牛，曾位于沙、颍、贾鲁三河交汇处，民间有“水牛喝水，上游决堤”的传说，将铁水牛誉为“吞洪镇潮”的“神牛”。[①]趴蝮也具有记刻水位的作用，如北京万宁桥下所雕刻的趴蝮，分为上趴蝮、中间的珠子、下趴蝮，分别可以记刻三个水位线。此外，铁牛还被用作锚固浮桥的地锚，如著名的蒲津渡铁牛。它从唐开元十二年（724年）开始就一直肩负铁索作为浮桥的锚固物，直到清末时才被黄河泥沙完全淹没。我国著名桥梁专家茅以升论断为“浮桥地锚中以浦津桥的铁牛锚最为有名”[②]。最后，镇水神物的铸造还为今天了解当时的铸造工艺提供了直接的参考范本。以铁牛为例，从南宋到清代留存的镇水铁牛来看，都是用浑铸法整体铸造而成的，这比秦、汉时的铜马采用分铸法，先铸出部件，再铸接或榫接成一体要强多了。[③]河北沧州的“镇海吼”身长6.264米，体宽2.981米，通高5.47米，重约32吨。其采用一种特殊的“泥范明铸法”分节叠铸而成，铁狮腹内光滑，外面拼以长宽三四十厘米不等的范块，逐层垒起，分层浇铸，共用600余范块拼铸而成，其铸造比美国和法国的炼铁术早七八百年，所以，铁狮子在世界冶金史上具有里程碑的意义，为研究中国古代的冶金、雕塑和佛教史提供了珍贵的实物资料。[④]

二、历史价值

镇水神物上所镌刻的铭文和所流传的传说为研究当时当地的历史，尤其是水利史、民间的信仰习俗等提供了资料的来源，可以说就是刻在铁器上的历史。

① 王蔚波：《河南古代镇河铁犀牛考略》，《文博》2009年第3期，第23—26页。

② 茅以升主编：《中国古桥技术史》，北京：北京出版社，1986年，第164页。

③ 王福谆：《“我国古代大型铁铸文物”系列文章之四——古代大铁牛》，《铸造设备研究》2007年第2期，第31—36页。

④ 涂师平：《中国镇水文物探析》，《农业考古》2015年第4期，第164—170页。

目前，已知的镇水神物上的铭文（多见于铁牛）始于明代。综合所收集到的资料来看，这些铭文主要包括当时人们铸造铁牛的目的、铸造的年代、铸造者的姓名及所在地的地理洪涝环境等，如开封的《镇河铁犀铭》、颐和园铜牛的《金牛铭》、荆江郝穴铁牛背上的铭文、洪泽铁牛的铭文、邵伯铁牛的铭文、牧马河铁牛的铭文、荥阳铁牛的铭文等，都反映了上述的内容。

在民间信仰方面，镇河铁牛上的铭文直接体现了我国古代相生相克的五行、“厌胜”思想，如开封《镇河铁犀铭》镌刻：“百炼玄金，熔为真液。变幻灵犀，雄威赫奕。镇御堤防，波涛永息。安若泰山，固若磐石。”颐和园铜牛的《金牛铭》镌刻：“制寓刚戊，象取厚坤。蛟龙远避，讵数鼍鼋。溓此昆明，潴流万顷。金写神牛，用镇悠永。”[①]洪泽铁牛铭文镌刻：“惟金克木蛟龙藏，惟土制水龟蛇降，铸犀作镇奠淮扬，永除昏垫报吾皇。”[②]这些明显带有五行相生相克和“厌胜”的思想，而在江苏洪泽湖地区所流传的“九牛二虎一只鸡”的传说，也反映了当地所特有的文化信仰，同时也体现了治理洪泽湖的艰难。

三、文化价值

由于镇水神物贯穿了中国封建社会的不同时期，其外观造型呈现出不同历史时期的烙印。这是研究中国古代艺术最为直接的证据材料。同时，各地区不同形式的镇水神物，也反映出各地区之间所存在的文化差异。

以镇河铁牛为例，一般而言，在塑造铁牛时，大多数铁牛都是采用写实手法，雕塑出一头真实的牛的模样，不论是卧式还是立式，都显得真实、自然、栩栩如生。如蒲津渡的唐代铁牛各个部分的造型，比例适中，形象生动，膘肥体壮，肌肉隆起，圆目怒视，竖耳聆听，非常雄壮威风。而随着这四头铁牛出土的四个铁人分别属于回鹘人、蒙古人、吐蕃人、汉人。有学者认为其反映了盛唐时期四夷来朝者的景象。[③]而开封的独角铁犀牛塑像，并不按照写实法来塑造，而将其神化和艺术化了。蹲坐的铁犀，独角朝天，怒视咆哮的黄河，以增加镇河的气势。[④]趴蝮除镇水之外还有装饰价值，王元林分析出大运河地区的明

① 北京市颐和园管理处、中国人民大学清史研究所编：《颐和园》，北京：北京出版社，1978 年，第 73 页。

② 陶思炎：《中国镇物（插图本）》，上海：东方出版中心，2012 年，第 333 页。

③ 苏涵、景国劲：《黄河蒲津渡开元铁牛雕塑群考论》，《晋阳学刊》2004 年第 4 期，第 88—91 页。

④ 王福谆：《“我国古代大型铁铸文物”系列文章之四——古代大铁牛》，《铸造设备研究》2007 年第 2 期，第 31—36 页。

代趴蝮较元代体型更大，做工更为精细。[①]

由上可知，镇水神物蕴含有厚重的科学、历史、文化价值，这些价值是对于当时地区社会、环境、民俗的充分反映，将这些价值充分挖掘出来，必将有助于文化遗存保护、文化价值弘扬。

总之，明正统十一年（1446 年）河南山西巡抚于谦在开封铸造的镇河铁犀有其深刻的时代背景，在当今仍极具重要的科学、历史、文化价值。镇河铁犀的出现是明代前期（1368—1505 年）黄河在开封附近决溢泛滥的催生物，它是伴随着一系列治黄措施的配套产物，更体现了关键治水人物于谦的作用。铁犀铭文在明代三处收录的文字，完全一致，当是同一个来源，而在清代流传过程中出现了错讹，导致现有拓本和一些书籍中出现错误。同时，镇河铁犀也是我国古代“五行相克”思想的体现，全国各地拥有镇水神物数目众多、类型多样，都与开封镇河铁犀的功能类似，起到镇水消灾的作用。这是古人应对自然灾害、与自然相适应的表征，通过开封镇河铁犀这一重要切入点的研究，有利于深化理解古人处理水患灾害的思想观念，体现人与自然、环境之间的互动关系。

① 王元林：《京杭大运河镇水神兽类民俗信仰及其遗迹调查》，《中国文物科学研究》2012 年第 1 期，第 28—34 页。

第五章　黄河泛滥灾害与清代开封城寺庙变迁

明末开封城惨遭黄河决口灌城，使得城内“平地三丈余，官舍民居一空”①。经此劫难，开封的城市景观遭受严重破坏，入清之后亟须重新建构。寺庙作为城市景观的重要组成部分，在城市重建中发挥着一定的引领作用，研究开封城内寺庙的分布与发展，有助于了解开封城内民众的信仰变迁，从侧面窥探黄河泛滥对城市内部空间发展状况的影响。

目前，关于城市寺庙景观的研究是城市历史地理领域长期以来关注的热点之一，且已取得较为丰硕的研究成果。通过对已发表文献的梳理，前人关于城市寺庙景观的研究主要集中在寺庙的分布演变②、寺庙与城市地名文化③、寺庙与城市关系④等方面。就城市寺庙景观分布演变的研究而言，分为寺庙景观的整体研究和单一类型研究两种类型，如李凡等以神庙景观为视角，分析了明至民国初期佛山镇民间信仰文化景观的时空演变，以及对社会文化空间的整合⑤；陈云霞基于民国时期的两次调查档案，对近代上海的寺庙变迁情况进行了较为细

---

① 开封市地方志办公室编：康熙《开封府志（整理本）》卷 39《祥异・兵变附》，北京：北京燕山出版社，2009 年。

② 李凡、司徒尚纪：《民间信仰文化景观的时空演变及对社会文化空间的整合——以明至民国初期佛山神庙为视角》，《地理研究》2009 年第 6 期，第 1550—1561 页。陈云霞：《近代上海城市寺庙变迁研究》，《中国历史地理论丛》2013 年第 4 辑，第 112—122 页。陈云霞：《1937—1948 年间上海城市民间信仰传播和分异研究》，《中国历史地理论丛》2017 年第 2 辑，第 97—107 、125 页。牟振宇：《南宋临安城寺庙分布研究》，《杭州师范学院学报（社会科学版）》2008 年第 1 期，第 95—101 页。

③ 张惠岐：《北京寺庙与地名文化的演变》，《中国地名》2003 年第 1 期，第 18—19 页。

④ 卫才华：《民国时期北京寺庙、商业与城市民俗生活——以隆福寺档案为中心的考察》，《北京社会科学》2014 年第 10 期，第 87—97 页。段玉明：《寺庙与城市关系论纲》，《西南民族大学学报（人文社科版）》2010 年第 2 期，第 202—206 页。牛婷婷：《西藏寺庙和城市的布局关系研究》，《西安建筑科技大学学报（社会科学版）》2015 年第 4 期，第 49—53 页。

⑤ 李凡、司徒尚纪：《民间信仰文化景观的时空演变及对社会文化空间的整合——以明至民国初期佛山神庙为视角》，《地理研究》2009 年第 6 期，第 1550—1561 页。

致的分析[①]；牟振宇则是按寺庙类型以分区域论述的形式对南宋临安城的寺庙分布进行了研究[②]。此外，一些学者以单一类型的宗教景观为例，分析其在城市内部的空间分布与扩散过程。[③]但是，从上述研究来看，学界对于城市内部信仰方面的研究关注尚不够，且研究地点多集中在上海、杭州、福州等沿海城市，而对内陆城市宗教景观的研究相对欠缺。从研究尺度而言，缺少在某一朝代就单个城市内的寺庙景观演变状况进行系统梳理。同时，其研究方法多是依据历史记载进行的统计分析，缺乏利用 GIS 技术予以空间呈现。因此，本章以清代河南省城开封为例，根据所搜集到的城内寺庙的基本信息，借助 ArcGIS10.2 软件平台，复原清代开封城不同时期寺庙景观的空间分布，再现开封城寺庙景观的构建过程及其演变背后的驱动因素，以期把握黄河泛滥、寺庙空间演变与城市内部空间的关系。

第一节　清代开封城寺庙数目与类型

一、寺庙数目

确定寺庙数目是开展相关研究工作的基础。清代开封城的寺庙数据，主要来源于对清代以来开封不同时代的地方志、历史文献和古地图中所记载的寺庙信息的梳理，其具体信息如表 5-1 所示。

表 5-1　开封城寺庙信息统计表

资料类别	资料名称	出版时间	寺庙数量/座	提取信息
地方志	顺治《祥符县志》	顺治十八年（1661 年）	37	寺庙

① 陈云霞：《近代上海城市寺庙变迁研究》，《中国历史地理论丛》2013 年第 4 辑，第 112—122 页。陈云霞：《1937—1948 年间上海城市民间信仰传播和分异研究》，《中国历史地理论丛》2017 年第 2 辑，第 97—107、125 页。

② 牟振宇：《南宋临安城寺庙分布研究》，《杭州师范学院学报（社会科学版）》2008 年第 1 期，第 95—101 页。

③ 吴承忠、宋军：《明代北京游览型寺庙分布特征》，《城市问题》2008 年第 2 期，第 54—59 页。舒时光、吴承忠：《清代北京游览型寺庙的空间分布特征及其成因》，《北京社会科学》2011 年第 4 期，第 45—51 页。陈云霞：《近代上海城市鲁班庙分布及功能研究》，中国地理学会历史地理专业委员会《历史地理》编辑委员会编：《历史地理》第 27 辑，上海：上海人民出版社，2013 年，第 261—275 页。张芸、王彬、朱竑：《外来宗教在口岸城市的空间分布及扩散特征——以福州市基督教教堂为例》，《地理科学进展》2011 年第 8 期，第 1065—1072 页。

续表

资料类别	资料名称	出版时间	寺庙数量/座	提取信息
地方志	康熙《开封府志（整理本）》	康熙三十四年（1695 年）	58	寺庙
	乾隆《祥符县志》	乾隆三年（1789 年）	71	
历史文献	《汴城筹防备览》	咸丰十年（1860 年）	114	寺庙、隅界
古地图	《河南省城地舆全图》	光绪三十三年（1907 年）	228	寺庙、街道

注：寺庙数量依据庙宇修建时间序列确定

为了保持清代 267 年间研究区域范围的一致性，本书将研究重点主要聚焦于明清城墙所围合的区域，即今开封市老城区内部。其整理结果详见表 5-2。

根据表 5-2 统计，清代开封城内见于文献记载的寺庙共有 90 座，实际数目远超此数。再将寺庙按照皇帝年号排列，顺治朝 37 座，康熙朝 23 座，雍正朝 7 座，乾隆朝 5 座，嘉庆朝 2 座，道光朝 4 座，咸丰朝 2 座，同治朝 4 座，光绪朝 6 座。由此可以看出，清初鼎新之初，开封城人口和经济均处于缓慢恢复之中，人民重建家园，纷纷修建寺庙，将精神寄托于神灵保佑，顺治朝寺庙最多，共计 37 座。康熙元年（1662 年），河南巡抚张自德、布政使徐化成倡导属官捐俸，在明代城墙基础上重建开封城，城市面貌焕然一新。同时，还在有计划地重建各级衙署后，“始移各衙门于省会，民居亦鳞集城乡”[①]。驻节外地办公的各级衙署陆续迁回后，城市人口也开始慢慢增长，故康熙年间寺庙修建也不少，共有 23 座。经过顺治、康熙两朝的发展，城市经济有序恢复，寺庙增修也基本上饱和，约占清代寺庙总数的 2/3，此后各朝寺庙的增加都在个位数，极为缓慢。

二、寺庙类型

开封城内的寺庙景观体系繁多，类型庞杂，为了更好地理解其景观构成，在前人信仰分类的基础之上[②]，将开封城内的寺庙所属类型大致分为自然崇拜、圣贤崇拜、行业崇拜、神话崇拜、鬼神崇拜、仙佛崇拜和其他崇拜等七大类。具体见表 5-3 所示。

① 乾隆《祥符县志》卷 5《建置・城池》，乾隆四年（1739 年）刻本。

② 李凡、司徒尚纪：《民间信仰文化景观的时空演变及对社会文化空间的整合——以明至民国初期佛山神庙为视角》，《地理研究》2009 年第 6 期，第 1550—1561 页。王永平：《简论唐代民间信仰》，首都师范大学历史系编：《首都师范大学史学研究》第 2 辑，北京：中国文史出版社，2004 年，第 153—170 页。

表 5-2　清代开封城寺庙信息统计表

朝代	序号	名称	所祀神主	年代	修建时间	修建人	废败时间	废败原因	地址	出处
顺治朝	1	文殊寺街清真寺		顺治六年重建	1649 年				文殊寺街中段	《开封民族宗教志》
	2	东岳庙	泰山神	顺治八年	1651 年	赵士芳等尽力募化施财			东岳庙前街	顺治《祥符县志》
	3	太山庙		顺治七年	1650 年				东门大街	光绪《祥符县志》
	4	太山庙		顺治元年	1644 年				萧墙街	光绪《祥符县志》
	5	太山庙		崇祯十五年	1642 年				县治北（疑为徐府后街）	光绪《祥符县志》
	6	金龙四大王庙		顺治二年	1645 年	方河道鼎建			土街东会王府旧址	顺治《祥符县志》
	7	金龙四大王庙		顺治二年	1645 年	方河道鼎建			徐府街	顺治《祥符县志》
	8	金龙四大王庙		顺治二年	1645 年	方河道鼎建			县治西南州桥	顺治《祥符县志》
	9	关帝庙		顺治八年	1651 年	邑人李应元建			安远门内	顺治《祥符县志》
	10	关帝庙							土街鸿影庵	顺治《祥符县志》
	11	关帝庙							大爪隅头	顺治《祥符县志》
	12	关帝庙							南门街	顺治《祥符县志》
	13	关帝庙							五府后街	顺治《祥符县志》
	14	关帝庙		顺治七年	1650 年				老府门南徐璇街	光绪《祥符县志》
	15	广生祠		顺治十五年					崇法寺西	顺治《祥符县志》
	16	药王庙		顺治十二年	1655 年				南熏门内迪东	光绪《祥符县志》
	17	府城隍庙		顺治十五年	1658 年	尚书刘昌			在旧县治西北	康熙《开封府志》
	18	三皇庙		顺治年间					县治东北艮岳废址	顺治《祥符县志》
	19	贾陵君祠		顺治后期		布政使徐化成			县治东北上方寺右	顺治《祥符县志》
	20	包孝肃公祠		顺治七年	1650 年	知府丁时陞			新府治前	顺治《祥符县志》

续表

朝代	序号	名称	所祀神主	年代	修建时间	修建人	废败时间	废败原因	地址	出处
顺治朝	21	崇法寺（相国寺）		顺治十八年	1661 年	抚院贾公汉复捐俸			旧县治东北	顺治《祥符县志》
	22	慧林禅院（铁佛寺）		顺治后期		僧魁一募化，布政使徐化成捐俸			相国寺东马道街路北	顺治《祥符县志》
	23	祐国寺（铁塔）		顺治二年	1645 年	皇清左布政使徐化成捐俸重修			府城东北隅	顺治《祥符县志》
	24	大道宫	北极元帝	顺治元年	1644 年	道人康福臻跣足苦化复建	乾隆十五年	改建为按察司署	废永宁王府旧基	顺治《祥符县志》
	25	观音堂							火神庙后街路南	顺治《祥符县志》
	26	五龙宫							木厂街	顺治《祥符县志》
	27	拈花庵				左布政使徐化成			府城南熏门内	顺治《祥符县志》
	28	玉皇观							大杨家湖	顺治《祥符县志》
	29	游梁祠				知府朱之瑶			新府学明伦堂后	顺治《祥符县志》
	30	古圣贤祠		顺治十六年	1659 年	抚院贾公汉复			县治东崇法寺西	顺治《祥符县志》
	31	延祐观					光绪年间圮		延庆观角	顺治《祥符县志》
	32	放生堂				抚院贾公汉复			崇法寺西	顺治《祥符县志》
	33	清真寺（东大寺）							东岳庙前路西	顺治《祥符县志》
	34	三官庙	天官、水官、地官	顺治十二年	1655 年				北门街	乾隆《祥符县志》
	35	火神庙							火神庙前街	顺治《祥符县志》
	36	白衣阁							土街东路路北	顺治《祥符县志》

续表

朝代	序号	名称	所祀神主	年代	修建时间	修建人	废败时间	废败原因	地址	出处
顺治朝	37	文庙	孔子	顺治九年	1652 年				文庙街	顺治《祥符县志》
康熙朝	1	北大寺		康熙年间					铁塔四街	
	2	老君庙		康熙三十口年	1691+年				宋门内南	乾隆《祥符县志》
	3	五道庙		康熙十六年	1677 年				五道庙街	光绪《祥符县志》
	4	眼光庙		康熙九年	1670 年					光绪《祥符县志》
	5	鹿公祠		康熙五十二年	1713 年	巡抚鹿佑建			提学署西辕门外	光绪《祥符县志》
	6	许公词		康熙四十三年	1704 年	祥符知县徐开邦建			相国寺东	光绪《祥符县志》
	7	县城隍庙		康熙十三年	1674 年	知县沈叙			府城隍庙之西	康熙《开封府志》
	8	济渎庙		康熙四年	1665 年				县治西北城隍庙西	康熙《开封府志》
	9	武安王庙							大梁驿西	康熙《开封府志》
	10	武安王庙							丽景门内	康熙《开封府志》
	11	皮场公庙	郑子皮						府城东北隅	康熙《开封府志》
	12	七烈女祠		康熙七年	1668 年	布政使徐化成			上方寺左	康熙《开封府志》
	13	名抚祠		康熙二十八年	1689 年	巡抚阎兴邦			学道署前	康熙《开封府志》
	14	三官庙	天官、水官、地官	康熙九年	1670 年				萧墙街	乾隆《祥符县志》
	15	三官庙	天官、水官、地官	康熙八年	1669 年				新贡院前	乾隆《祥符县志》
	16	会馆乡祠		康熙二十年	1681 年	监生王安福建			西门街	乾隆《祥符县志》
	17	蒋公祠		康熙二十四年	1685 年	提学蒋伊建		光绪朝已圮	提学署东辕门南	乾隆《祥符县志》
	18	张公祠		康熙二十七年	1688 年				提学署西辕门外	乾隆《祥符县志》
	19	徐公祠		康熙五十二年	1713 年	开封府知府徐而泰建			相国寺东	乾隆《祥符县志》

续表

朝代	序号	名称	所祀神主	年代	修建时间	修建人	废败时间	废败原因	地址	出处
康熙朝	20	三光庙		康熙年间		巡抚李国亮			糖房口东路北	光绪《祥符县志》
	21	准提庵		康熙年间		邑少傅刘昌（康熙九年卒）建			马道街西向	光绪《祥符县志》
	22	慈云庵		康熙三十三年	1694年				城西北隅	光绪《祥符县志》
	23	魁星楼		康熙三十二年	1693年					康熙《开封府志》
雍正朝	1	贤良祠		雍正十一年	1733年	总督田文镜、总河陈鹏年建			城东南宋门内	乾隆《祥符县志》
	2	梓橦庙（桂香祠）		雍正十一年	1733年	总督王士俊修			祥符县治东	康熙《河南通志》
	3	刘猛将军祠（蝗神庙）		雍正十二年	1734年	奉文建			延庆观西	乾隆《续河南通志》
	4	文昌祠		雍正三年	1725年	邑绅王符镇、王柏龄，里民赵珣、李天馥等筹建			府治东南隅	乾隆《祥符县志》
	5	龙神庙		雍正五年	1727年	京师塑像，遣官迎祀			县治西	乾隆《祥符县志》
	6	田公祠		雍正十一年	1733年	总督田文镜建			县治东	乾隆《祥符县志》
	7	忠义祠		雍正元年	1723年				学宫内	乾隆《祥符县志》
乾隆朝	1	朱大王庙	朱之锡，字孟九	乾隆四十五年	1780年				宋门内路北	光绪《祥符县志》
	2	太白庙		乾隆五十三年	1788年	巡抚毕沅建			宋门内路北	光绪《祥符县志》
	3	黄大王庙	黄守才，字邦杰	乾隆三年建	1738年				相国寺东街路北	光绪《祥符县志》
	4	八蜡庙		乾隆三年	1738年	巡抚尹会一修			县治西	乾隆《祥符县志》
	5	增福庵		乾隆年间		大学士刘统勋题额			今贡院前东向	光绪《祥符县志》
嘉庆朝	1	包欧二贤祠		嘉庆十五年	1810年	知府刘书元建			开封府东辕门外	光绪《祥符县志》
	2	文昌宫	文昌帝君	嘉庆六年		巡抚慧裕建			行宫角	光绪《祥符县志》

续表

朝代	序号	名称	所祀神主	年代	修建时间	修建人	废败时间	废败原因	地址	出处
道光朝	1	贤大夫祠		道光二十二年	1842 年	邑人路青云等创建			行宫角西路北	光绪《祥符县志》
	2	文昌宫	文昌帝君	道光二十三年		浙人李照、金鑑法建			惠家胡同	光绪《祥符县志》
	3	孝严寺		道光间		浙僧能海			城西北隅	光绪《祥符县志》
	4	救苦庙		道光间					西二道街	《开封市救苦庙碑记》
咸丰朝	1	家庙街礼拜寺		咸丰元年	1851 年				家庙街中段	《开封民族宗教志》
	2	龙神庙		咸丰六年	1856 年	巡抚桂良建			宋门内	光绪《祥符县志》
同治朝	1	善义堂清真寺		同治十三年	1874 年				鹁鸽市街	《开封民族宗教志》
	2	僧忠亲王祠	僧亲王	同治七年	1868 年	巡抚李鹤年奉敕建			右司官口迤东路北	光绪《祥符县志》
	3	于忠肃公祠		同治六年	1867 年	邑举人王思兰，贡生刘作宾、张严翼，庠生张辰垣等倡议			西板棚街中路南小巷	光绪《祥符县志》
	4	仓圣祠		同治六年		巡抚李鹤年建			大梁书院东偏文昌宫后	光绪《祥符县志》
光绪朝	1	河神将军庙		光绪七年					相国寺东街路北	光绪《祥符县志》
	2	倭袁二公祠	文华殿大学士倭仁、侍郎袁保恒	光绪十一年	1885 年	敕建			封堵庙后路北	光绪《祥符县志》
	3	张公祠	前河南布政使张曜	光绪二十年	1895 年	敕建			西门大街路北	光绪《祥符县志》
	4	栗大王庙	栗毓美	光绪二年	1876 年	敕建			县署东相国寺西	光绪《祥符县志》
	5	二曾祠	武英殿大学士曾国藩、两江总督曾国荃	光绪十九年	1893 年	敕建			刷绒街路北	光绪《祥符县志》
	6	蒋公祠	甘肃凉州镇挂印总兵蒋东才	光绪十九年	1893 年	敕建			双龙巷路北	光绪《祥符县志》

表 5-3　清代开封城内寺庙的主要类型统计表

寺庙分类	主要寺庙（祠观）
自然崇拜型	风云雷雨庙、风神庙、三官庙、古三元宫、土地庙、火神庙、济渎庙、三光庙、中岳庙、东岳庙、八蜡庙、刘猛将军祠、马王庙、河神庙（如河神将军庙、金龙四大王庙、黄大王庙、朱大王庙）等
圣贤崇拜型	文庙、关帝庙、贤良祠、包公祠、二贤祠、三义庙、忠义祠、于忠肃公祠、名抚祠、信陵君祠、二曾祠、僧忠亲王祠、孟子游梁祠、贤大夫祠等
行业崇拜型	机神庙、祖师庙、药王庙、鲁班庙、财神殿、泰山庙、送子观音堂、百子堂等
神话崇拜型	轩辕庙、龙王庙、龙神庙、城隍庙、文昌宫（梓潼阁）、三皇庙、五龙宫等
鬼神崇拜型	梦神庙、瘟神庙等
仙佛崇拜型	吕祖阁、阿弥陀佛庙、观音寺、准提庵、老君堂、玉皇观、真武庙、罗汉堂等
其他崇拜型	救苦庙、堂庙、金姑娘庙等

根据表 5-3 对寺庙类型的初步统计可以看出，开封城内的寺庙景观主要以“自然崇拜型”和“圣贤崇拜型”两种类型为主。在“自然崇拜型”的寺庙中，河神祭祀占有较高的比例，这与黄河水患深深影响着开封城有着密切的关系。若从主要神祇的信仰变迁来看，有清一代，关帝信仰始终在开封城中居于首位，这与开封省府的地位、外来人口多、商品贸易发达有关。

第二节　清代开封城寺庙的变迁

据咸丰十年（1860 年）傅寿彤的《汴城筹防备览》所载，开封城共分为大隅首、县前隅、曹门隅、宋门隅、北门隅、萧墙隅、西门隅、徐璇隅和土街隅等九隅。现根据研究需要将清代分为 4 个时间节点，分别为 1661 年、1739 年、1860 年和 1907 年。利用 ArcGIS10.2 平台，以 1∶1000 的开封市数字化地图为基准，对 1907 年的《河南省城地舆全图》进行空间校正与配准，并将图中的街道进行矢量化，从而获得清末开封城的街巷底图。之后，以此为基础，提取古地图中寺庙分布的确切位置和方志中所载寺庙的相对位置。最后，运用 GIS 空间分析的方法，探讨开封城内寺庙景观的发展演变。

一、寺庙整体演变状况

为了更加直观地呈现开封城内寺庙空间分布的变化，将各个节点的寺庙分布情况在开封街巷底图上予以呈现。

有清一代，开封城内寺庙空间分布的变化情况是十分明显的。从空间上来看，开封城内寺庙的分布曾长期呈“东多西少”的空间格局，在1860年之后才逐步转向为“大体均匀”分布；从数量上来看，城中寺庙的数量一直是在持续增加的。在1661年，开封城内仅有37座寺庙，至1907年则达到228座。其中，1860年之后开封城内新增114座寺庙，可见清末是寺庙增加的高峰期。同时，通过开封城内寺庙空间分布的变化，可从侧面了解开封城重建过程中城市内部的空间发展过程。

二、寺庙区域分布差异

为了进一步揭示开封城内各隅之间寺庙数量变化的差异，现对不同时间节点上各隅内的寺庙数量进行统计（见表5-4）。

表5-4　开封城各隅内的寺庙分布情况统计表　　单位：座

节点	曹门隅	宋门隅	北门隅	萧墙隅	徐璇隅	土街隅	西门隅	大隅首	县前隅	统计
1661年	8	2	5	1	3	3	3	2	10	37
1739年	10	9	11	2	3	3	6	7	19	70
1860年	23	17	20	4	3	4	17	10	16	114
1907年	29	26	29	12	7	4	51	39	31	228

由表5-4可知，尽管各隅的辖域面积大小不同，但在咸丰十年（1860年）之前，各隅内的寺庙数量相对来说是相差不大的。此后，西门隅、大隅首、县前隅等三隅内的寺庙数量可谓是迅速增加，以致各隅之间的寺庙分布数量由原先的“相差无几”到“日趋明显”。此外，以城市中轴线中山路为界，其东侧有曹门、宋门、北门、萧墙、徐璇、土街、县前等七隅，西侧有西门和大隅首两隅，东西两侧庙宇数量的比例先后经历了“1∶0.16”“1∶0.23”“1∶0.31”“1∶0.65”的变化。此亦能反映城内寺庙的空间分布经历了由“东多西少”到“大致均匀”的格局演变。

第三节　清代开封城寺庙变迁的原因

一、黄河水患是开封寺庙变迁的自然因素

清代，开封仍是河南省会，是当时全省的政治、经济、文化中心，但与明代相比，总的经济发展情况有所退步。崇祯十五年（1642 年）黄河决口事件后的开封城，“荡为泥沙，汴于是无城并无池矣”，黄河水“排山倒海决堤沦城，举粉堞朱楼悉委西风一浪”“此古今未有之奇厄”。①清顺治二年（1645 年），河南巡抚宁承勋赴任开封所见大灾后的城内景象，有记载：“事甫就绪，乃具疏请修复省城，塞黄河决口。略言：汴城地形低于黄河，独恃层堤以为天堑。自逆闯决堤灌城，河水建瓴而下。臣由大河汛舟直抵城下，城垣半在沙淤水浸之中，进至安远门，则瓮城、敌台灭没无影。循此而入，高者为沙为陆路，卑者为水为川流。土人谓城中沙淤漫衍，似高阜者，乃当日最低之地，今则街市庐舍，尽埋其下矣。水流浩瀚，似低洼者，乃当日最高之地，今以他处淤高，则此地反卑矣。进行三五里，始见屋脊露出沙上。南门迤北，周王府尽成水乡，宫殿仅见榱桷，树木惟存枝杪，此汴城大略也。”②此次洪水对开封及其下游州县的影响较大，有人在开封到固始间“凡行六日，不见一人。途中草长数尺，不虞盗贼，止防狼兽”③。1642 年河决开封事件是开封城市衰落的重要转折点，直接影响主要体现在人口损失、建筑物破坏、城内湖泊形成等方面，深远影响是当时省城开封元气大伤，皇城意味尽失。④

康熙元年（1662 年），河南巡抚张自德、布政使徐化成重建开封城垣，沿袭明代城池模式。此后，开封城的社会经济有所恢复。但道光二十一年（1841 年）六月十六日，河决祥符上汛三十一堡（今开封北郊张湾村东），开封城外洪水一望无际。二十四日全河夺溜，城墙接连塌陷，官民全力守城，连铁塔、相

---

① 顺治《祥符县志》卷 2《城池》，清顺治十八年（1661 年）刻本。

② 徐世昌：《大清畿辅先哲传》卷 28《贤能传一》，北京：北京古籍出版社，1993 年，第 925—926 页。

③ （清）计六奇撰，魏得良、任道斌点校：《明季北略（上）》，北京：中华书局，1984 年，第 320—321 页。

④ 吴朋飞：《崇祯河决开封城的灾害环境复原》，《苏州大学学报（哲学社会科学版）》2021 年第 2 期，第 185—192 页。

国寺、棚板街等处的建筑和石块都被拆下运到西北城垣抢险。黄泛洪水围困开封城长达8个月之久，经钦差大学士王鼎、林则徐及地方绅士等一起堵口，于1842年二月八日合龙。道光汴梁水灾过后，开封城“城外高、城内低”盆地地势更加明显，河道淤塞，土地碱卤，井泉苦涩，遗患无穷。时人留下的日记《汴梁水灾纪略》，对这次大水有详细记录。1842年重修开封城垣，周长14公里，城门五座如旧，这就是今天看到的开封城墙。开封城市经过崇祯十五年（1642年）洪水灌城和道光二十一年洪水围城的两次重大破坏，经济发展迟缓，很难恢复到明代“势若两京”的繁华程度。同时，崇祯十五年河决开封后，开封城内地貌发生重大变化，“城外高、城内低”盆地景观愈发明显，城内龙亭、包公等大型湖泊的出现，致使城市建成区的面积进一步缩减①，城市发展环境大受影响，城市可资利用空间减少，也影响到寺庙的分布与变迁。

清代开封城内的寺庙分布长期呈“东多西少”的空间格局是受地势所致。开封虽然地处平原，城内的地势却是有所差异的，素有“三山不显”之说。在郑之鎏的《续东京梦华录》中曾记载了一次洪水入城后的水位差异，具体为：“追河水入城，淹没有深至三四丈、二三丈者，自西门迤逦东来，至大爪隅首，水仅二三尺深者；通藩府东折至山货街水仅一二尺，再东折而北去，至土街水不盈尺而止，高下起伏，观夫水而从可知山矣。”②由此而知，就开封城内的地势而言，以今城市中轴线中山路为界，东侧的地势相对要高于西侧。同时，从城内湖泊的空间分布来看，也能从侧面证明城内地势是东高西低。正是如此，开封城在重建过程中则必先考虑地势较高的地方，寺庙选址修建亦然。因此，开封城地势的差异决定了寺庙的分布格局。

由于开封长期受黄河泛滥的影响，使得城市周围的地势是“城内低，城外高”③，每遇大雨，则会导致大水漫城，毁房无数。此种状况在清代曾发生多次，如《巡抚李鹤年惠济河辑说序略》记载：“惠济河，古汴水也。自明迄我朝，黄河屡决汴水东行之道，逐节淤高，其流遂断，而省垣为浊流所环绕，外高内低状如釜底，城中积潦欲出不得，大为居民之患。”④又有乾隆四年（1739

---

① 吴朋飞：《清代开封城市湖泊的形成与演变》，中国地理学会历史地理专业委员会《历史地理》编辑委员会编：《历史地理》第30辑，上海：上海人民出版社，2014年，第30—38页。

② 光绪《祥符县志》卷9《建置志·城池》，清光绪二十四年（1898年）刻本。

③ 吴朋飞：《清代开封城市湖泊的形成与演变》，中国地理学会历史地理专业委员会《历史地理》编辑委员会编：《历史地理》第30辑，上海：上海人民出版社，2014年，第30—38页。

④ 光绪《祥符县志》卷7《河渠志·河防》，清光绪二十四年（1898年）刻本。

年）七月十六日河南河北镇总兵官柏之蕃又奏“城内地势较之城外低洼，难以泄水……雨水连绵，城内东南、西南两隅地方积水有六七尺不等，民间房屋倒塌无存”[①]。可见城中积水宣泄不畅由来已久，且内涝时常发生，未曾得到彻底改善。直至同治年间，情况依然很严重，光绪《祥符县志·祥异》中记载：“（同治）六年夏大雨，各坑积水溢出，淹圮民房甚众，城市路断；八年夏霪雨，城市房毁数万间。”[②]从上述史料记载可知，城内地势较低之处深受内涝影响，常使官民房屋倒塌无存，进而可推知，内涝频生也势必会严重影响寺庙景观的分布格局，使其多分布在城东受内涝影响较小的高亢之处。因此，寺庙的空间分布才会长期呈现“东多西少”的格局。同治八年（1869年）疏浚惠济河，打通泄水之路，使得“城中积水十减七八，居民便之，而濒河之地之旧为斥卤者，亦悉易而为沃野焉”[③]。“去污就燥，人还其家，官私庐舍，已圮者新之，存者，涂治之。待衢之水，皆返塘泺。”[④]此后，由于城内积水消退，城内人居环境得以改善，往日处于低洼之处的西门、大隅首、县前等隅不再受内涝之患，该区域内建筑空间扩大，一改城内西部区域的地广人稀，为寺庙的修建提供了用地的空间，寺庙数量也因之开始大幅增加，逐渐使得城内寺庙的空间分布趋于均匀。

二、官绅倡导与社会需求是开封寺庙变迁的人文因素

官绅的倡导。在重建开封城过程中，祠庙是城市景观必不可少的组成部分。宗教信仰在一定意义上具有教化作用，有助于维护地方的统治秩序。清初，面对百废待兴的开封城市建设，地方官员积极投入其中，如顺治时期，河南巡抚贾汉复曾“捐金首倡，诸上官绅衿乐输，共修殿宇”[⑤]来重修崇法寺，其在任期间还曾修古贤良祠和放生堂。此后，地方官绅参与城内寺庙修建的活动一直未曾断绝。同时，政府为旌表有功之臣，在城内敕建多座祀祠使民供奉，

① 水利电力部水管司、水利水电科学研究院：《清代淮河流域洪涝档案史料》，北京：中华书局，1988年，第140页。

② 光绪《祥符县志》卷23《杂事志·祥异》，清光绪二十四年（1898年）刻本。

③ 《巡抚李鹤年惠济河辑说序略》，光绪《祥符县志》卷7《河渠志·河防》，清光绪二十四年（1898年）刻本。

④ 开封市地方志编纂委员会编：《开封市志（第6册）》，北京：北京燕山出版社，2001年，第276—277页。

⑤ 顺治《祥符县志》卷1《寺观》，清顺治十八年（1661年）刻本。

故而“圣贤崇拜型”寺庙在城市信仰体系中占据了一定的比例。

社会的需求。在封建时代，神灵的信仰可以给予广大黎庶精神上的慰藉和寄托。深受黄河泛滥之难的时人认为，黄河安澜是河神的佑护，故有“大梁当黄河之冲，赖列圣怀柔所及，百神效灵，河流顺轨，民获案堵，无沈溺灾。此诚诸河神之力，而金龙四大王其功为尤著也”①的思想。此外，外来信仰开始进入开封，如基督教（福音堂）等，市内的第一个基督教教会就是设在城西大纸坊街路北的内地会，由包崇德于光绪二十七年（1901 年）在此设立。

总之，寺庙作为城市景观的重要组成部分，是学术界关注的一个重要领域。有清一代，开封城内寺庙的数量一直是在稳步增加，至清末达到高峰。寺庙景观比较庞大和复杂，信仰类型以“自然崇拜型”和“圣贤崇拜型”为主，而关羽信仰则在众多神祇中始终居于首位。寺庙的空间分布格局整体上经历了由“东多西少”到“大致均匀”的变化；各隅内的寺庙数量差异则是由“相差无几”到“日趋明显”。由于受地势的微观差异影响，以致城西水坑广布，内涝频生，严重影响寺庙的空间分布，长期保持着“东多西少”的空间格局。直至同治八年（1869 年）疏通城内积水排泄之路后，原先易涝区域内的寺庙数量才得以迅速增加，才打破寺庙原有的分布状况，进而呈现“大致均匀”的空间分布格局。清代开封城内寺庙的发展变化过程是与开封城市人居环境密切相关的。1642 年和 1841 年两次黄河水患所诱发的开封城自然和人文环境的变化，进而反映在寺庙的修建和空间分布上。1841 年之后，再无黄河洪水入城，加上同治年间城内积潦的彻底解决，使得之后寺庙数量激增，各隅的寺庙分布趋于均衡。透过清代开封城寺庙的发展变化过程，寺庙作为中间的载体，很好地诠释了人类与自然地理环境之间的互动。

① 光绪《祥符县志》卷 12《祠祀志 • 祠庙》，清光绪二十四年（1898 年）刻本。

第六章　黄河泛滥灾害与禹王台的建构过程

1958年李长傅先生在《开封历史地理》中指出："禹王台，即吹台，宋二姑台，弘治间改为碧霞元君祠，后又改为禹王府，祀大禹并分祀历代治水有功的二十九人，这和明代开封多水患有关系。"①此处点出了禹王台的基本沿革，以及与明代开封多水患有关系。但禹王台的前身与后世如何，是如何一步步被建构成开封城市的文化符号和全国有名的大禹治水文化象征的，在当中多少明贤志士参与其中，与治理黄河水患究竟有什么关系，诸如此类问题的追问是城市环境史研究很好的切入点，值得探究。

第一节　千年的胜境：从吹台到禹王台

禹王台究竟形成于何时，地质学家没有做专门的地质勘探，但有一点确定无疑，它是黄河下游泛滥平原众多岗丘堌堆中的一处。按照前人的研究，先秦时期豫东、鲁西南、皖北一带的古地貌应是岗丘、平原相间，而且气候温暖湿润，水资源丰富，一幅水乡泽国的景象，类似现在的长江流域。②禹王台所在的地方，是开封城市东南角地势较高的区域。古代是一处高土台，旁有方圆5公

① 李长傅：《李长傅文集》，开封：河南大学出版社，2007年，第421页。

② 郅田夫、张启龙：《菏泽地区的堌堆遗存》，《考古》1987年第11期，第1002—1009页。荆志淳、George（Rip）Rapp,Jr、高天麟：《河南商丘全新世地貌演变及其对史前和早期历史考古遗址的影响》，《考古》1997年第5期，第68—84页。高天麟等：《河南商丘县东周城址勘查简报》，《考古》1998年第2期，第18—27页。孙波：《黄淮下游地区沙基堌堆遗址辨析》，《考古》2003年第6期，第90—95页。陈洪波：《鲁豫皖古文化区的聚落分布与环境变迁》，《考古》2007年第2期，第48—60页。闫文晟：《从菏泽堌堆遗址探讨鲁西南古地理环境》，《内蒙古农业大学学报（社会科学版）》2012年第3期，第326—328页。胡广跃、张海萍：《山东济宁堌堆遗址及相关问题》，《中国民族博览》2017年第6期，第218—220页。

里左右的牧泽。明代，此台约有三丈高、周长一百二十步；其后因黄河泛滥，周围淤垫，现台子仅高出地面一丈多。

按照《开封之最》的介绍，吹台是中原地区最古老的园林。[①]相传春秋时期，晋国大音乐家师旷曾在此台鼓吹奏乐，故后人把这里称为“师旷吹乐之台”，俗称“吹台”。按照宋代王瓘《北道刊误志》的记载，“大梁有师旷、仓颉吹台，汉梁孝王增筑曰明台，孝王常案歌吹于此，亦曰吹台”。按此，吹台又增加了仓颉，进一步丰富了人物故事，同时又增加了汉代梁孝王吹台来源说。不过，还有一种观点认为吹台是战国梁惠王的“高台曲池”，当时魏国将都城从安邑迁到大梁，梁惠王对吹台进行过修筑。唐代高适在《古大梁行》中回忆魏国灭亡之后说：“魏王宫观尽禾黍，信陵宾客随灰尘……全盛须臾哪可论，高台曲池无复存。”宋代梅尧臣也写到“在昔梁惠王，筑台聚歌吹”。公元前225年，秦将王贲引河沟灌大梁[②]，城毁魏亡，这一“高台曲池”的绝好胜地，同样毁于水患。河南大学赵为民曾对古吹台肇建的诸多说法进行辨析，认为古吹台既非师旷所筑，也非西汉梁孝王所筑，它实际的建造者是战国梁惠王，是梁惠王为纪念乐师师旷而造。[③]可见，吹台之称呼早在梁惠王时已经出现了。今开封禹王台公园有“古吹台”大牌坊。

汉代，文帝分封嫡次子刘武（称梁孝王）于大梁，后因“其地卑湿”而改迁睢阳（今河南商丘）。据说，梁孝王在大梁城东南吹台一带，大兴土木，建造了规模宏大、富丽堂皇的梁园。“梁园，在城东南三里许，相传为汉梁孝王游赏之所……一名梁苑，孝王筑吹台于苑中。”[④]他把吹台作为梁园的一部分进行重修，又在其东北方向筑兔苑，总名梁园，后东徙睢阳后，也筑有梁园，并通过修筑广袤三百里的蓼堤把大梁的梁园和睢阳的梁园连在一起。[⑤]梁园内建造了许

① 李学文、彭富臣主编，开封市人民政府接待办公室、开封市地方史志办公室编：《开封之最》，郑州：中州古籍出版社，1994年。

② 吴朋飞、徐纪安、马建华：《“引河沟灌大梁”初探》，《中原文物》2016年第1期，第54—61页。

③ 赵为民：《梁惠王筑吹台辨析》，《河南大学学报（哲学社会科学版）》1987年第4期，第57—59页。

④ （明）李濂撰，周宝珠、程民生点校：《汴京遗迹志》，北京：中华书局，1999年，第124页。

⑤ 开封梁园和商丘梁园争议比较大，刘宝和考证认为：“梁园之称，始于唐朝，在这以前谈到睢阳的，只称梁宋……即使到了唐朝，也是梁园与梁宋并行的……五代和北宋，没有使用梁园这个词，仍称商丘为宋城县。只是到了金末，梁园一词，才又重新出现，但它已不是商丘，而是开封了……进入元代，梁园正式移到了开封……进入明代，情况又有变化，说开封是梁园和说商丘是梁园的，各有一部分，不过，说开封的略占优势，而且梁园一词也有差异，即梁园分成的梁园和梁苑，梁园专指开封，梁苑专指商丘……清代说商丘是梁园的，忽又多了起来，应该说是商丘人起了作用……不过到了晚清，却有些不振，渐渐为梁园是开封说所代替了……辛亥革命后，社会上仍继承了这一说法，梁园便正式为开封所专有，而真正是梁园的商丘，反倒默默无闻了。”参见刘宝和：《梁园辨》，《史学月刊》1985年第4期，第47—49页。石观海、杨亚蕾：《梁园赋家行年新考》，《齐鲁学刊》2006年第2期，第58—64页。王永宽：《论历代文士的梁园情结》，《商丘师范学院学报》2006年第4期，第22—25页。

多亭台楼阁，种植了大量奇树佳木，风光旖旎、景色秀丽。梁孝王经常招募四方豪杰、文人墨客，在苑中作赋吟诗，赞叹古今。当时的文豪枚乘、司马相如等，都是梁孝王的宾客。枚乘著名的《梁王菟园赋》曾详细描绘了当时梁园的繁盛景象。梁孝王的风流趣事，成了流传后世的佳话，不少诗人墨客来开封必游梁园，登吹台，吟诗作赋，凭吊怀古，抒发感慨。

三国魏阮籍《咏怀》诗之60："驾言发魏都，南向望吹台。箫管有遗音，梁王安在哉？"南北朝时期，郦道元曾来到开封，他在《水经注》卷22《渠水》引《陈留风俗传》："县有仓颉、师旷城，上有列仙之吹台，北有牧泽……衿带牧泽，方一十五里，俗谓之蒲关泽，即谓此矣。梁王增筑以为吹台，城隍夷灭，略存故迹。今层台孤立于牧泽之右矣，其台方一百许步……晋世丧乱，乞活凭居，削堕故基，遂成二层，上基犹方四五十步，高一丈余。"[①]根据此记载，晋时，此台又称"乞活台"。吹台曾被整修为二层，台的右侧有方圆15里的牧泽湖，俗称蒲关泽。

"乞活台"与繁台的关系，亦是绕不开的学术命题。"梁王吹台，在县东南六里，俗号繁台。"[②]此处，将吹台与繁台联系起来，但实际今繁台和吹台（禹王台）之间还相距数百米，怎么会是一个台子呢？陈治文《繁台辨》认为，"所谓因台之近旁有繁姓人家居住，故而得名为繁台，这不过是一种虚构，事实是根本就没有这么一回事。原为婆台城，舍城变繁台。本来无此物，何处觅繁台"[③]。赵袆缺则对此持反对意见，进一步肯定"繁氏居其侧"的可靠性。[④]不管争论如何，魏晋南北朝时期吹台还是有其生存空间的。

天宝三载（744年）四月，杜甫在洛阳与刚刚被玄宗赐金放还的李白相会，两人一见之下，即相互倾倒，顿成莫逆之交，并相约为两宋之游。后有高适加入，三人在一起度过了一段登高怀古、射猎游宴、赋诗论文的浪漫生活。《新唐书》卷201《杜甫传》中记载，杜甫"尝从（李）白及高适过汴州，酒酣登吹台，慷慨怀古，人莫测也"[⑤]。李白在这里留下著名的《梁园吟》。

我浮黄河去京阙，挂席欲进波连山。

① （北魏）郦道元撰，（清）全祖望校：《水经注》，清光绪十四年（1888年）薛福成宁波崇实书院刻本。

② （唐）李吉甫撰，贺次君点校：《元和郡县图志》卷7《河南道·汴州》，北京：中华书局，1983年，第176页。

③ 陈治文：《繁台辨》，《中国语文》2010年第4期，第311—313页。

④ 赵袆缺：《"繁台"又称"婆台"考》，《古籍研究》2015年第1期，第42—49页。

⑤ 《新唐书》卷201《杜甫传》，北京：中华书局，1975年版，第5738页。

天长水阔厌远涉，访古始及平台间。
平台为客幽思多，对酒遂作梁园歌。
却忆蓬池阮公咏，因吟渌水扬洪波。
洪波浩荡迷旧国，路远西归安可得！
人生达命岂暇愁，且饮美酒登高楼。
平头奴子摇大扇，五月不热疑清秋。
玉盘杨梅为君设，吴盐如花皎白雪。
持盐把酒但饮之，莫学夷齐事高洁。
昔人豪贵信陵君，今人耕种信陵坟。
荒城虚照碧山月，古木尽入苍梧云。
梁王宫阙今安在？枚马先归不相待。
舞影歌声散绿池，空余汴水东流海。
沉吟此事泪满衣，黄金买醉未能归。
连呼五白行六博，分曹赌酒酣驰晖。
歌且谣，意方远。
东山高卧时起来，欲济苍生未应晚。

多年以后，杜甫有一首诗《遣怀》对他们此次同游仍念念不忘。

昔我游宋中，惟梁孝王都。
名今陈留亚，剧则贝魏俱。
邑中九万家，高栋照通衢。
舟车半天下，主客多欢娱。
白刃雠不义，黄金倾有无。
杀人红尘里，报答在斯须。
忆与高李辈，论交入酒垆。
两公壮藻思，得我色敷腴。
气酣登吹台，怀古视平芜。
芒砀云一去，雁鹜空相呼。
先帝正好武，寰海未凋枯。
猛将收西域，长戟破林胡。
百万攻一城，献捷不云输。

组练弃如泥，尺土负百夫。
拓境功未已，元和辞大炉。
乱离朋友尽，合沓岁月徂。
吾衰将焉托，存殁再呜呼。
萧条益堪愧，独在天一隅。
乘黄已去矣，凡马徒区区。
不复见颜鲍，系舟卧荆巫。
临餐吐更食，常恐违抚孤。

诗人回忆起当年与李白、高适相聚，把酒论文，两位大诗人性格豪放，文辞壮美，自己的脸上总是挂满兴奋之色。酒酣气盛之时登上吹台，环顾四周，吊古论今，好不潇洒浪漫。高适在《古大梁行》①、《宋中十首》诗中，也对当初梁孝王广招宾客、延揽人才的盛况有一番惆怅的追思。②明清时期，开封吹台上建造的三贤祠，就是祀李白、杜甫和高适三人。可见，“天宝三载深秋”三贤携手共游，唱和吟咏之说，可能不是凭空捏造。

五代后梁时，梁高祖朱温将繁台改为讲武台，专门在此演兵练武。《旧五代史》卷4《梁书四·太祖纪第四》则明确记载，开平二年（908年）七月，“甲午，以高明门外繁台为讲武台。是台西汉梁孝王之时，尝按歌阅乐于此，当时因名曰吹台。其后有繁氏居于其侧，里人乃以姓呼之，时代绵寝，虽官吏亦从俗焉。帝每登眺，搜乘训戎，宰臣以是事奏而名之”③。后周世宗显德二年（955年），开封城墙形态出现大变，形成“外城-内城-皇城”三重城城市结构，当时“东京华夷辐辏，水陆会通，时向隆平，日增繁盛，而都城因旧，制度未恢，诸卫军营，或多窄狭，百司公署，无处兴修”，世宗“令所司于京城四面，

① 高适《古大梁行》：“古城莽苍饶荆榛，驱马荒城愁杀人。魏王宫观尽禾黍，信陵宾客随灰尘。忆昨雄都旧朝市，轩车照耀歌钟起。军容带甲三十万，国步连营一千里。全盛须臾哪可论，高台曲池无复存。遗墟但见狐狸迹，古地空余草木根。暮天摇落伤怀抱，抚剑悲歌对秋草。侠客犹传朱亥名，行人尚识夷门道。白璧黄金万户侯，宝刀骏马填山丘。年代凄凉不可问，往来唯见水东流。”

② 按前所论，开封和商丘两个梁园，导致李、杜、高三人同游吹台的地点，也有争议。最近吕玉华针对李白、杜甫、高适携手共游，唱和吟咏“天宝三载深秋”之说提供相关证据，认为这其实是因为三人根本不曾共游吹台，当然也没有相关诗歌。他们共游的只有单父台，以及在单父附近的文台，与诗中的“昔我游宋中”“芒砀云一去”等指称相一致。参见吕玉华：《李白在单父——兼及李白、杜甫、高适同游梁宋及贾至任单父尉时间》，中国李白研究会主编：《中国李白研究（2014年集）》，合肥：黄山书社，2014年，第40—59页。

③ 《旧五代史》卷4《梁书四·太祖纪第四》，北京：中华书局，1976年，第63页。

别筑罗城”。[①]即在原唐汴州城的四周重新规划增筑了一道城垣，其周回四十八里二百三十三步[②]，号曰外城、罗城，也称新城。这样，吹台和繁台已被圈进城内，在内城与外城之间的区域。

北宋时期，东京城沿袭后周城池，吹台和繁台仍在内城与外城之间。当时有两次崇道的高潮，第一次是在真宗时期。宋真宗主要的崇道活动有七项：导演“天书降”、行封禅、西祀汾阴、制造赵氏始祖、拜谒老子朝玉皇、修建宫观、整理和印行道经。[③]当时东京城内建造了不少道教宫观，大的称为宫，小的称为观，是道士修道、祭神和进行道教仪礼活动的场所（表 6-1）。

表 6-1　北宋东京城的道教建筑统计表

序号	宫观	曾用名	建立时间	消亡时间	位置
1	景灵东宫		真宗大中祥符五年十一月		宣德门前御街东
2	景灵西宫		徽宗崇宁初		宣德门前御街西
3	东太一宫		太宗雍熙八年八月		城外东南苏村
4	西太一宫		仁宗天圣六年		城外西八角镇
5	中太一宫		神宗熙宁六年十一月	崇宁二年六月	集禧观旧址上
6	北太一宫		徽宗政和年间		龙德宫改名
7	南太一宫				
8	太清宫				
9	上清宫		太宗至道元年正月	仁宗庆历三年十一月	新宋门里街北、以西茆山下院
10	玉清昭应宫	昭应宫、万寿观、万寺观	真宗大中祥符七年玉清昭应宫，仁宗朝为万寿观	毁于金兵	外城北偏西：景龙门和金水门之间
11	神霄玉清万寿宫	天宁、万寿观	徽宗政和七年二月十三日		外城北偏西：景龙门和金水门之间
12	上清宝箓宫		徽宗政和六年二月		内城晨晖门与艮岳之间
13	玉清神霄宫	玉清和阳宫	徽宗政和三年		大内福宁殿东
14	上清储祥宫		太宗朝旧宫，神宗朝新宫		内城汴河大街北侧
15	广灵洞宵宫				
16	九成宫		徽宗朝		外城东南、中太一宫之南
17	宝成宫		徽宗大观三年		外城东南、凝祥池以西
18	葆真宫		徽宗朝		朱雀门外东南、草场与蔡河云骑桥之间
19	问真宫				

① （宋）王溥：《五代会要》卷 26《城郭》，北京：中华书局，1998 年，第 320 页。

② 《宋史》卷 85《地理志一》，北京：中华书局，1977 年，第 2102 页。

③ 孙慧蓉、陈有济：《浅析宋真宗崇道的原因》，《黑龙江史志》2014 年第 3 期，第 56—57 页。

续表

序号	宫观	曾用名	建立时间	消亡时间	位置
20	延宁宫				内城东南、汴河旁
21	迎真宫		徽宗政和三年十一月		城外、南薰门之南、玉津园之东
22	瑶华宫		仁宗朝		
23	太和宫				
24	长生宫	洞真宫	太宗时洞真宫，徽宗改为长生宫		
25	五岳观		徽宗时		外城御街至南薰门以东
26	集禧观		仁宗时		外城御街至南薰门以东
27	会灵观		真宗时	仁宗时毁于火	外城御街至南薰门以东
28	延真观				内城南门朱雀门外西南方向
29	建隆观	太清观	周世宗所建，宋太祖改名	毁于金兵	外城：大梁门外街北
30	四圣观			金季兵毁	大内前州桥东街巷、相国寺桥南、定力院以西
31	佑神观				外城御街之东、法云寺南、五岳观附近
32	佑圣观 1				城内西南隅，马军衙桥之西
33	佑圣观 2			金季兵毁	陈州门里，普济水门西北
34	阳德观				外城东南角、凝祥池附近
35	天庆观		真宗大中祥符二年		开封府衙西北角
36	祥源观	醴泉观	真宗天禧五年建祥源观，仁宗时改建醴泉观		京城东南角，陈州门外附近
37	醴泉观		真宗朝	金季兵毁	东水门里
38	万龄观				
39	先天观				
40	元符观		真宗大中祥符七年		左承天祥符门内
41	洞源观		仁宗景祐二年	毁于金兵	大梁门外，大佛寺迤西
42	玉仙观				城外、州南玉津园附近
43	祥祺观				城外、州西金明池以西
44	显应观				城北
45	神保观		神宗元丰年间		州西万胜门外一里许
46	灵应观				皮场对面、上清储祥宫之西
47	南山观			元末兵毁	安远门里街西三皇庙之南
48	玉霄观			元末兵毁	大梁门外，今三圣堂之北
49	玉阳观		真宗朝		内城西部，郑门里附近，原为杨六郎宅址
50	火星观	火神观	徽宗朝		外城北部北太一宫龙德宫之侧

续表

序号	宫观	曾用名	建立时间	消亡时间	位置
51	寿星观	原上清储祥宫寿星殿	仁宗朝		内城汴河大街北侧、新宋门里
52	鸿烈观		徽宗朝		外城东北方向，旧封丘门外东面
53	资圣观				
54	崇真观				
55	奉慈观				
56	寿宁观	神武观	太宗时建寿宁观，仁宗时改为神武观	仁宗天圣五年火毁	
57	法济观				
58	二姑庙				外城西南角天清寺之东梁园吹台
59	城隍庙（2）	灵护庙		蒙古灭金毁	外城、皇城西北隅各有一座
60	三官庙				外城西南隅，旧郑门外二里许
61	天齐仁圣帝庙				
62	碧霞元君祠				城南三里许吹台上，二姑庙后

资料来源：刘梦琴：《北宋开封道教宫观布局研究》，辽宁大学2016年硕士学位论文，第62—64页

在此背景下，“在城东南三里许吹台上，旧名二姑台，宋都人建庙以祀二仙姑”①。北宋吹台，又有二姑台之称，成为都人春游踏青、重九登高的观瞻之地。二姑庙中的二姑，即道教神仙中的麻姑和紫姑。

金元以后，吹台上建筑渐废。明初，刘醇《吹台春游序》中说：“自中原用武，兵燹之余，所存无几，而又河水湮没。若金明池、蔡太师湖之类，亦泯然无迹可睹。惟城东南仅三里，有荒台故基，巍然独存，挺出风烟之外，高广数丈，可登可眺，即古之吹台也。台西有寺，民庐相接，竹木萧然，风景可爱。又东行六七里，临水有村，渔舟牧笛，野意超绝，比之台西景物顿殊。”②另外，刘昌有《吹台驻节诗序》。③到明中期，吹台又迎来了新的发展转机。

① （明）李濂撰，周宝珠、程民生点校：《汴京遗迹志》卷11《祠庙庵院》，北京：中华书局，1999年，第178页。

② （明）李濂撰，周宝珠、程民生点校：《汴京遗迹志》卷15《艺文二·序》，北京：中华书局，1999年，第291页。康熙《开封府志》卷36《艺文》，第797页。

③ （明）李濂撰，周宝珠、程民生点校：《汴京遗迹志》卷15《艺文二·序》，北京：中华书局，1999年，第292—293页。

第二节　灾害的表征：禹王台的出现

一、明代中期吹台新生

明代中期，吹台出现了新的变化，迎来了新生。成化十八年（1482 年），河南参政吴节在“荒台故基”上兴建了碧霞元君祠（碧霞元君，即泰山娘娘）。李濂《汴京遗迹志》中记为“弘治中”①。据《开封市胜迹志》载：“（禹王）台上前院东北墙角，旧有铁钟一口，铸有弘治五年（公元 1492 年），原武王施造字样（今已无存），台前旧有铁狮一对，铸有弘治九年（公元 1496 年）河南都司知印黄钺同妻冯氏舍造字样（开封沦陷期内为日寇盗去），均系碧霞元君祠的遗迹。”②

正德十二年（1517 年），碧霞元君祠改称为三贤祠。当时巡按御史毛伯温将祠内的碧霞元君像改塑为三贤像，即“三贤祠，在吹台上，禹庙之后，旧有三龛，塑碧霞元君像，正德丁丑，巡抚御史毛伯温改塑三贤像”③。三贤，即李白、杜甫、高适三人。为纪念三贤聚会大梁的盛事，毛伯温亲自撰写《三贤祠记》碑文。对于改建为三贤祠的目的，据《三贤祠记》载：“三贤祠者，祠唐高、李、杜三贤于吹台之上也。按《唐史》，高适、李白、杜甫，天宝中，聚梁、宋间，共饮吹台之上，酒酣击歌，俯仰今古，旁若无人……三人者，固盖世之豪也……适五十始诗，故叙年李、杜之上，其诗颃二子，故并贤之，而并祠之。吹台故有禹宫，宫之后有空室，而栖非其鬼，伯温业令撤其鬼而祠三贤矣。”④李濂在记载“禹庙”时，也提到碧霞元君祠“好鬼者翕然趋之”⑤。这是毛伯温改塑三贤像的真正原因所在。我们还注意到一个细节，就是毛伯温在《三贤祠记》中，

① （明）李濂撰，周宝珠、程民生点校：《汴京遗迹志》卷 11《祠庙庵院》，北京：中华书局，1999 年，第 178 页。吴节《泰山十四咏》组诗，分题依次为《日观峰》《月观峰》《白玉表》《云母池》《仙人洞》《丞相碑》《唐碑》《秦松》《汉柏》《天门山》《御帐坪》《碎锦屏》《十八盘》《回马岭》，每一首诗以具体景为名。

② 熊伯履、井鸿钧合编：《开封市胜迹志》，郑州：河南人民出版社，1958 年，第 57 页。

③ （明）李濂撰，周宝珠、程民生点校：《汴京遗迹志》卷 11《祠庙庵院》，北京：中华书局，1999 年，第 170 页。

④ （明）李濂撰，周宝珠、程民生点校：《汴京遗迹志》卷 11《祠庙庵院》，北京：中华书局，1999 年，第 170—171 页。

⑤ （明）李濂撰，周宝珠、程民生点校：《汴京遗迹志》卷 11《祠庙庵院》，北京：中华书局，1999 年，第 178 页。

还提到了吹台有禹宫，这为后来禹王台的出现，提供了线索和基础。

嘉靖元年（1522 年），吹台上出现禹庙。据李梦阳《禹庙碑》记载："是时，监察御史澶州王子会按河南，登台四顾……于是饬所司葺其庙，而属李子碑焉。王子名溱，以嘉靖元年春按河南，明年秋代去。"①这里很清楚记载了王子溱为嘉靖元年按察河南，嘉靖二年（1523 年）离去，那么禹庙的修建当在嘉靖元年。值得注意的是，该碑文是李梦阳受当时的河南监察御史王子溱所托而作的，此文中用的是"葺其庙"，可知禹王庙的修造时间当早于嘉靖元年（1522 年），王子溱仅是重新修葺而非新造，而此时重新修葺的禹王庙当沿袭毛伯温在《三贤祠记》中提到的"禹宫"的称呼。至此，吹台随庙名，也就叫禹王台了。

尽管已出现"禹王台"这一名称，但其在明代名气并不大。明代地理学家王士性一生喜好游历，去过中国很多地方，在其著作《广志绎》卷 3《江北四省》中写到"汴城在八郡中为繁华，多妖姬丽童，其人亦狡猾足使。城中寿山、艮岳乃宋时以童贯领花石纲为之者，石至数十丈，今尺块不存，不知移于何处。城外繁台，土人念'繁'为'博'，亦未审其义所自始，或云即梁孝王平台。又云师旷吹台，上有大禹庙，貌'河、洛思功'字，然庙貌狭，不称所以祠禹者"②。《广志绎》写于万历二十五年（1597 年），是他继《五岳游草》《广游志》以后追述往事、以补未及的最后一部著作。③可见，万历年间吹台上的大禹庙仅是当时众多大禹庙中的一员，名声还不显赫。

在河南监察御史王子溱重修禹庙的同时，庙旁出现两庑建筑。据李濂《汴京遗迹志》卷 11 记载："又增建两庑，祀中古以来治水有功者，为河患也。"④可见当时已有水德祠，祭祀历史上治水有功之人，共计 29 人（表 6-2）。

表 6-2 明代开封禹庙水德祠祭祀治水功臣名录表

朝代	祭祀对象	合计
魏	邺令史起	1
秦	水工郑国	1

① （明）李濂撰，周宝珠、程民生点校：《汴京遗迹志》卷 16《艺文三・碑》，北京：中华书局，1999 年，第 307—308 页。

② （明）王士性：《广志绎》，清康熙十五年（1676 年）刻本。

③ 丁锡贤：《王士性及其〈广志绎〉》，《东南文化》1991 年第 5 期，第 116—117 页。

④ （明）李濂撰，周宝珠、程民生点校：《汴京遗迹志》卷 11《祠庙庵院》，北京：中华书局，1999 年，第 178 页。

续表

朝代	祭祀对象	合计
汉	淮阳太守汲黯 大司农郑当时 水工徐伯表 河堤使者王延世 待诏贾让 乐浪王景 将作谒者王吴	7
宋	颍川团练使曹翰 京西转运使陈尧佐 判都水监张巩 户部副使张焘 太师温国谥文正司马光 内侍省副都知张茂则 龙图阁待制、河北都转运使张商英	7
元	河南河北肃政廉访使尚文 尚书那怀 御史刘赓 太师恒阳王谥文贞也仙不花 河南河北道佥事阿鲁脱怜 荣禄大夫集贤大学士贾鲁 太史郭守敬 丞相脱脱	8
明	工部尚书安然 少保太子太傅兵部尚书谥肃愍于谦 户部尚书谥恭定年富 都察院右都御史王暹 河南右布政使王亮	5

资料来源：（明）李濂撰，周宝珠、程民生点校：《汴京遗迹志》卷 11《祠庙庵院》，北京：中华书局，1999 年，第 178—180 页

但到嘉靖二十五年（1546 年）李濂的《汴京遗迹志》成书时，这 29 位治水名人的木主已无，“余弱冠时，读书台上，犹见两庑木主，比谢政归里，偶一登览，而木主无一存者。因识于此，以俟宦游君子兴复之，庶弗没前人崇祀之意云”①。

至此，经过千年沉淀的吹台，在明代中期其上出现的碧霞元君祠、三贤祠和禹王台之沿袭关系已清晰明了，即成化十八年（1482 年）首先出现碧霞元君祠，祠的前面有一禹宫；正德十二年（1517 年）改碧霞元君祠为三贤祠；嘉靖元年（1522 年）在禹宫的基础上重新整修形成禹庙，同时在禹庙两旁增建祀 29

① （明）李濂撰，周宝珠、程民生点校：《汴京遗迹志》卷 11《祠庙庵院》，北京：中华书局，1999 年，第 178 页。李濂于嘉靖五年（1526 年）免归，居乡四十余年，于嘉靖四十五年（1566 年）去世。由此可见，李濂“偶一登览”的时间是在 1526—1546 年期间，而这距离增建两庑的 1523 年时间不长，从侧面也说明吹台上的禹王庙受关注度较小。

位历代治水功臣的水德祠。吹台又可称为禹王台，但名声不响，受关注度较小。李濂在记载禹庙时，可能将禹庙与宋二姑台、明碧霞元君祠的沿袭关系搞混了，“禹庙，在城东南三里许吹台上，旧名二姑台，宋都人建庙以祀二仙姑。弘治中，改为碧霞元君祠，好鬼者翕然趋之。观风者毁其像，改祀神禹，称禹庙焉”[①]。他认为禹庙由碧霞元君祠而来，而当时三贤祠仍在，当误。

另外，明代“汴京八景”中也有吹台一景，增添吹台的名声。全国各地的“八景”都是对遥远的潇湘八景所产生的向往和回忆。“潇湘”概念源于唐代诗人杜牧《早雁》诗中的“莫厌潇湘少人处，水多菰米岸莓苔”。李成（919—967年）首次浓缩潇湘山水，创作了《潇湘八景图》。嘉祐八年（1063年）他的学生宋迪创作出《潇湘风景平山远水》8幅。沈括在《梦溪笔谈》中记载，度支员外郎宋迪工画，尤善为平山远水。其得意者有《平沙雁落》《远浦帆归》《山市晴岚》《江天暮雪》《洞庭秋月》《潇湘夜雨》《烟寺晚钟》《渔村落照》，谓之八景，好事者多传之。可见，自宋迪“潇湘八景”组画出现之后，好事者纷纷效仿，“八景”在大江南北广为流传。开封也有“八景”，至少在金代明昌年间之前就已出现，因为金明昌年间冯子振的散曲小令《正宫·鹦鹉曲》中有“以汴、吴、上都、天京风景试续之”的记载。明代“汴京八景”出现在成化二十二年（1486年）刊印的《河南总志》中，是目前所能看到的最早的文献记载。该书卷4列有“开封八景”和“城八景”。另外，嘉靖二十五年（1546年）成书的《汴京遗迹志》，该书卷13《杂志二》中又记载了两个版本的“汴城八景”。至此，明代“汴京八景”至少有 三 个版本（表6-3）。

表6-3　明代开封八景景观类别及其演变情况统计表

类别	开封八景	成化《河南总志》	《汴京遗迹志》	《汴京遗迹志（二）》
水体景观	黄河春涨	大河春浪	大河涛声 汴水秋风 隋堤烟柳	
山岳景观	大隗秋容	艮岳晴云 夷山夕照		艮岳春云 夷山夕照
桥梁景观	沁巴合流	金梁晓月	州桥明月	金梁晓月
台地景观	荥孟通泽	吹台秋雨	繁台春晓	吹台秋雨 宴台瑞霭
寺院景观	齐晋盟台		铁塔行云 相国霜钟	资圣薰风

① （明）李濂撰，周宝珠、程民生点校：《汴京遗迹志》卷11《祠庙庵院》，北京：中华书局，1999年，第178页。

续表

类别	开封八景	成化《河南总志》	《汴京遗迹志》	《汴京遗迹志（二）》
园池景观	楚汉战垒	开宝晨钟 资圣薰风	金池过雨	
其他	隋堤霜柳	百冈冬雪		百冈冬雪 牧苑新晴
	宋宫烟花			

资料来源：成化《河南总志》卷 4；（明）李濂撰，周宝珠、程民生点校：《汴京遗迹志》卷 13，北京：中华书局，1999 年。

另外，1430 年于谦巡抚河南期间，曾撰有七言古诗《题汴城八景总图》，语言明丽，绘形绘色，层次清晰，情景交融。[①]

题汴城八景总图

（明）于谦

天风吹我来中州，光阴荏苒春复秋。
民安物阜公事简，目前景物随冥搜。
梁园花月四时好，日落夷山映芳草。
大河滔滔涌地来，腾波起浪如奔雷。
隋堤烟柳翠如织，铁塔摩空数千尺。
阴晴晦明各异态，对此令人感今昔。
画图仿佛得真趣，醉墨淋漓写长句。
诗成掉笔向苍空，满袖天风却归去。[②]

这首诗里提到了开封八景中的五景：梁园、夷山、黄河、隋堤、铁塔，其他三景内容不详。其中，“梁园”是新增的。故杨庆化认定这是明代第四个版本的“汴城八景”。

在这四个版本的“汴京八景”中，只有成化《河南总志》收录的周宪王朱有燉所拟“城八景”[③]和《汴京遗迹志（二）》中提到了“吹台秋雨”，于谦《题汴城八景总图》中提到了“梁园”。朱有燉以七言律诗形式为汴京八景创作了一系列的题诗，俗称“八景诗”[④]。其中，《吹台秋雨》为：

① 中州书画社编：《咏汴诗选》，郑州：中州书画社，1982 年，第 138—139 页。

② （明）于谦：《题汴城八景总图》，（明）李濂撰，周宝珠、程民生点校：《汴京遗迹志》卷 22《艺文九 · 七言古诗》，北京：中华书局，1999 年，第 429 页。

③ （明）胡谧纂：《河南总志》卷 4，河南大学图书馆 1985 年据明成化二十二年（1486 年）刻本影抄本。

④ （明）朱有燉，赵晓红整理：《汴城八景诗》，《朱有燉集 · 诚斋新录》，济南：齐鲁书社，（明）朱有燉：《汴城八景诗》，《诚斋新录》全一卷。

金风萧飒自西来，秋雨淋漓满吹台。
丰草湿垂蛩韵切，浓云阴遏雁声哀。
霏霏僧舍欹苍竹，漠漠人家暗绿槐。
明旦喜晴携酒至，登高先赏菊花开。[①]

明代“汴京八景”所载都是当时可供观赏的景物，“今予新制汴城八景，以近城朝夕可览者，命于诗题，略不引用故事，惟状此汴中佳景，以为奇观耳”[②]。这只反映出吹台在明代存在，却不能再现碧霞元君祠、三贤祠和禹庙。

二、禹王庙出现的背景

明代，吹台上的主体建筑从碧霞元君祠到三贤祠，再到禹王庙，有其特定的时代背景，这与开封城遭受黄河水患有关。

明代是我国历史上黄河决溢最频繁的时期之一。据统计，从洪武元年（1368年）至1644年明王朝灭亡共计276年，黄河发生决溢112次，平均每2.5年就发生一次决溢灾害。明代前期河患多发生在河南境内，尤其集中于开封附近。据附表1-4明代开封黄河决溢表的统计，明前期洪武元年至弘治十八年（1505年）的130多年中，有决溢灾害的52个年份共发生灾害70次，其中十之八九都在兰阳、仪封以上的河南各地，仅开封（包括祥符县）就有26次之多。弘治年间河南境内北岸堤防逐渐形成，随后南岸也修了堤防。黄河由颍河入淮的河道也逐渐淤塞，明后期的河患向下游转移，尤其集中在曹县、单县、沛县、徐州等地。弘治八年（1495年）刘大夏治河后，黄河流经开封、归德、徐州入淮，使得开封附近的河道约相当于今日的河道，后虽时决时塞，但没有大的改变。[③]

由于明代开封城频遭黄河洪水的威胁，正统年间于谦在北宋外城之外的西、北、东三面修建长四十余里、宽六丈、高两丈余的护城堤。在此黄河泛滥背景下，开封城通过补修抵御黄河洪水的护城大堤，形成“护城堤-土城（即北宋外城）-砖城-萧墙-紫禁城”的城市形态。

---

① 转引自孔宪易：《试谈方志中的“景”及〈汴城八景〉》，《中原文献》1992年第2期，第52页。

② （明）朱有燉，赵晓红整理：《汴城八景诗》，《朱有燉集·诚斋新录》，济南：齐鲁书社，（明）胡谧纂：《河南总志》卷18，河南大学图书馆1985年据明成化二十二年（1486年）刻本影抄本。

③ 李长傅：《李长傅文集》，开封：河南大学出版社，2007年，第447页。

正统十三年（1448年）河决荥泽孙家渡。当时河南巡抚王暹曾说："黄河旧从开封北转流东南入淮……自正统十三年改流为二：一自新乡八柳树，决由故道东经延津、封丘入沙湾。一决荥泽，漫流原武，抵开封、祥符、扶沟、通许、洧川、尉氏、临颍、郾城、陈州、商水、西华、项城、太康等处。没田数十万顷，而开封为患特甚。"[①]明王圻《续文献通考》卷8也载："河徙开封西北荥泽县孙家渡口入汴河，至寿州入淮。"《开封市黄河志》更是具体指出，黄河主流经原武，至开封城西南分两股：一股经洧川趋临颍、郾城；一股经尉氏、通许、扶沟、太康、西华、商水、项城合颍入淮。这样开封以上汴河发生变迁，黄河正流自荥泽孙家渡决口后，袭夺汴河河道，成为汴河的源头。这时，开封府城的"旧河、支河俱堙，漕河因而浅涩"。此后，开封城开始了修筑护城大堤和防水决城、泄水导流等系列措施，已无水运入城了。景泰二年（1451年）巡抚王暹又在城南边续筑护城堤，使之成为开封城外一个环形的围堤。

弘治二年（1489年）五月，黄河在开封及金龙口决口，入张秋运河，又决埽头五所入沁。三年（1490年）正月，户部侍郎白昂上疏中提到这次上源决口，南决者"自中牟杨桥至祥符界析为二支：一经尉氏等县，合颍水，下涂山，入于淮；一经通许等县，入涡河，下荆山，入于淮。又一支自归德州通凤阳之亳县，亦合涡河入于淮"。后在修治河道中，"筑阳武长堤，以防张秋。引中牟决河出荥泽阳桥以达淮，浚宿州古汴河以入泗，又浚睢河自归德饮马池，经符离桥至宿迁以会漕河，上筑长堤，下修减水闸"[②]。

弘治五年（1492年）七月，"河大决黄陵冈荆隆口，决数道，北犯张秋，掣漕河与汶水合。其荥泽及归德入淮之口尽淤，旧白昂所规画，一时皆废"。白昂疏浚的"孙家渡河"淤废了。于是，弘治七年（1494年）五月，以刘大夏为副都御史，治张秋决口时，刘大夏在太监李兴、平江伯陈锐协助下，经过查勘，采取了疏浚与抢塞的办法，一方面"浚仪封黄陵冈南贾鲁旧河四十余里，由曹出徐，以杀水势"；另一方面，"又浚孙家渡口，别凿新河七十余里，导使南行，由中牟、颍川东入淮"。[③]经过这次治理，贾鲁河的上游便在荥阳孙家渡口与黄河相接，遂成为黄河水南入淮河的一条通道。

正统、弘治年间开封北面、西面、东南面都出现了黄河决溢改道的情况，

---

① 《明英宗实录》卷230，景泰四年六月己丑，"中央研究院"历史语言研究所影校本，1962年，第5021页。

② 《明史》卷83《河渠志一》，北京：中华书局，1974年，第2021—2022页。

③ 《明史》卷83《河渠志一》，北京：中华书局，1974年，第2023页。

经白昂、刘大夏的修治，开封城附近的水道系统已发生重大变化，首先，开封城已无水运入城；其次，城西出现贾鲁大河，开封城可通过朱仙镇中转贸易；最后，城北形成较为固定的黄河河道，并筑有黄河大堤。需要指出的是，河道虽已基本固定，但河身却在不断地壅高，渐渐形成“悬河”景观，如潘季驯的《河防一览》卷12《河上易惑浮言疏》中记载：“查得滨河州县，河高于地者，在南直隶，则有徐、邳、泗三州，宿迁、桃源、清河三县；在山东，则有曹、单、金乡、城武四县；在河南，则有虞城、夏邑、永城三县；而河南省城，则河高于地丈余矣。”其地上河之情形显而易见。现今上界回回寨和下界齐寨的大堤临背高差分别是4.22米和5.08米。若以今开封城为参照面，黄河柳园口河床则高出近12米。

随着黄河悬河景观的逐渐形成，当时开封黄河南岸出现几处著名的险工。明代潘季驯指出：“河南黄河南岸，逼近省城，藩封重地，最为吃紧。如荥泽县之小院村，中牟县之黄炼集，祥符县之瓦子坡（今中牟瓦坡）、槐疙疸（今祥符区军张楼西）、刘兽医口（今龙亭区杨桥一带）、陶家店（今龙亭区双合铺一带）、张家湾（今龙亭区张湾）、时和驿（今龙亭区老刘店一带）、兔伯堽（今顺河回族区土柏岗）、埽头集（今祥符区埽街），陈留县之王家楼（今祥符区王楼），兰阳县之赵皮寨……俱为要害。”①

这样，开封城北的黄河威胁时刻存在，于是才出现吹台上从碧霞元君祠到三贤祠，最后集中到大禹庙的祭祀信仰，并在两庑修建水德祠，以祈求平安免灾，风调雨顺。透过现象看本质，大禹庙的出现正是明代中期开封城频遭黄河水患的产物，也是全国众多大禹庙中的一员（表6-4），是时代发展、环境变迁共同交织的结果。

表6-4　中国主要大禹祠庙分布统计表

序号	神庙名称	地点	附属风物	始建朝代下限
1	禹王宫	安徽省蚌埠市怀远县	涂山、荆山、淮河、禹会村	西汉
2	禹王庙（河神庙）	河南省许昌市禹州市	禹山	唐
3	禹王庙	河南省汝州市	轩辕沟、大禹店	
4	禹王庙	河南省鹤壁市浚县	禹王锁蛟图壁画	明
5	禹王庙	河南省登封市	禹王山、嵩山	先秦
6	禹王庙	河南省开封市	禹王台、黄河	明

① （清）傅泽洪辑录：《行水金鉴》卷36《河水》，上海：商务印书馆，1937年，第515页。

续表

序号	神庙名称	地点	附属风物	始建朝代下限
7	禹王庙	河北省邢台市永年县	广府城	清（？）
8	禹王庙（汶河神庙）	山东省泰安市宁阳县	大汶河	明
9	禹王庙	山东省淄博市淄川区	禹王山	明
10	禹王台（禹王庙）	山东省潍坊市寒亭区	禹王台村	元
11	禹王庙	江苏省苏州市吴中区	太湖、太湖西山岛	南朝梁（？）
12	禹王庙（禹稷行宫）	湖北省武汉市汉阳区	长江、汉江、龟山禹功矶	南宋
13	禹王宫	湖北省恩施州宣恩县	（恩施有若干座禹王庙）	明
14	禹王宫	湖北省十堰市武当山	武当山	唐
15	禹王庙	湖南省岳阳市华容县	洞庭湖、长江、禹山	先秦
16	禹王庙（禹庙）	四川省绵阳市北川县	禹里乡、禹穴	唐（？）
17	禹王庙	四川省达州市	渠河	清
18	禹王庙	四川省都江堰市	岷江	西汉
19	禹王庙	四川省成都市金堂县	（金堂有多座禹庙）	清
20	禹王祠	四川省阿坝州汶川县	岷江、石纽山、禹迹岩	东汉
21	禹王庙	重庆市江津区	綦江	
22	禹王庙	重庆市南川区	三峡	
23	禹王庙	陕西省西安市户县	龙泉、沣河	清（？）
24	禹王庙	陕西省安康市宁陕县	秦岭、禹王沟	
25	禹王宫	陕西省安康市石泉县		唐
26	周原大禹庙	陕西省渭南市韩城市	黄河龙门禹门口	元（？）
27	禹王洞	山西省忻州市忻府区	系舟山	西汉
28	禹王庙	山西省忻州市河曲县	黄河	清
29	禹王庙	山西省运城市夏县	禹王城遗址、禹王村	西汉
30	禹王庙	山西省运城市芮城县	黄河、大禹渡、大禹手植柏	清（？）
31	大禹庙	山西省运城市河津市	黄河龙门禹门口	西汉
32	大禹庙	山西省运城市平陆县	三门峡	唐
33	大禹庙	山西省临汾市乡宁县	黄河龙门、壶口瀑布	西汉
34	禹王庙（大庙疙瘩）	山西省吕梁市离石区	湫水河、禹王庙坪	清（？）
35	夏禹神祠	山西省长治市平顺县	回龙寺、浊漳河	元
36	禹王庙	浙江省金华市浦江县	浦阳江	清（？）
37	大禹陵庙	浙江省绍兴市越城区	涂山村、会稽山	南朝
38	禹王庙（平水大王庙）	浙江省台州市黄岩区	禹岭、永宁江、椒江	南宋（？）
39	禹王庙	宁夏区固原市原州区	铁塔	

资料来源：张多：《灾害的神话表征——“大禹治水”的景观分布及减灾表述》，《民俗研究》2018年第6期，第67—74页

今禹王台内的三贤祠内，保存有明嘉靖二年（1523年）李梦阳撰、左国玑书的《修禹王庙记碑》，明嘉靖四十一年（1562年）李濂撰、李蓁书的《修五贤祠碑记》，明代将李梦阳、何景明配享三贤，一度改称五贤祠。另外，还有明正德九年（1514年）河南巡抚陈珂撰、房瑄书的《时雨亭记》《抚安亭记》等石刻。这对记录禹王台的历史变迁及研究当时的社会发展关系都有重要的价值。

第三节　文化的意象：禹王台的再造

清朝定鼎中原后，禹王台又经过了新的再造和重塑，如今已成为开封古城东南角一处名胜，其发展可以分为三个发展阶段。

一、禹王台沿袭明代格局续建重修（1662—1830年）

清初开封城重建，禹王台是其中不可或缺的重要组成部分。康熙元年（1662年），河南巡抚张自德、布政使徐化成倡导属官捐俸，在明代城墙基础上重建开封城，城市面貌焕然一新。在整修和重建各级官署衙门后，“始移各衙门于省会，民居亦鳞集城乡”[①]，城市社会经济又恢复了往日生机。当时对禹王台的主要整治活动有：康熙七年（1668年）重修禹王庙，有《重修禹王庙碑》；康熙三十年（1691年）重修禹王庙，有《重修禹王庙记》；康熙三十三年（1694年），康熙皇帝为大禹治水亲笔题写“功存河洛”匾额，专门建御书楼供奉御书，顾汧有《禹王台创建御书楼碑记》专门记述此事，墙上有胡介祉《禹王台记》。

乾隆十五年（1750年），乾隆南巡时驻汴数日，登吹台游玩时诗兴大发，写五言律诗一首：

京国探遗迹，苔碑率隐埋。
何期得古最，果足畅今来。
胜日停銮跸，凌晨陟吹台。

① 乾隆《祥符县志》卷5《建置・城池》，乾隆四年（1739年）刻本。

传踪思頡旷，作赋羡邹枚。
风叶梧青落，霜花菊白堆。
寻廊揽郊郭，俯楯极崔巍。
杜子真豪矣，梁王安在哉?
无须命长笛，为恐豫云开。①

于是，在禹王殿后，专门建有乾隆御碑亭。

乾隆二十七年（1762 年），建“古吹台”木牌坊，总高 4 米许，四柱三楼式，悬山顶，灰瓦素脊，檐下置五翘斗拱。道光二十九年（1849 年），河南巡抚何煟重修，横额中书“古吹台”三个大字。

二、禹王台主体地位确立（1830—1911 年）

道光十年（1830 年），巡抚杨国桢重建三贤祠，仍题名为“三贤祠”，但已经将三贤祠移建于禹王台东侧（今位置），占用了之前的东庑水德祠，以祀奉三位诗人乘兴登台、饮酒赋诗、怀古论今的豪举。现吹台东面的走廊墙壁上镶嵌有《修复吹台三贤祠记碑》，落款为洪洞刘师陆撰，桐庐徐元礼书。麟庆②撰有“一览极苍茫，归苑高台同万古；两间容啸傲，青天明日此三人”的楹联（图 6-1）。同时，也将水德祠一并重修，只剩如今的西庑水德祠，治水人物又新增明代宋礼、袁应泰，清代的朱之锡、靳辅、陈鹏年、嵇曾筠、雅尔图、胡宝瑔。近人又将林则徐列入，合为 38 人。③原有楹联曰：“自夏以来，四千余岁，经多少沧桑变易，全资人力维持，配飨当馨百世祀；由周以降，二十九臣，溯后先水土焦劳，共助神功保障，精禋新奉八贤升。”

① 光绪《祥符县志》卷 14《古迹》。

② 完颜麟庆（1791—1846 年），字伯余，别字振祥，号见亭，满洲镶黄旗人。嘉庆十四年（1809 年）进士。道光间官江南河道总督十年，蓄清刷黄，筑坝建闸，后以河决革职，旋再起，官四品京堂。麟庆生平涉历之事，各为记，记必有图，称《鸿雪因缘记》，又有《黄运河口古今图说》《河工器具图说》《凝香室集》。其中，道光五年（1825 年）十一月至九年（1829 年）十月之间任开归管河道，“道光丁亥（1827 年），吾母捐资，略加修葺，命朝祝遍栽桃柳，瞩奉祀生绕程子祠植柏百株。越二载（1829 年），己丑，葱郁可观。乃于上巳率眷属同登其上，风日晴畅，子女欢嬉，吾母顾而乐之”。还为水德祠题写楹联：“自夏而来，四千余岁，经多少沧桑变易，全资人力维持，配食当馨百世祀；由周以降，二十九臣，溯后先水土焦劳，共助神功保障，精禋新奉八贤升。”参见麟庆：《吹台访古》，《鸿雪因缘图记（六篇）》，莫福山等选编：《中国少数民族古代近代文学作品选》，北京：民族出版社，2005 年，第 369 页。

③ 开封市地方志编纂委员会编：《开封市志（第 6 册）》，北京：北京燕山出版社，2001 年，第 168 页。

图 6-1　麟庆题大禹庙楹联

至此，禹王台上的主体建筑最终确立了现今大家所看到的样式，形成大禹庙为中心、东庑为三贤祠、西庑为水德祠的格局，这一转换过程自明中期的成化十八年（1482 年）开始，至道光十年结束，历经 300 余年，是当时当政者和开封百姓适应黄河泛滥环境的产物，反映了中原人民在思想观念上处理水患、祈求平安的相互适应过程。当然，此后同治九年（1870 年）《浚惠济河碑记》，同治十一年（1872 年）河道总督乔松年修建“水榭”，重新疏通莲池，光绪二十年（1894 年）岣嵝碑石刻，有与开封密切相关的大事，也有着眼于禹王台环境的整治等，都是历史留给我们思索的素材。此处附录几通碑刻说明[①]：

禹庙记碑

现存开封市禹王台。明代刻立。碑高 1.82 米，宽 0.83 米。碑文楷书 14 行，满行 32 字。明中叶诗人李梦阳撰文，左国玑书丹。碑载：李梦阳游览禹庙触景生情，思绪连绵，对大禹治水的功绩给予了颂扬与肯定。书法雄浑厚重，丰丽遒劲。

重建禹王庙碑

全称“巡抚河南等处地方兼理河道工部尚书都察院右副都御史正一品

① 《禹庙记碑》《重修禹王庙碑》《浚惠济河碑》《浚惠济河碑记》四通碑的介绍，参见河南省文物局编：《河南文物（上）》，郑州：文心出版社，2008 年，第 595—596 页。

古燕张公讳自德重建禹王庙碑文”，现存开封禹王台。清康熙七年（1668年）刻。碑高2.28米，宽0.84米。碑文楷书25行，满行57字。云南按察司提调学政副使李光座撰文，府庠生宋存仁书丹。碑载：张公殚心竭虑为民治理河患以及鸠工集材重建禹王庙的事迹。余刻捐资及立碑人的姓名，额题篆书“重修碑记”4字。

重修禹王庙碑

现存开封市禹王台。清康熙三十年（1691年）刻。碑高2.20米，宽0.77米。碑文楷书25行，满行88字。阎兴邦撰文，田启光书丹，杨凤起篆额。碑载：夫禹王台，盖晋师旷创之而汉梁孝王增饰之者也。自本朝定鼎以黄河常一决朱源寨，再决荆隆等口，而禹王台半侵于风雨，半穴于鼠生鼯，故与同知共缮修之。

浚惠济河碑

现存开封市禹王台。清同治九年（1870年）刻。横长方形碑石两方，皆宽为1.28米，高0.36米。碑文楷书共计72行，满行13字。抚豫使者李鹤年撰文并书丹。碑载：惠济河自乾隆初，时通时塞，严重时泛滥成灾，摧毁官私庐舍数以千计，小民弃家露处，饥冻啼呼。在政府遣员治理下，同治七年（1868年）十月浚惠济河故河，导城中之水由东南水门入于惠济，历陈留、杞县、睢州、柘城至鹿邑而与涡水合。使人安居，旱潦之灾淡焉。有一定史料价值。

浚惠济河碑记

清同治九年（1870年），河南巡抚李鹤年撰文立碑。碑现存河南开封禹王台。碑文记载，开封自明代以来，因河水为患，“至不可居”。乾隆初年，曾辟惠济河以泄城中积水。道光二十一年（1841年）河决开封黑岗口，水退沙留，城外地势益高，城内雨水无法排出，积数十载。“塘深皆满，水出地上”，坏官私庐舍以千计。同治四、五、六年连续三载浚渠排水不成，于是有迁省城于许昌之议论。河南巡抚李鹤年审时度势，于同治七年十月动工疏浚惠济河，八年三月工竣，计用银四万二千三百七十九两有奇。后又续治，城中“水溢畅出”。九年夏，城西、城南均若潦，而城中安然，城东五州县亦幸免水患。

三、禹王台增设新元素（1911 年至今）

中华民国时期，禹王台因康有为的到访，而名声大噪。1923 年康有为游开封时所作《游禹王台诗》，其石刻分别刻于十块碑上。

吹台感别留题诗碑

康有为

将军勒马出郊关，前驱百骑走材官。
植幕都庐夹道滨，马蹄沓沓扬飞尘。
省长同乘度城闉，吏民环堵塞衢观。
远上吹台饯行人，洒扫桧柏陈花薰。
将军先候立于门，登高万里来风云。
芒砀云去不可闻，大野极目雁鹜群。
桑柘欲雨阴霭纷，同游农圃览耕耘。
短槐高柳绿皆新，长沼圆亭泽似春。
碑前拓影留后因，鹦鹉解语花馥芬。
松下行厨洗玉盘，花边班剑酌衢尊。
酒酣挥毫感殷勤，归时山河日未曛。

题记：癸亥（1923 年）三月二十一日，张子衡督理、张鸣岐省长饯余于吹台，同观农圃，话时事，兴酣望远，万里风云，感别留题，以讯来者，用记嘉会。

同游者梁用弧、郑焯、张树勋、王兰塘、段树德、游师尹、徐良，南海康有为。

时任省长张凤台同时也和诗两首，并作《游禹王台记》，都被刻石，四块刻石镶在御书楼的墙上，与康有为的长诗为邻。

另外，禹王台还是河南农林实验总场的所在地，今在禹王殿前廊西侧墙上嵌有《河南农林实验总场记略》与《河南农林实验总场纪念碑》石碑两方，张钫撰文，叙其事甚详。根据李响的研究，河南农林试验场最初为蚕桑局，于光绪四年（1878 年）所建。宣统元年（1909 年）于古吹台东侧设井引水，开辟荷花池，构建苗圃、稻田，以井水灌溉，并于荷花池北侧建亭子一座。民国十二年（1923 年），辟十余亩地建楼房及平房数十座，为办公之用。民国十七年

（1928 年），张钫任建设厅长，在园内筹划建动物园。期间农林试验场历经多次开辟与扩充。张钫上任后，把淤塞多年的莲花池扩充疏浚，使古吹台三面环水。张钫还采用以工代赈的方法，既解决了人们的温饱，也形成了禹王台如今的土丘之地。以古吹台为中心，对整个试验场进行园林建设，使农林试验场从苗圃林地转变为郊区风景园林，奠定了现在禹王台公园的园林基础。①

如今的禹王台已辟为向公众免费开放的公园，景色优美，有禹王台大庙会和每年一届的开封菊花花会的分会场，其以新的文化形态传承着禹王台的历史故事。

总之，远古时期在开封城东南郊就已存在的一处丘冈高地——吹台，从历时千年的胜境，到明代中期因黄河泛滥而出现改建的“禹宫”“禹庙”，再到清中期禹王庙主体地位的进一步确立，再到如今成为开封城市文化的意象空间，其转变过程体现了开封城市发展过程中人与环境相互作用的历史，每一个时间节点的景观表征都是当时人对城市与环境之间关系的综合处理。

---

① 李晌：《开封近代城市园林研究》，河南大学 2020 年硕士学位论文，第 47—48 页。

结　语

众所周知，黄河的历史就是广大劳动人民努力治理黄河的历史，就是努力适应黄河泛滥环境的历史。历史上黄河的每一次决口和泛滥，洪水会淹没大片土地，并波及泛滥土地上的城市。黄河变迁对黄泛区城市的影响体现在城市迁移、城市形态变化、城市兴衰三个维度。[①]我们在探讨和梳理黄泛城市演化生命史的过程中，除了对城市自然史、物质交流史的论述，还应关注城市管理者和生活在其中的人群如何面对黄河泛滥环境，他们的思想、观念如何适应新的生存环境，这是典型的城市环境史议题。

历史上黄河在下游频繁地决溢改道，对黄泛区自然与人文环境产生重大影响。黄泛城市环境史重要议题之一就是要阐明黄河泛滥与城市发展之间的复杂关系，追踪在黄河泛滥环境下为适应、抗争、协同而形成轨迹各异的城市演化生命史，体现人群社会与城市环境之间的适应互动历史。开封是典型的“城包湖型”城市，在黄河泛滥环境下生成、发展和演变过程极为复杂，历史上仅有一次城址迁移，即发生在前 225 年大梁城毁之后。开封城市轮廓形态变化可分为前 225 年之前的“城-郭”模式、前 225— 956 年的“衙署-城墙”模式、956—1219 年的“外城-内城-皇城”模式和 1219—1907 年的“护城堤-原城市形态”模式。“城包湖”景观是开封城市内部形态演变的重要产物。[②]

明代开封府“护城堤-外城（北宋外城）-内城（砖城）-萧墙-紫禁城”五重城的平面格局和“卧牛城”仿生意象，延续宋金元发展而来，最初都是针对

① 吴朋飞、刘德新：《审视与展望：黄河变迁对城市的影响研究述论》，《云南大学学报（社会科学版）》2020 年第 1 期，第 69—77 页。

② 刘德新等：《黄河泛滥背景下开封城市形态演变》，《河南大学学报（自然科学版）》2021 年第 5 期，第 505—512 页。

开封城的平面形状而言，但到了明代则因为砖城的修筑、周王府萧墙和紫禁城的出现，城市平面形状出现明显的变化，明代中期又因城市频繁遭受黄河水患的侵扰而人为新增环城一周的护城堤和增添“五行”思想，最终于景泰二年（1451 年）形成五重城城市格局和家喻户晓的“卧牛城”。这是黄河泛滥环境下人群社会对城市发展的物质和思想的表征。

正因为开封复杂的黄河泛滥环境，导致历史上出现七次“迁城之议”，每次迁城之议的背后都是自然与人文环境相互适应、相互妥协的结果，尤以道光汴梁水灾最为典型。在道光大水围城八个月之久的特大黄河洪水灾害中，决口堵御与守护城池同样重要，而各守其职的河道总督文冲和河南巡抚牛鉴之间的迁城保城之争触动了道光帝的神经，导致道光帝和开封城内各个阶层民众的心态发生波动，最后以决口堵御成功和城池未迁而告终，这是一场典型的灾害环境下的政治生态博弈，生动地体现出人与环境互动的城市环境史。

明代镇河铁犀和“禹宫”“禹庙”的出现，是古人适应黄河泛滥环境的产物，反映出明代中后期开封城遭受黄河泛滥灾害的严重程度，当时的人们只能寄托于镇水神物和治水人物大禹的庇护，以祈求家园平安。清代开封城的重建过程中，城内寺庙的出现、类型、空间分布与城市泛滥环境密切相关，1841 年开封黄河水灾之前寺庙的分布呈现出“西少东多”，到水灾之后又进一步演化为东西趋于平衡，这与当时城内人居环境的逐步治理密切相关。

黄泛区以典型的“城包湖型”城市开封为代表的黄河泛滥环境史研究，在中国甚至世界城市环境史研究中具有典型示范和国际样本意义。本书采用案例式专题环境史议题的撰写方式①，通过城市形态、迁城之议、镇河铁犀、大禹庙等重要专题对开封黄河泛滥灾害处理的环境史解读，“人”由抽象变得具体，反映出人群社会认知黄河泛滥灾害，以及改造开封城市环境的思想观念。从环境史视角解读典型黄泛事件，把握黄河“侵入”开封城市的过程，不仅有助于黄泛适应景观的知识建构，还将提供黄泛平原城市研究的典型范例，有利于挖掘古人精心营造人类家园的睿智经验，进而丰富世界大河历史文明中人水共存家园营建经验的历史。

总之，在当前中国环境史研究较少关注城市主题的情况下，借鉴国外城市环境史研究的理论和方法，采用多学科交叉理念，把历史地理学、环境变迁

---

① 目前环境史撰写的方式主要有三种：案例式的专题体例、区域环境发展变迁史体例和通史体例。参见周琼、耿金：《中国环境史纲》，北京：高等教育出版社，2022 年，第 1 页。

学、历史生态学与城市史研究相结合，从长时段尺度探讨近代之前中国农业文明发展过程中人与聚落环境相互适应并改造的互动历史，区别于目前世界城市环境史研究多集中在工业社会，以弥补学术薄弱时段，凸显出中国在世界人类文明进程中的独特性，具有重大的学术价值。关照人群社会在灾害过程中的作用，区别于以往灾害研究中多是梳理具体史实和复原灾害环境的思路，凸显人及其活动对城市环境改造的重要性，为现今中国灾后重建工作提供历史借鉴。黄泛区受灾城市的生命演化发展轨迹深受黄河泛滥环境的深刻影响，具有重要的地方性保存和可持续发展演进模式，紧扣“黄河流域生态保护和高质量发展”国家战略，作为讲好黄河故事的重要区域，有着重要的学术研究使命和广阔前景。

附录一

开封黄河年表

弁言

目前所见已有编制的“开封黄河年表”，有王宴春的“历史上开封受黄河决溢灾害简表”（1983 年，38-44）、《开封市黄河志》中的“开封市境内黄河历代决溢表”（1991 年，19-23）、《开封市郊区黄河志》中的“开封黄河决溢记载表”（1994 年，85-90）、盛福尧“开封县市历史时期旱涝年表”等几种。可能有人会问，既然有多人编制了开封黄河决溢年表，为什么还要继续编制年表？笔者的看法如下：

（1）以现代开封辖境为准，编制年表，割裂了历史上的开封；

（2）王宴春编制的年表，不受今开封范围的限制，但收集的资料有进一步补充的可能；

（3）今草作《开封黄河年表》，以供参考。

本资料在整编时，也只是尽量搜罗所知，粗略或谬误之处，在所难免，敬希专家和广大读者多提宝贵意见。

一、金代开封

金代，1115—1234 年。1125 年灭辽，1126 年灭北宋。天兴三年（1234 年）在蒙古和北宋联合进攻下灭亡。

金代开封地区，最初属汴京路，贞元元年（1153 年）改为南京路。下辖 3 府 19 州，150 县。

开封府，有开封、祥符、阳武、通许、泰康、中牟、杞、鄢陵、尉氏、扶沟、陈留、延津、洧川、长垣、封丘15县，这当是金末的情况。兴定二年（1218年）以宋楼镇置洧川县。因金代考城县为睢州的辖县，不属于金代开封府管辖，但按照现在的行政区划，在今开封市兰考县境内，此处一并收录。

再据《金史·地理志》记载，开封府境内的阳武、延津、封丘有黄河；睢州境内的考城也有黄河。具体详见附表1-1。

附表1-1　金代开封黄河决溢表

时期		性质	纪事
年代	公元年		
宋高宗建炎二年	1128	决河	十一月，东京留守杜充闻有金师，乃决黄河入清河，以沮敌。自是，河流不复矣。（《续资治通鉴·宋纪》卷120） 是冬，杜充决黄河，自泗入淮以阻金兵。（《宋史·高宗本纪》）
宋绍兴十五年	1145	决	九月，河决李固渡，漂居民五千余家，诏起曹、单、拱、亳及应天五郡民修之。（宇文懋昭《大金国志·熙宗纪》）
皇统中	1141-1148	决溢	河曾决阳武下埽及溢孟州之白坡。（洪迈《夷坚志》）
金大定六年	1166	决	五月，河决阳武，由郓城东流，汇入梁山泊。郓城城陷，徙治盘沟村。（《郓城县志》）
金大定八年	1168	决	六月，河决李固渡，水溃曹州城，分流于单州之境。（《金史·河渠志》）
金大定九年	1169	修	正月，金命都水监梁肃往视决河，河南统军使宗叙上言："大河所以决溢者，以河道积淤不能受水故也，今曹、单虽被其害，而两州本以水利为生，所害农田无几。"（《续资治通鉴·宋纪》卷141） 都水监梁肃言："新河水六分，旧河水四分……不若李固南筑堤以防决溢为便。"尚书省以闻，上从之。（《金史·河渠志》）
金大定十一年	1171	决	是岁……金河决王村[①]，南京、孟、卫州界多被其害。（《续资治通鉴·宋纪》卷142） 河决王村，南京孟、卫州界多被其害。（《金史·河渠志》）
金大定十二年	1172	修	正月，尚书省奏："检视官言，水东南行，其势甚大。可自河阴广武山循河而东，至原武、阳武、东明等县孟、卫等州增筑堤岸，日役夫万一千，期以六十日毕。"诏遣太府少监张九思、同知南京留守事纥石烈邈监护工作。（《金史·河渠志》） 十二月，金尚书省奏言："河移故道，水东南行，其势甚大，可自河阴广武山循河而东，至原武、阳武、东明等县，孟、卫等州，增筑堤岸。"从之。（《续资治通鉴·宋纪》卷143）
金大定十三年	1173	修	三月，以尚书省请修孟津、荥泽、崇福埽堤以备水患，上乃命雄武以下八埽并以类从事。（《金史·河渠志》）

① 《金史本纪》作"河决原武县王村。"《黄河年表》备考：王村今濮州地，南京今开封府。（《治水述要》）《黄河年表》所引版本为：沈怡、赵世暹、郑道隆：《黄河年表》，军事委员会资源委员会印行，民国二十四年（1935年）十一月。下同。

续表

时期		性质	纪事
年代	公元年		
金大定十七年	1177	决/修	秋七月，大雨，河决白沟[①]。十二月，尚书省奏："修筑河堤，日役夫一万一千五百，以六十日毕工。"诏以十八年二月一日发六百里内军夫，并取职官人力之半，余听发民夫，以尚书工部郎中张大节、同知南京留守事高苏董役。(《金史·河渠志》)
金大定十九年	1179	治	九月，乃设京埽巡河官一员。[②]（《金史·河渠志》） 河决入汴。(康熙《开封府志》) 河决入汴梁间。
金大定二十年	1180	决/治决	(七月）河决卫州及延津京东埽，弥漫至于归德府。检视官南京副留守石抹辉者言："河水因今秋霖潦暴涨，遂失故道，势益南行。"宰臣以闻。乃自卫州埽下接归德府南北两岸增筑堤以捍湍怒，计工一百七十九万六千余，日役夫二万四千余，期以七十日毕工。遂于归德府创设巡河官一员，埽兵二百人，且诏频役夫之地与免今年税赋。(《金史·河渠志》) (十二月）己亥，金河决卫川及延津京东埽，弥漫至于归德府。诏南北两岸增筑堤，以捍湍怒。(《续资治通鉴·宋纪》卷147)
金大定二十七年	1187		(二月）以南京府及所属延津、封丘、祥符、开封、陈留、胙城、杞县、长垣，归德府及所属宋城、宁陵、虞城，河南府及孟津，河中府及河东，怀州河内、武陟，同州朝邑，卫州汲、新乡、获嘉，徐州彭城、萧、丰，孟州河阳、温，郑州河阴、荥泽、原武、汜水，浚州卫，陕州阌乡、湖城、灵宝，曹州济阴，滑州白马，睢州襄邑，滕州沛，单州单父，解州平陆，开州濮阳，济州嘉祥、金乡、郓城，四府、十六州之长贰皆提举河防事，四十四县之令佐皆管勾河防事。(《金史·河渠志》) 十一月甲寅，诏："河水泛溢，农夫被灾者，与免差税一年。卫、怀、孟、郑四州塞河劳役，并免今年差税。"(《金史·世宗本纪下》)
金章宗明昌五年	1194	条陈 条陈 议 导水 徙 条陈 修	春正月，尚书省奏："都水监丞田栎同本监官讲议黄河利害，尝以状上言，前代每遇古堤南决，多经南、北清河分流，南清河北下有枯河数道，河水流其中者长至七八分，北清河乃济水故道，可容三二分而已。今河水趋北，啮长堤而流者十余处，而堤外率多积水，恐难依元料增修长堤与创筑月堤也。可于北岸墙村决河入梁山泺故道，依旧作南、北两清河分流。然北清河旧堤岁久不完，当立年限增筑大堤，而梁山故道多有屯田军户，亦宜迁徙。今拟先于南岸王村、宜村两处决堤导水，使长堤可以固护，姑宜仍旧，如不能疏导，即依上开决，分为四道，俟见水势随宜料理。" 复言："若遽于墙村疏决，缘濒北清河州县二十余处，两岸连亘千有余里，其堤防素不修备，恐所屯军户亦卒难徙。今岁先于南岸延津县堤决堤泄水，其北岸长堤自白马以下，定陶以上，并宜加功筑护，庶可以遏将来之患。若定陶以东三埽弃堤则不必修，止决旧压河口，引导积水东南行，流堤北张彪、白塔两河间，碍水军户可使迁徙，及梁山泺故道分屯者，亦当预为安置。" 百官咸谓："况梁山泺淤填已高，而北清河窄狭不能吞伏，兼所经州县农民庐井非一，使大河北入清河，山东必被其害……凡栎所言无可用。" 六月开导王村河口。 八月，以河决阳武故堤，灌封丘而东。 时行省参知政事胥持国、马琪言："已至光禄村周视堤口。以其河水浸漫，堤岸陷溃，至十余里外乃能取土。而堤面窄狭，仅可数步，人力不可施，虽穷力可以暂成，终当复毁。而中道淤淀，地有高低，流不得泄，

① 《金史本纪》作"河决阳武白沟"。又见元好问《中州集》。《黄河年表》备考：阳武之白沟（《淮系年表》）、大河决入白沟（《河渠纪闻》）。

② 《黄河年表》备考：专司祥符陈桥之东至陈留潘冈四十余里黄河堤岸。

续表

时期		性质	纪事
年代	公元年		
金章宗明昌五年	1194	条陈 条陈 议 导水 徙 条陈 修	且水退，新滩亦难开凿。其孟华等四埽与孟阳堤道，沿汴河东岸，但可施功者，即悉力修护，将于农隙兴役，及冻毕工，则京城不至为害。” （闰十月）庚辰，琪自行省还，入见，言：“孟阳河堤及汴堤已填筑补修，水不能犯汴城。自今河势趋北，来岁春首拟于中道疏决，以解南北两岸之危。凡计工八百七十余万，可于正月终兴工。臣乞前期再往河上监视。”上以所言付尚书省，而治检覆河堤并守涨官等罪有差。他日，尚书省奏事，上语及河防事，马琪奏言：“臣非敢不尽心，然恐智力有所不及。若别差官相度，傥有奇画，亦未可知。如适与臣策同，方来兴功，亦庶几稍宽朝廷忧顾。”上然之，命翰林待制奥屯忠孝权尚书户部侍郎、太府少监温昉权尚书工部侍郎，行户、工部事，修治河防。”（《金史・河渠志》） 河徙自阳武而东，历延津、封丘、长垣、兰阳、东明、曹州、濮州、郓城、范县诸州县界中。至寿张注梁山泺分为二派：北派由北清河入海。今大清河自东平，历东阿、平阴、长清、齐河、历城、济阳、齐东、武定、青城、滨州、蒲台至利津县入海者，是也。南派由南清河入淮，即泗水故道，今会通河自东平，历汶上、嘉祥、济宁，合泗水至清河县入淮者是也。（《禹贡锥指》）
金章宗明昌六年	1195	修	（奥屯忠孝）疏七祖佛河及王村、周平、道口、鸡爪、孙家港，复开东明、南阳冈、马蹄、孙村诸河。（《金史・奥屯忠孝传》）
金哀宗正大七年	1230	决	汴京东北河南决，堤复。（《中州集》）
金哀宗天兴元年	1232	人为决河	（正月）遣完颜麻斤出等部民丁万人，决河水卫京城。（《金史・哀宗本纪上》） 遂遣完颜麻斤出、邵公茂等部民万人，开短堤，决河水，以固京城。功未毕而骑兵奄至，麻斤出等皆被害，丁壮无二三百人得反者。（《金史・白撒传》）
金哀宗天兴三年	1234	人为决河	蒙古决寸金淀灌赵葵军。①（《禹贡锥指》） 八月朔旦，蒙古兵至洛阳城下立砦……赵葵、全子才在汴，亦以史嵩之不致馈，粮用不继；蒙古兵又决黄河寸金淀之水，以灌南军，南军多溺死，遂皆引师南还。（《续资治通鉴・宋纪》卷167） 六月蒙古兵决黄河寸金淀灌开封一带宋兵。河水南至杞县三叉口，分三支，主流自涡河入淮。（《金史本纪》《元史传》《宋史纪事本末》）

二、元代开封

元代，1271—1368年。1206年成吉思汗建立蒙古汗国。1271年忽必烈改国号为“大元”，1279年统一全国。

汴梁路，元初为南京路，领归德府、延州、许州、裕州、唐州、陈州、亳州、邓州、汝州、颍州、徐州、邳州、嵩州、宿州、申州、郑州、钧州、睢州、蔡州、息州、卢氏行襄樊等一府、二十州。至元八年（1271年）归德府升

① 《黄河年表》备考：淀在开封城北二十里。

格为散府，割亳州、徐州、宿州、邳州隶属之。又升申州为南阳府（散府），割裕州、唐州、汝州、邓州、嵩州、卢氏行襄樊等六州隶属之。至元九年（1272年），延州罢废，原领延津、阳武二县改属南京路。这样，南京路所统为蔡州、息州、郑州、钧州、许州、陈州、睢州、颍州八州。至元二十五年（1288年）改南京路为汴梁路。至元二十八年（1291年），设河南江北行省，治于汴梁路。至元三十年（1293年），升蔡州为汝宁府，直隶行省，割息州、颍州隶属之。至此，汴梁路的政区基本稳定下来了，包括一录事司，统领开封、祥符等十七县，郑、许、陈、钧、睢等五州，州领二十一县。即：

汴梁路，领开封、祥符、中牟、原武、鄢陵、荥泽、封丘、扶沟、阳武、杞、延津、兰阳、通许、尉氏、太康、洧川、陈留十七县。据《元史·地理志》记载，封丘、杞县有黄河。

郑州，领管城、荥阳、汜水、河阴四县。

许州，领长社、长葛、郾城、襄城、临颍五县。

陈州，领宛丘、西华、商水、南顿、项城五县。

钧州，领阳翟、新郑、密县三县。

睢州，领襄邑、考城、仪封、柘城四县。

具体详见附表1-2。

附表1-2　元代开封黄河决溢表

时期		性质	纪事
年代	公元年		
至元二十年	1283	决	是年秋决原武，灌开封城，卫、沁俱溢，卫州城几没。（《牧庵集》）
至元二十二年	1285	溢	秋，南京、彰德、大名、河间、顺德、济南等路河水坏田三千余顷。（《元史·五行志一》）
至元二十三年	1286	修	（冬十月）辛亥……河决开封、祥符、陈留、杞、太康、通许、鄢陵、扶沟、洧川、尉氏、阳武、延津、中牟、原武、睢州十五处，调南京民夫二十万四千三百二十三人，分筑堤防。①（《元史·世祖本纪十一》）
至元二十四年	1287	泛溢	（三月）丙辰……汴梁河水泛溢，役夫七千修完故堤。（《元史·世祖本纪十一》）
至元二十五年	1288	决	（五月）己丑，汴梁大霖雨，河决襄邑，漂麦禾……癸丑……河决汴梁，太康、通许、杞三县，陈、颍二州皆被害……（六月）乙亥，以考城、陈留、通许、杞、太康五县大水及河溢没民田，蠲其租万五千三百石。（《元史·世祖本纪十二》）

① 《黄河年表》备考：陈留、杞等县原不滨河，今既言决，疑是在此以前，早有分支由古汴渠，出徐州合泗入淮。

续表

时期		性质	纪事
年代	公元年		
至元二十五年	1288	决	汴梁路阳武县诸处，河决二十二所，漂荡麦禾房舍，委宣慰司督本路差夫修治。[①]（《元史·河渠志二》） 十二月，太原、汴梁二路河溢，害稼。（《元史·五行志一》）
至元二十七年	1290	决	六月壬申朔……河溢太康，没民田三十一万九千八百余亩，免其租八千九百二十八石。 （十一月）癸亥，河决祥符义唐湾，太康、通许，陈、颍二州大被其患。（《元史·世祖本纪十三》） 汴南诸州，漭为巨浸，博罗欢躬行决口，督有司缮完之。（《元史·博罗欢传》） 夏四月[②]，河决祥符义唐湾。按汴河及堤皆为黄淤，而汴水入蔡。蔡水源流亦塞不能通达淮泗。后以其水浅不能行舟，乃立闸积水以行之。（光绪《祥符县志》卷6《河渠》） 十一月河决义唐湾，水入善利门（东北水门），颓城为汇，汴南莽为巨浸，太康、通许、陈、颍二州大被其患，民流者四十五万余人。（王宴春《历史上开封受黄河决溢灾害简表》）
元贞二年	1296	决	（九月）河决河南杞、封丘、祥符、宁陵、襄邑五县。（《元史·成宗本纪二》） 十月，河决开封县。（《元史·五行志一》）
大德元年	1297	决	三月，归德徐州，邳州宿迁、睢宁、鹿邑三县，河南许州临颍、郾城等县，睢州襄邑，太康、扶沟、陈留、开封、杞等县，河水大溢，漂没田庐。（《元史·五行志一》） 五月丙寅，河决汴梁，发民三万余人塞之。（《元史·成宗本纪二》） 七月丁亥，河决杞县蒲口[③]，命廉访司尚文相度形势，为久利之策。文还言："河自陈留抵睢，东西百有余里，南岸高于水六七尺或四五尺，北岸故堤，其水视田高三四尺或高下不等。大较南高于北约八九尺，堤安得不坏，水安得不北也！蒲口今决千有余步，东走旧渎，行二百里，至归德横堤之下，复合正流。或强遏之，上决下溃，功不可成。揆今之计，河北郡县，宜顺水性，筑长堤以御泛溢。归德、徐、邳之民，任择所便，避其冲突。被害民户，量给河南退滩地以为业。异时决他所亦如之，亦一时救患之良策也。蒲口不塞便。"帝从之。会河朔郡县及山东宪部，争言不塞则河北桑田尽化鱼鳖之区，塞之便，帝复从之。明年，蒲口复决，障塞之役，无岁无之。是后水北入，复河故道，竟如文言。（《续资治通鉴·元纪》卷193）
大德二年	1298	溢	六月，河决蒲口，凡九十六所，泛溢汴梁、归德二郡。（《元史·五行志一》） 秋七月癸巳……遣尚书那怀、御史刘赓等塞之，自蒲口首事，凡筑九十六所。（《元史·成宗本纪二》） 秋七月癸巳……汴梁等处大雨，河决坏堤防，漂没归德数县禾稼、庐舍，免其田租一年。（《元史·成宗本纪二》）
大德三年	1299	修	五月，河南省言："河决蒲口儿等处[④]，浸归德府数郡，百姓被灾。差官修筑计料，合修七堤二十五处，共长三万九千九十二步，总用苇四十万四千束，径尺椿二万四千七百二十株，役夫七千九百二人。"（《元史·河渠志二》）

① 《黄河年表》备考：大势自原武出阳武南灌开封、陈、颍由涡入淮。（《淮系年表》）

② 县志中记载的"夏四月"，当误，应为十一月。

③ 《黄河年表》备考：蒲口在杞县北四十里，俗名三义口。（《淮系年表》）

④ 《黄河年表》备考：蒲口三叉塞其南北二叉，并为一流。（《淮系年表》）

续表

时期		性质	纪事
年代	公元年		
大德八年	1304	溢、决	正月，自荥泽至睢州筑堤防十有八所。（《河南通志》） （五月）汴梁之祥符、太康，卫辉之获嘉，太原之阳武河溢。[①]（《元史·成宗本纪四》） （也先不花）迁平章河南行省，河决落黎堤，势甚危，督有司先士卒以备之，汴以无患。（《元史·也先不花传》）
大德九年	1305	决	六月，汴梁阳武县思齐口河决。（《元史·五行志一》） 黄河决徙，逼近汴梁，几至浸没。本处官司权宜开辟董盆口，分入巴河，以杀其势，遂使正河水缓，并趋支流。缘巴河旧隘，不足吞伏，明年急遣萧都水等闭塞，而其势愈大，卒无成功，致连年为害，南至归德诸处，北至济宁地分，至今不息。（《元史·河渠志二》） 八月，归德府宁陵、陈留、通许、扶沟、太康、杞县河溢。（《元史·五行志一》）
大德十一年	1307	决	河决原武，下注汴梁、归德。（《元文类》卷 68 李术鲁翀参知政事王公神道碑）
至大二年	1309	决	秋七月癸未，河决归德府境……己亥，河决汴梁之封丘。[②]（《元史·武宗本纪二》）
皇庆二年	1313	决	六月河决陈、亳、睢三州，开封陈留等县，没民田庐。[③]（《元史本纪》）
延祐元年	1314	决	六月河决郑州。（《元史·本纪》） 八月，河南等处行中书省言："……又汴梁路睢州诸处，决破河口数十，内开封县小黄村计会月堤一道，都水分监修筑障水堤堰，所拟不一。"（《元史·河渠志二》） 小黄口决口乃就通疏。恤下游受患之州县，免陈州差税，赈贷陈留通许太康被灾之家。修治汴梁上下河堤，及应当疏通者，并疏治之。（《河渠纪闻》）
延祐二年	1315	决	六月，河决郑州，坏汜水县治。（《元史·五行志一》）
延祐三年	1316	决	（六月）丁酉……河决汴梁，没民居……并发粮赈之。（《元史·仁宗本纪二》）
延祐五年	1318	修	正月，河北河南道廉访副使奥屯言："近年河决杞县小黄村口，滔滔南流，莫能御遏，陈、颍濒河膏腴之地浸没，百姓流散。今水迫汴城，远无数里，傥值霖雨水溢，仓卒何以防御。方今农隙，宜为讲究，使水归故道，达于江、淮，不惟陈、颍之民得遂其生，窃恐将来浸灌汴城，其害匪轻。"于是大司农司下都水监移文汴梁分监修治，自六年二月十一日兴工，至三月九日工毕，总计北至槐疙疸两旧堤，南至窑务汴堤，通长二十里二百四十三步。创修护城堤一道，长七千四百四十三步。下地修堤，下广十六步，上广四步，高一丈，六十尺为一工。堤东二十步外取土，内河沟七处，深浅高下阔狭不一，计工二十五万三千六百八十，用夫八千四百五十三，除风雨妨工，三十日毕。内流水河沟，南北阔二十步，水深五尺。河内修堤，底阔二十四步，上广八步，高一丈五尺，积十二万尺，取土稍远，四十尺为一工，计三万工，用夫百人。每步用大椿二，计四十，各长一丈二尺，径四寸。每步杂草千束，计二万。每步签椿四，计八十，各长八尺，径三寸。水手二十，木匠二，大船二艘，梯镬一副，绳索毕备。（《元史·河渠志二》）

① 《黄河水利史述要》附注"阳武县不属太原，疑此处有误"。

② 《黄河年表》备考：是时河势南徙，归德常在河北至顺以后，河渐决而北，归德乃在河南。（《方舆纪要》）

③ 《黄河年表》备考：决河由开封小黄口，滔滔南流，下灌陈颍。（《淮系年表》）

续表

时期		性质	纪事
年代	公元年		
延祐七年	1320	决	七月，汴梁路言："荥泽县六月十一日河决塔海庄东堤十步余，横堤两重，又缺数处。二十三日夜，开封县苏村及七里寺复决二处。"本省平章站马赤亲率本路及都水监官，并工修筑，于至治元年正月兴工，修堤岸四十六处，该役一百二十五万六千四百九十四工，凡用夫三万一千四百一十三人。(《元史·河渠志二》) 是岁……河决汴梁原武，浸灌诸县。(《元史·英宗本纪一》)
至治二年	1322	溢	(正月)辛巳……仪封县河溢伤稼。(《元史·英宗本纪二》)
泰定元年	1324	溢	夏五月，河溢汴梁乐利渠。诏发丁夫六万四千人筑之。(光绪《祥符县志》卷6《河渠》)
泰定二年	1325	溢、决	(二月)姚炜以河水屡决，请立行都水监于汴梁，仿古法备捍，乃命濒河州县正官皆兼知河防事，从之。(《元史·泰定帝本纪一》) 五月……河溢汴梁，被灾者十有五县。(《元史·五行志一》) 七月……睢州河决。(《元史·泰定帝本纪一》) 冬十月诏修黄河堤堰。(光绪《祥符县志》卷6《河渠》)
泰定三年	1326	决、溢	七月，河决郑州，漂没阳武等县民一万六千五百余家。(《元史·五行志一》) (十月)癸酉，河水溢，汴梁路乐利堤坏，役丁夫六万四千人筑之。(《元史·泰定帝本纪二》)
泰定四年	1327	决、溢	五月……睢州河溢……六月……汴梁路河决。(《元史·泰定帝本纪二》) (八月)汴梁路扶沟、兰阳县河溢，没民田庐(漂民居一千九百余家)，并赈之。(《元史·泰定帝本纪二》) 是岁……汴梁诸属县霖雨，河决。(《元史·泰定帝本纪二》)
至顺三年	1332	溢	(五月)汴梁之睢州、陈州、开封、兰阳、封丘诸县河水溢。(《元史·文宗本纪五》)
元统元年	1333	溢	五月，汴梁阳武县河溢害稼。(《元史·五行志二》) (六月)黄河大溢，河南水灾。(《元史·顺帝本纪一》)
至元元年	1335	决	河决汴梁封丘县。[①](《元史·五行志二》)
至元三年	1337	溢	汴梁兰阳、尉氏二县，归德府皆河水泛溢。(《元史·五行志二》)
至元四年	1338	决	正月，河决曹州，又决汴梁。(《新元史·五行志上》)
至正二年	1342	决	河决封丘。(《治河续绩书》)
至正四年	1344	决、修	(正月)是月，河又决汴梁。(《元史·顺帝本纪四》) 冬十月乙酉，议修黄河、淮河堤堰。(《元史·顺帝本纪四》)
至正六年	1346	决	(五月)丁酉，以黄河决，立河南、山东都水监。(《元史·顺帝本纪四》)
至正十一年	1351	修	四月初四日，下诏中外，命鲁以工部尚书为总治河防使，进秩二品，授以银印。发汴梁、大名十有三路民十五万人，庐州等戍十有八翼军二万人供役，一切从事大小军民，咸禀节度，便宜兴缮。是月二十二日鸠工，七月疏凿成，八月决水故河，九月舟楫通行，十一月水土工毕，诸埽诸堤成。河乃复故道，南汇于淮，又东入于海。(《元史·河渠志三》)
至正十六年	1356	决	河决郑州河阴县，官署民居尽废，遂成中流。(《元史·五行志二》)
至正十七年	1357	决	河决，冲塌兰阳县城，迁县治于韩陵(今兰考县老韩陵)。(《开封市黄河志》)
至正十九年	1359	河清	郑州黄河清，长数里。(《新元史·五行志上》)
至正二十年	1360	河清	十一月甲寅朔，黄河清，凡三日。(《元史·顺帝本纪八》)

① 《黄河年表》备考：翌年复故。(《淮系年表》)

三、明代开封

开封府，元汴梁路，属河南江北行省。洪武元年（1368年）五月曰开封府。八月建北京。十一年（1378年），京罢。领州四，县三十。开封府是明代河南布政司变化最大的政区。洪武初年的开封府由元汴梁路和归德府合并而成。洪武元年五月永城县属开封府，十一月又改属归德州。洪武元年末开封府有直辖县16，州9，州辖县26，西至钧州，东至邳州宿迁县，地域辽阔，州县众多。洪武二年（1369年）正月，济宁府虞城县改隶归德州。此后开封府的政区沿革，笔者整理成附表1-3。

附表1-3 明代开封府政区沿革表

时间	统领县	数量
洪武二年四月（1369年）	祥符①、陈留、杞县、通许、太康、尉氏、洧川、鄢陵、扶沟、中牟、阳武、原武、封丘、延津、安城②、兰阳 陈州：西华、项城 许州：长葛、郾城、临颍、襄城 钧州：新郑、密 郑州：荥阳、荥泽、河阴、汜水 归德州：夏邑、宁陵、鹿邑、亳县、永城、虞城 睢州：仪封 徐州：萧县、丰县、沛县、砀山、鱼台 宿州：灵璧 邳州：宿迁、睢宁	府辖县：16； 州及州辖县： 州9县27
洪武二年七月（1369年）	鱼台改属山东济宁府	府辖县：16； 州及州辖县： 州9县26
洪武四年二月（1371年）	祥符、陈留、杞县、通许、太康、尉氏、洧川、鄢陵、扶沟、中牟、阳武、原武、封丘、延津、安城、兰阳 陈州：西华、项城 许州：长葛、郾城、临颍、襄城 钧州：新郑、密 郑州：荥阳、荥泽、河阴、汜水 归德州：夏邑、宁陵、鹿邑、亳县、永城、虞城 睢州：仪封	府辖县：16； 州及州辖县： 州6县19
洪武四年七月（1371年）	祥符、陈留、杞县、通许、太康、尉氏、洧川、鄢陵、扶沟、中牟、阳武、原武、封丘、延津、安城、兰阳 陈州：西华、项城、商水 许州：长葛、郾城、临颍、襄城 钧州：新郑、密 郑州：荥阳、荥泽、河阴、汜水 归德州：夏邑、宁陵、鹿邑、亳县、永城、虞城 睢州：仪封	府辖县：16； 州及州辖县： 州6县20

① 元代汴梁路附郭县为开封、祥符二县，洪武元年省开封县。

② 治所在今河南原阳县原武镇东南。

续表

时间	统领县	数量
洪武四年八月（1371 年）	祥符、陈留、杞县、通许、太康、尉氏、洧川、鄢陵、扶沟、中牟、阳武、原武、封丘、延津、安城、兰阳、考城、柘城 陈州：西华、项城、商水 许州：长葛、郾城、临颍、襄城 钧州：新郑、密 郑州：荥阳、荥泽、河阴、汜水 归德州：夏邑、宁陵、鹿邑、亳县、永城、虞城 睢州：仪封	府辖县：18；州及州辖县：州 6 县 20
洪武六年（1373 年）	亳县改属颍州	府辖县：18；州及州辖县：州 6 县 19
洪武十年五月（1377 年）	祥符、陈留、杞县、通许、太康、尉氏、洧川、鄢陵、扶沟、中牟、阳武、原武、封丘、延津、安城、兰阳、仪封 陈州：西华、项城、商水 许州：长葛、郾城、临颍、襄城 钧州：新郑、密 郑州：荥阳、荥泽、河阴、汜水 归德州：夏邑、宁陵（柘城并入）、鹿邑、永城、虞城 睢县	府辖县：17；州及州辖县：州 5 县 19
洪武十三年十一月（1380 年）	祥符、陈留、杞县、通许、太康、尉氏、洧川、鄢陵、扶沟、中牟、阳武、原武、封丘、延津、安城、兰阳、仪封 陈州：西华、项城、商水 许州：长葛、郾城、临颍、襄城 钧州：新郑、密 郑州：荥阳、荥泽、河阴、汜水 归德州：夏邑、宁陵、鹿邑、永城、虞城 睢州：考城、柘城	府辖县：17；州及州辖县：州 6 县 20
正统年间（1436—1449 年）	安城县废	府辖县：16；州及州辖县：州 6 县 20
弘治十年（1497 年）	置沈丘县，隶陈州	府辖县：16；州及州辖县：州 6 县 21
嘉靖二十四年六月（1545 年）	祥符、陈留、杞县、通许、太康、尉氏、洧川、鄢陵、扶沟、中牟、阳武、原武、封丘、延津、兰阳、仪封 陈州：西华、项城、商水、沈丘 许州：长葛、郾城、临颍、襄城 钧州：新郑、密 郑州：荥阳、荥泽、河阴、汜水	府辖县：16；州及州辖县：州 4 县 14
隆庆五年七月（1571 年）	祥符、陈留、杞县、通许、太康、尉氏、洧川、鄢陵、扶沟、中牟、阳武、原武、封丘、延津、兰阳、仪封、新郑 陈州：西华、项城、商水、沈丘 许州：长葛、郾城、临颍、襄城 钧州：密 郑州：荥阳、荥泽、河阴、汜水	府辖县：17；州及州辖县：州 4 县 13

续表

时间	统领县	数量
万历三年四月 （1575年）	祥符、陈留、杞县、通许、太康、尉氏、洧川、鄢陵、扶沟、中牟、阳武、原武、封丘、延津、兰阳、仪封、新郑 陈州：西华、项城、商水、沈丘 许州：长葛、郾城、临颍、襄城 禹州：密 郑州：荥阳、荥泽、河阴、汜水	府辖县：17； 州及州辖县：州4县13
万历三年之后至明末，开封府政区基本未变，仍领州4县30。		

资料来源：《明史》卷42《地理志三》，北京：中华书局，1974年，第977—993页

明代时期开封黄河决溢表整理如下，见附表1-4。

附表1-4　明代开封黄河决溢表

时期		性质	纪事
年代	公元年		
洪武二年	1369		（洧川）南有故城，洪武二年以河患迁今治。（《明史·地理志三》）
洪武七年	1374	决	夏五月，河决开封堤。（光绪《祥符县志》卷6《河渠》） 河决开封堤。（《读史方舆纪要》）
洪武八年	1375	决	（春正月）河决开封府大黄寺堤百余丈，诏河南参政安然集民夫三万余人塞之。（《明太祖实录》） （荥泽）北有故城。洪武八年因河患徙于南。成化十五年正月又徙北，滨大河。（《明史·地理志三》）
洪武十一年	1378	决/溢	（十月）丙辰，开封府兰阳县言河决伤稼……（十一月）戊寅开封府封丘县言河溢伤稼。（《明太祖实录》）
洪武十四年	1381	决	（八月）庚辰，河南原武、祥符、中牟诸县河决为患。（《明太祖实录》） 决原武、祥符、中牟，有司请兴筑。帝以为天灾，令护旧堤而已。（《明史·河渠志一》） 七月河决河南原武、祥符、中牟诸县，有司请兴筑。帝以为天灾，但令防护旧堤，勿重困民力。（《淮系年表》） 八月二十八日，祥符河决，居民受灾。口门未堵。（《开封市志》）
洪武十五年	1382	决	七月决荥泽、阳武。①（《明史·河渠志一》）
洪武十六年	1383	溢	乙卯……河溢荥泽、阳武二县。（《明太祖实录》）
洪武十七年	1384	决	八月丙寅朔……开封府河决东月堤，自陈桥至陈留，横流数十里……壬申河决杞县，入巴河。命户部遣官督所司塞之。（《明太祖实录》） 决开封东月堤，自陈桥至陈留横流数十里。又决杞县，入巴河。遣官塞河，蠲被灾租税。（《明史·河渠志一》）
洪武十八年	1385	修	秋九月诏以军民兼筑黄河堤岸。（《河南通志》）
洪武二十年	1387	决	夏六月，河决开封城，自安远门入，淹没官民廨宇甚众。（光绪《祥符县志》卷6《河渠》） 至是决水灌城，乘虚而入，城内如釜底，民屋廛市尽没水中，中原财赋聚集之地，一没而尽，非常之异变也。②（《河渠纪闻》卷8）

① 此条史料《明太祖实录》记为十六年“六月乙卯，河溢荥泽、阳武二县”。《黄河水利史述要》列为十六年。

② 这是明代黄河水第一次进入开封城内。

续表

时期		性质	纪事
年代	公元年		
洪武二十二年	1389	决	河没仪封，徙其治于白楼村。（《明史·河渠志一》）
洪武二十三年	1390	决	春，决归德州东南凤池口，迳夏邑、永城……其秋，决开封西华诸县，漂没民舍。遣使振万五千七百余户。（《明史·河渠志一》）
洪武二十四年	1391	溢、决	（三月）乙丑河南河水暴溢，时开封府陈留、睢州，归德夏邑、宁陵被水患，民千三百七十四户……未几，陈州项城县亦奏河溢，民被水患。（《明太祖实录》） 四月，河水暴溢，决原武黑洋山，东经开封城北五里，又东南由陈州、项城、太和、颍州、颍上，东至寿州正阳镇，全入于淮。而贾鲁河故道遂淤。又由旧曹州、郓城两河口漫东平之安山，元会通河亦淤。（《明史·河渠志一》） 河决原武之黑洋山[①]，东经开封城北五里，又南行至项城，经颍州、颍上，东至寿州正阳镇，全入于淮，而故道遂淤。（《河防一览》） （原武）北有黑阳山，下临大河。洪武二十四年，河决于此。（《明史·地理志三》）
洪武二十五年	1392	决	复决阳武，汜陈州、中牟、原武、封丘、祥符、兰阳、陈留、通许、太康、扶沟、杞十一州县……发民丁及安吉等十七卫军士修筑。其冬，大寒，役遂罢。[②]（《明史·河渠志一》） 春正月，河决开封府之阳武县，溢入祥符等处，凡十一县，有司乞发军民修筑堤防，诏免今年租。（光绪《祥符县志》卷6《河渠》） （杞）北有睢水，又有旧黄河，洪武二十五年河决之故道也。（《明史·地理志三》）
洪武三十年	1397	决	八月决开封，城三面受水。诏改作仓库于荥阳高阜，以备不虞。[③]冬，蔡河徙陈州。先是，河决，由开封北东行，至是下流淤，又决而之南。（《明史·河渠志一》） 秋八月，河溢开封城。按城三面受水，将浸及军储仓、巨盈库，诏令于荥阳高阜处筑仓库以待之。（光绪《祥符县志》卷6《河渠》） 十一月蔡河南徙入陈州。按先是河决由府城北而东行，至是下流淤塞，又决而之南也。[④]（光绪《祥符县志》卷6《河渠》）
洪武三十二年（建文元年）	1399	决	复决，冲塌土城，水从封丘门流入里城，官廨民庐淹没倾圮，而城内之水久积不涸。[⑤]（李濂《汴京遗迹志》卷5《河渠一》）
永乐元年	1403	溢、修	（九月壬午）工部言："河南陈州西华县沙河水溢，冲决堤堰以通黄河，伤民禾稼。乞量起民丁趁农隙修筑。"从之。（《明太宗实录》）

① 《黄河年表》备考：黑洋山在原武县北二十里，连阳武县界，黄河旧在开封城北四十余里，本年南移距城五里。时贾鲁故道尚通流，出凤阳者，为大黄河。其出徐州者，为小黄河。嗣后又徙距开封城北十里。（《淮系年表》）河由黑洋山下颍州入淮，即宋时闵河故道。（《治水述要》）改流从汴梁北五里许由凤阳入淮者，为大黄河，其支流出徐州以南者，为小黄河，以通漕运。（《明史·河渠志》）

② 《黄河年表》备考：永乐四年八月修阳武黄河决岸。（《明史·河渠志》）

③ 《黄河年表》将《明史·河渠志》资料引用为"八月丁亥河决，开封城三面受水。"并在"备考"中根据《淮系年表》指出"先是河决，经开封城北五里，至是，又南溢坏城，拥蔡水入陈州。"《黄河水利史述要》中将决溢地点标为"开封"。笔者认为，此处开封为开封府，决溢地点不应为开封城，可能为荥阳城。

④ 这是明代黄河水第一次进入护城堤。

⑤ 这是明代黄河水第二次进入开封城内。

续表

时期		性质	纪事
年代	公元年		
永乐二年	1404	修、决	（九月）丁巳，河南守臣言开封府城为河水所坏。命发军修筑。（《明太宗实录》） 十月，河决开封，坏城。[①]（《明史·五行志一》）
永乐四年	1406	修	修阳武黄河决岸。[②]（《明史·河渠志一》）
永乐七年	1409	修	正月河南陈州卫言："河水冲决城垣三百七十六丈，护城堤岸二千余丈，请以军民兼修。"从之。（《明太宗实录》）
永乐八年	1410	决	秋，河决开封，坏城二百余丈。民被患者万四千余户，没田七千五百余顷。帝以国家藩屏地，特遣侍郎张信往视。信言："祥符鱼王口至中滦下二十余里，有旧黄河岸，与今河面平。浚而通之，使循故道，则水势可杀。"因绘图以进。（《明史·河渠志一》） 五月至八月淫雨，黄河泛溢坏开封旧城，被患者万四千一百余户，没田七千五百余顷，遣户部安抚之。[③]（光绪《祥符县志》卷6《河渠》）
永乐九年	1411	修	七月，河复故道，自封丘金龙口，下鱼台塌场，会汶水，经徐、吕二洪南入于淮。是时，会通河已开，黄河与之合，漕道大通，遂议罢海运，而河南水患亦稍息。（《明史·河渠志一》） 已而决阳武中盐堤，漫中牟、祥符、尉氏。[④]工部主事蔺芳按视，言："堤当急流之冲，夏秋泛涨，势不可骤杀。宜卷土树椿以资捍御，无令重为民患而已。"又言："中滦导河分流，使由故道北入海，诚万世利。但缘河堤埽，止用蒲绳泥草，不能持久。宜编木为囤，填石其中，则水可杀，堤可固。"诏皆从其议。（《明史·河渠志一》） 三月，命侍郎张信浚黄河故道。按信至询访故老，得祥符鱼王口至中湾二十余里，有旧黄河岸与今河面平，浚而通之，俾循故道则水势可杀，遂绘图以进。诏发河南民丁十万，命兴安伯徐亨、工部侍郎蒋廷瓒率运木夫同侍郎金纯相度治之。（光绪《祥符县志》卷6《河渠》） 秋八月新港成，河复故道。按七月已酉浚河工竣，凡役民丁十一万四百有奇。自是，河循故道与会通河合，而水患稍息矣。（光绪《祥符县志》卷6《河渠》） 乃于城之西北三十里，自大河北岸复开新河，导其水于中滦，东入黄河故道。（李濂《汴京遗迹志》卷5《河渠一》）
永乐十年	1412	决	（六月辛未）初，河南阳武县言："河决中盐堤二百二十余丈，漫流中牟、祥符、尉氏诸县。中盐堤与武县大宾堤，皆河流之冲，屡塞屡决。"上遣工部主事蔺芳按视。至是芳言："堤当急流之冲，夏秋之交，雨水泛涨，往往决弛，请依新开河岸卷土为埽，树椿捍御之，庶不至重为民患。"从之。（《明太宗实录》） （九月）工部主事蔺芳言："……缘河新筑护岸埽座，止用蒲绳泥草，不能经久。臣愚以为若用木编成大囤若栏圈然，置之水中，以椿木钉之，中实以石，却以横木贯于椿表，牵筑堤上，则水可以杀，堤可以固……"从之。[⑤]（《明太宗实录》）

① 这是明代黄河水第二次进入护城堤。

② 《黄河年表》备考：修洪武二十五年未竟之功。

③ 这是明代黄河水第三次进入护城堤。

④ 此条史料《明史·河渠志》并未指出河决的具体年份，《黄河水利史述要》列为永乐九年。《黄河年表》和《黄河流域大水决溢年表》中根据《明实录》列为永乐十年。

⑤ 《黄河年表》备考：兰芳与张信同用木囤，即王延世竹络遗法也。（《河南通志》）

续表

时期		性质	纪事
年代	公元年		
永乐十一年	1413	修	（十一月）戊寅……修河南荥泽县大宾河堤。（《明太宗实录》）
永乐十二年	1414	溢、修	（八月）辛亥黄河溢，坏河南土城二百余丈……遣官修筑。（《明太宗实录》） （闰九月）甲子……修河南开封府土城堤岸百六十余丈。（《明太宗实录》） 秋八月，河溢坏开封府土城二百余丈。（光绪《祥符县志》卷6《河渠》）（第四次入护城堤）
永乐十四年	1416	决	决开封州县十四，经怀远，由涡河入于淮。（《明史·河渠志一》） （七月）壬寅，河南开封等府十四州县淫雨，黄河决堤岸，没民居田稼。（《明太宗实录》） 河决开封，经怀远县由涡河入淮。[①]（《淮安府志》）
永乐十六年	1418	溢	（十月）甲申……行在工部言：河南黄河溢，决埽座四十余丈，命遣官修筑。（《明太宗实录》）
永乐二十年	1422	浚	（十月）壬寅，工部言："河南开封府仁和门外土城堤旧离黄河五里余，河自边村经独乐冈南入淮。北河决而西，荡啮城堤，虽屡修筑，旋复冲决，宜浚故道，以弭其患。"从之。（《明太宗实录》） 工部以开封土城堤数溃，请浚其东故道。报可。（《明史·河渠志一》） 冬十月浚河故道。按工部言开封府仁和门外土城，离黄河五里余，河自边村经独乐冈南入淮。比河决而西，荡啮城堤，虽屡修筑，旋复冲决，宜浚故道，以免灾患。从之。（光绪《祥符县志》卷6《河渠》）
永乐二十一年	1423	溢	（五月）癸未，户部尚书郭资言："河南开封府、归德、睢州、祥符、阳武、中牟、宁陵、项城、永城、荥泽、太康、西华、兰阳、原武、封丘、通许、陈留、洧川、杞县及南阳府内乡，卫辉府新乡、获嘉、汲、淇、辉县，并凤阳府宿州去年夏秋淫雨，黄河泛溢，并伤田稼。"（《明太宗实录》）
永乐二十二年	1424	溢	九月庚辰，以河南黄河泛溢，祥符、陈留、鄢陵、太康、阳武、原武诸县，多伤禾稼，敕免今年税粮。（《行水金鉴》） 秋九月，河溢祥符、陈留诸县，诏免田租，遣官赈恤。（光绪《祥符县志》卷6《河渠》）
宣德元年	1426	溢	六、七月河南雨，河溢郑州、阳武、中牟、祥符、兰阳、荥泽、陈留、封丘、鄢陵、原武九县。[②]（《明实录》） 七月，河溢郑州及阳武、中牟、祥符、兰阳、荥泽、陈留、封丘、鄢陵、原武九县。（《淮系年表》） 霪雨，溢开封州县十。（《明史·河渠志一》） 黄、汝二河溢开封府之郑州及阳武、中牟、祥符等处共九县，漂没田庐。（光绪《祥符县志》卷6《河渠》）
宣德三年	1428	溢	（九月丙子）河南开封之郑州，祥符、陈留、荥阳、荥泽、阳武、临颍、鄢陵、杞、中牟、洧川十县……江水泛溢。（《明宣宗实录》） 秋九月，河溢开封之郑州、祥符等处凡十县，诏免田租。按次年六月巡抚侍郎于谦奏开封府祥符、中牟等处凡八县去年黄水冲决堤岸，湮没田舍，乞豁免租税。从之。（光绪《祥符县志》卷6《河渠》） 九月二十七日，祥符、陈留等县各奏，久雨，河溢。（《开封市郊区黄河志》）

① 《黄河年表》备考：其出徐州淮安者，仍为小黄河。（《淮系年表》）

② 《黄河流域大水决溢年表》备注：是时东流故道仍过水。

续表

时期		性质	纪事
年代	公元年		
宣德六年	1431	溢	从河南布政使言，浚祥符抵仪封黄陵冈淤道四百五十里。是时，金龙口渐淤，而河复屡溢开封。(《明史·河渠志一》)
宣德七年	1432	溢	(七年六月乙卯)巡抚侍郎于谦奏："开封府祥符、中牟、尉氏、扶沟、太康、通许、阳武、夏邑八县，去年七月黄河泛溢，冲决堤岸，淹没官民田五千二百二十五顷六十五亩。"(《明宣宗实录》)
正统元年	1436	决	(七月)河南开封府、广东潮州府各奏："淫雨连绵，河堤冲决……"(《明英宗实录》) 秋七月，河决开封堤岸，伤稼。按二年四月巡抚于谦奏开封、河南、卫辉、怀庆、彰德五府所属州县自去年闰六月天雨连绵，河水泛溢，其粮租乞为豁免，从之。(光绪《祥符县志》卷6《河渠》)
正统二年	1437	决	(六月庚辰)河南开封府各奏：自四月至五月阴雨连绵，河、淮泛涨，民居禾稼，多致漂没。(《明英宗实录》) (九月己酉)开封府阳武、原武、荥泽三县，秋雨涨漫，决堤岸三十余处，有司请发民夫二万军余一千协力修筑，从之。(《明英宗实录》) 筑阳武、原武、荥泽决岸。(《明史·河渠志一》)
正统三年	1438	决	(七月)开封府阳武县黄河决。(《明英宗实录》) 河复决阳武及邳州，灌鱼台、金乡、嘉祥。(《明史·河渠志一》)
正统四年	1439	溢	六月淫雨，开封、卫辉、彰德三府河涨，漂民居伤稼。(《河南通志》)
正统五年	1440	溢	七月，开封、彰德诸府自五月至七月淫雨河涨。(《河南通志》)
正统八年	1443	溢	(秋七月甲子)久雨，黄河、汴水泛溢，坏堤堰甚多。诏随宜浚筑之。(《明英宗实录》)
正统九年	1444	溢	七月戊寅……河南开封……奏河溢。(《明英宗实录》) 四年、五年、八年、九年伏秋开封境俱奏河水溢成灾，八年汴水亦溢。(《明英宗实录》)
正统十年	1445	决	(十月辛亥)河南睢州、磁州、祥符、杞县、阳武、原武、封丘、陈留……河决淹没民田屋宇。(《明英宗实录》) 夏，河决祥符、原武、阳武、封丘、陈留、睢州、杞县等处，命所司修筑。(《淮系年表》) 九月河决金龙口阳谷堤张家黑龙庙口，溢入祥符，湮没民田，诏河南三司率夫修之。(光绪《祥符县志》卷6《河渠》)
正统十一年	1446	修	河南巡抚于谦领导修治开封黄河大堤和护城堤。铸镇河铁犀，置于开封城东北回龙庙（今北郊铁牛村）。①(《开封市志·综合册》)
正统十二年	1447	决	(原武)北有黑阳山，下临大河。洪武二十四年，河决于此。正统十二年复决焉。(《明史·地理志三》)
正统十三年	1448	决	(七月己酉)河决河南八柳树口，漫流山东曹州、濮州，抵东昌，坏沙湾等堤。(《明英宗实录》) 二月，武兴请浚太黄寺巴河淤塞，仍分黄河水以济徐吕二洪。(《淮系年表》) 五月河决陈留县金村堤及黑潭南岸。既筑复决。命军夫协力修筑之。(《河南通志》)

① 开封市地方史志办公室编：《开封市志·综合册》，北京：北京燕山出版社，2004年，第46页。

续表

时期		性质	纪事
年代	公元年		
正统十三年	1448	决	夏，河北决荥阳、阳武，寻自荥泽县孙家渡决而南，正流徙汴城西南，经杞县南境，自睢亳入涡，至怀远入淮。[①]（《淮系年表》） 七月河大决新乡八柳树口，从原武黑洋山后由故道东经延津封丘，漫流山东曹州濮州，抵东昌，冲张秋，溃沙湾，坏运道合大清河入海。会通河淤，徐吕二洪浅涩，遣官修塞，七载弗绩。[②]（《淮系年表》） 自正统十三年改流为二。一自新乡八柳树，由故道东经延津、封丘入沙湾。一决荥泽，漫流原武，抵开封、祥符、扶沟、通许、洧川、尉氏、临颍、郾城、陈州、商水、西华、项城、太康。没田数十万顷，而开封患特甚。（《明史・河渠志一》） 河决荥泽，由郑州、中牟、祥符、陈留，东入涡口，汴河以塞。按自是年河决陈留金村堤，徙经开封府西北荥泽县孙家渡口入汴河，至寿州入淮。是年又溢荥阳，东过开封城西南，自是开封城在河北矣。河流经陈留入涡口，复经蒙城至怀远东北，而远于淮。至景泰七年始塞沙堤，张秋运道复完。（光绪《祥符县志》卷6《河渠》） 河决荥阳，东过城西南，而城遂在河北。（《明史・地理志三》） （荥泽）东南有孙家渡，正统十三年，大河决于此。（《明史・地理志三》）
正统十四年	1449	修	至三月，永和浚黑洋山西湾，引其水由太黄寺以资运河。（《明史・河渠志一》）
景泰二年	1451	决	开封府报告：今夏久雨，河堤冲决。（《开封市黄河志》） 命工部尚书石璞往治……璞治，浚黑洋山至徐州以通漕，而沙湾决口如故。（《明史・河渠志一》）
景泰三年	1452	修	（四月）迁河南原武县治，先是黄河决县治城垣，学舍俱沦没。古卷县址，去旧治十余里，地颇高爽，乃迁于其处。（《行水金鉴》）
景泰四年	1453	修	时河南水患方甚，原武、西华皆迁县治以避水。（《明史・河渠志一》） （六月）巡抚河南右都御史王暹奏："黄河旧从开封北转流东南入淮，不为害。自正统十三年改流为二：一自新乡八柳树决，由故道东经延津、封丘入沙湾。一决荥泽，漫流原武，抵开封、祥符、扶沟、通许、洧川、尉氏、临颍、郾城、陈州、商水、西华、项城、太康等处，没田数十万顷，而开封为患特甚。虽尝于城西沿河筑小堤，内又筑大堤，皆约三十余里，然沙土易坏，随筑随决。往岁久雨已没小堤，今岁复坏大堤之半，不即修塞，必及城垣，其害非小。臣会同三司计议，请于不被灾府卫州县起遣军夫，倍筑大堤。用防后艰。"从之。（《行水金鉴》） （八月）钟成奏："黄河冲决，被其患者尤莫甚于原武县，盖原武北自旧黄河黑洋山界，南自古汴河陈桥铺界相去五十余里，水皆浸灌，县治居其中于今已六年矣……乞敕有司，疏浚筑塞，以消水患……"从之。（《行水金鉴》） 命官塞沙湾决口，乃更作九堰八闸，以制水势。复于开封府金龙口、铜瓦厢等处开渠二十里以引河水东北入运河。按巡抚王暹奏黄河旧从开封府北转流东南入淮，尚不为害。自正统十三年改流为二：一自新乡入柳树决，

① 《黄河年表》备考：河决而南，归德又在河北。（《清一统志》）景泰四年（1453年）黄士俊奏：臣经过河南见黄河一派自荥泽县南流入项城县界，一派自新乡县八柳树北流，入张秋会通河。（《景帝实录》）由是观之，则由涡入淮之流，不久即行淤塞矣。孙家渡在荥泽县东南五十里。是时中牟开封遂在河北，景泰复始中故。

② 《黄河年表》备考：《清一统志》云：先是河经原武县北，至是改经县南。按新乡县在阳武县北。张秋沙湾均会通河所经，张秋在东阿县西南，沙湾在寿张县东北，北去张秋十二里。大河自正统以后，决塞不一，颍蔡五丈诸流尽失，封丘金龙口以东，贾鲁故道亦就湮淤。

续表

时期		性质	纪事
年代	公元年		
景泰四年	1453	修	由故道东经延津、封丘，入沙湾会通河；一自荥泽漫流原武、开封，由扶沟、通许、洧川、尉氏、临颍、郾城、陈州、西华、项城、太康等处，皆经六七州县，约有二千余里，沙土易坏，不即修筑必及城垣，请于不被灾府卫州县起遣军夫倍筑大堤，以防后患。从之。（光绪《祥符县志》卷6《河渠》）
景泰五年	1454	修	（八月）巡按河南监察御史张澜奏："原于原武县黄河东岸开二河，合黑洋山旧河道，引水济徐、吕二洪，今黄河改决而北，其新开一河淤塞不通。臣恐徐、吕乏水，有防漕运，请于黑洋山北黄河迂回之处，自其缺口改挑一河以接旧道，用灌徐、吕，其工可二万人，其期可一月完。"从之。（《明英宗实录》）
景泰六年	1455	决	（夏六月癸未）河决河南开封府高门堤二十余里，诏三司督军夫积物料修筑之。[①]（《明英宗实录》）
景泰七年	1456	决	夏，河南大雨，河决开封、河南、彰德。（《明史·河渠志一》）
天顺元年	1457	修	修祥符护城大堤。（《明史·河渠志一》） （十月庚子）河南开封府原武、荥泽二县各奏：今年六月以来，天雨连绵，黄河泛滥，田禾俱被淹没。（《明英宗实录》） 三月，工部奏河南祥符县护城大堤冲决千余丈，不即修筑，恐妨城垣，请令三司于无灾州县起夫修筑。从之。（光绪《祥符县志》卷6《河渠》）
天顺三年	1459	溢	（三年六月戊辰）户部奏：河南开封府所属祥符等四县天顺二年雨多河溢，淹没民田四千六百三十二顷。（《明英宗实录》） 三年户部奏开封府所属祥符等县，因天顺二年河水没民田一千六百三十二顷，应免秋粮。从之。（光绪《祥符县志》卷6《河渠》）
天顺四年	1460	决	河南开封……诸府各奏：六月间骤雨，河堤冲决，禾稼伤损。（《明英宗实录》）
天顺五年	1461	徙、决	六月大雨，武陟河直入原武，迁城。（《原武县志》） 七月，河决汴梁土城，又决砖城，城中水丈余，坏官民舍过半。周王府宫人及诸守土官皆乘舟筏以避，军民溺死无算。襄城亦决县城。命工部侍郎薛远往视，恤灾户、蠲田租，公廨民居以次修理。（《明史·河渠志一》） 七月，河决开封土城，筑砖城御之。越三日，砖城亦溃，水深丈余……城中死者无算。[②]（《明史·五行志一》） 上特命工部右侍郎琼台薛君远往拯治之。乃命官督夫下椿捲埽作截水堤二百四十余丈，浃旬堤就，决口绝流，而水趋故道，盖首事于是年九月十二日，而以明年二月二十六日辍工。（《行水金鉴》） 七月初四日，河决开封城，命工部侍郎薛远塞之。按是年河自武陟徙入原武，而获嘉之流，遂绝。[③]（光绪《祥符县志》卷6《河渠》）
天顺六年	1462	修	河自武陟徙入原武，而获嘉之流塞。（乾隆《原武县志》） 春二月，作石牐成。按宋时，近城者惟汴、蔡诸水，黄河流远经城之东北，以达于海。元时，河始南徙逼城，流合汴泗入淮。正统时，亦常分决张秋口，东北入海。其后，复东南入淮如故。天顺五年客水暴至，突入城北门，水深丈余，官民舍宇尽没，上遣薛君远往拯治之。先于决口上流作截水堤二百四十余丈，水趋故道，复于土城东起独峦冈，讫猫儿冈，凿渠

① 黄河主流南入淮。

② 《黄河年表》备考：河决大梁，邑被水。（《扶沟县志》）

③ 黄河水第三次进入开封城内。

续表

时期		性质	纪事
年代	公元年		
天顺六年	1462	修	二千三百七十八丈，引水东注。复于土城东南扬州门，浚旧渠，起太平冈直抵陈留，渠长一万二千四百八十丈，以泄城中积水。又筑路于大梁、仁和等三门，以通车马。又作牐于扬州门以限内外之水，功竣，吕原作记志之。（光绪《祥符县志》卷6《河渠》） 二月，开祥符曹家溜，河势稍平。（《明史・河渠志一》） （获嘉）大河旧在县南。天顺六年中，河自武陟徙入原武，而县界之流绝。（《明史・地理志三》）
天顺七年	1463	修	（二月）河南布政司照磨金景辉考满至京奏："黄河国初在封丘，后徙康王马头，去城北三十里。复有二支河：一由沙门注运河，一由金龙口达徐吕二洪入海。正统戊辰决荥泽，转趋城南，并流入淮。旧河支河俱湮，漕河因而浅涩。景泰癸酉因水逼城，命筑堤四十余里，劳费过甚，而水发，辄复轻溃。然尚未至决城壕为人害也。至天顺辛巳水暴至，土城既决，砖城随崩，公私庐舍尽没，男妇溺死不可胜纪……皇上悯视元元，遣工部右侍郎薛远往治。虽稍平复，而人心尚尔疑惧……伏乞……先以金龙口河开浚宽阔，俾水流通以接漕河。仍相度旧河，或令有泄水之处，请求古法，酌为时宜，而兴工开挑，不必计其速成，务为经久之计。"（《明英宗实录》）
成化三年	1467	修	九月部臣会议，仍置官治理河南脾沙冈，引水接济徐吕。[①]（《淮系年表全编》）
成化四年	1468	决	河决祥符，漫溢至杞县，造成灾荒。（《开封市黄河志》）
成化五年	1469	决	河决开封杏花营。（《开封市黄河志》）
成化十三年	1477	溢	春，河南黄河溢，淹睢州等地。（《明实录》） 今岁首黄河水溢，淹没民居，弥漫田野。（《明宪宗实录》）
成化十四年	1478	决	春三月，河决祥符县杏花营。按是年河又决延津，南徙入封丘，而延津遂无河矣。秋九月黄河水冲决开封府护城堤，居民被灾者五百余家。按巡抚李衍奏：河南地方，累有河患，皆由下流淤塞，以致冲决。请自开封府西南隅新城下抵梁家浅旧河口七里，疏浚壅塞，以泄杏花营上流水势。又自八角河口直抵南顿，分道散漫，以免祥符、鄢陵诸县及睢、陈、归德诸州湮没。其冲决堤口，则俟水落时，兴工修筑。从之。（光绪《祥符县志》卷6《河渠》） （九月癸亥）黄河水溢，冲决开封府护城堤五十丈，居民被灾者五百余家。（《明宪宗实录》） 七月河决延津西綦村，泛溢七十余里。（《河南通志》） 河决开封，坏护城堤五十丈。[②]（《明史・河渠志一》） （十一月）巡抚河南右副都御史李衍等奏："河南地方，累有河患，皆由下流壅塞，以致冲决散漫，淹没民居。今宜自开封西南地名新城下抵梁家浅旧河口七里，疏浚壅塞，以泄杏花营上流水势。又自八角河口直抵南顿分道散漫，以免祥符鄢陵诸县，睢陈归德诸州淹没。其冲决堤口，则俟水落之日，兴工修筑。"工部覆奏。上仍命衍等斟酌行之。（《明宪宗实录》）（第五次入护城堤）
成化十五年	1479	徙	正月迁荥泽县治以避水，而开封堤不久即塞。（《明史・河渠志一》） 河徙，经县南入封丘界。（《延津县志》）延津之流遂绝。[③]（《淮系年表全编》）

① 《黄河年表》备考：脾沙冈在阳武县境。

② 《黄河年表》备考：邑大水。（《扶沟县志》）

③ 《黄河年表》备考：《方舆纪要》云，河旧道自延津折而东北经汲县东南十七里，又东北经胙城县北一里，按延津县东北至胙城四十五里。（《淮系年表》）

续表

时期		性质	纪事
年代	公元年		
成化十七年	1481	决	河决开封。(《开封市黄河志》)
成化十八年	1482	溢	五月丁巳，河南开封府州县黄河溢，淹没禾稼。(《明宪宗实录》) 夏，河溢开封府州县，水围汴梁城，城几垫，增筑汴堤。(《淮系年表全编》) 河决太康。岑仲勉(《黄河变迁史》)
弘治二年	1489	决	(五月)河南守臣奏："河决开封黄沙冈、苏村、野场，至洛里堤、莲池、高门冈、王马头、红船湾六处。又决埽头五处，入沁河。所经郡县多被害，而汴梁尤甚。"[①](《明孝宗实录》) 五月，河决开封及金龙口，入张秋运河，又决埽头五所入沁。郡邑多被害，汴梁尤甚，议者至请迁开封城以避其患。布政司徐恪持不可，乃止。命所司大发卒筑之。(《明史·河渠志一》) 夏五月，河决开封府黄沙冈、苏村野场至洛里堤、莲池、高门冈、王马头、红船湾等处，又决后头等处入沁河。按时议欲迁汴城以避水患。是时，河复徙，从开封城东北流，巡按御史陈宽奏止之，不果行。命侍郎白昂导河由寿入淮。按是年河决支河为三：其一决封丘金龙口，漫于祥符、长垣，下曹、濮，冲张秋；其一出中牟，下尉氏；其一泛滥于兰阳、仪封、考城、归德，以至宿迁。命刑部尚书曰昂治之，役丁夫二十五万，塞金龙口，于荥泽开渠导河，由陈颍至寿州达于淮。又筑堰于徐兖瀛沧之间，以杀河势。(光绪《祥符县志》卷6《河渠》)
弘治三年	1490	修	三年正月，(白)昂上言："……上源决口，水入南岸者十三，入北岸者十七。南决者，自中牟杨桥至祥符界析为二支：一经尉氏等县，合颍水，下涂山，入于淮；一经通许等县，入涡河，下荆山，入于淮。又一支自归德州通凤阳之亳县，亦合涡河入于淮。北决者，自原武经阳武、祥符、封丘、兰阳、仪封、考城，其一支决入金龙等口，至山东曹州，冲入张秋漕河。去冬，水消沙积，决口已淤，因并为一大支，由祥符翟家口合沁河，出丁家道口，下徐州。[②](《明史·河渠志一》) 白昂治河，役夫二十五万，筑阳武至仪封数县长堤，以防张秋。引中牟决河，自荥泽杨桥经朱仙镇下陈州，由涡颍达淮。修汴堤，浚古汴河下徐州入泗。又浚睢河自归德饮马池，经符离至宿迁小河口以会漕河。[③](《淮系年表全编》)
弘治四年	1491	溢、决	(十月)戊午黄河溢，命有司量赈开封、怀庆二府，及归德、宣武、睢阳三卫被灾之家。(《明孝宗实录》) 是年，河决兰阳。(张文魁墓志)
弘治五年	1492	决	七月，河大决黄陵冈荆隆口，决数道，北犯张秋，掣漕河与汶水合。其荥泽及归德入淮之口尽淤，旧白昂所规画一时皆废。[④](《淮系年表全编》) 夏四月，河溢汴梁之东兰阳郓城诸县皆被其害，又决金龙口东注溃黄陵冈

① 《黄河年表》备考：陈州被害。(《淮阳县志》)

② 《黄河年表》备考：经仪封考城一支，东出归德以至于宿。冲入张秋运河之一支，奔注于海。封丘县西南有古黄池，再南即金龙口距城三十余里。张秋镇在沙湾北十二里。丁家道口在归德东北三十余里。时故河自汴城西南杏花营，入涡河之道全淤。(《淮系年表》)江荆口并陈留通许二县俱淤浅。(《明会典》)

③ 《黄河年表》备考：于北流所经七县筑为堤岸以卫张秋。(《明孝宗实录》)亘三百余里。(《山东通志》)合沁水而入于徐者，则以河道浅隘不能容受，方有湮没之虞。(《明孝宗实录》)康敏治开封诸决，不能安流于数岁之后，盖分水不可常恃也。(《河渠纪闻》)

④ 《黄河年表》备考：河南兰阳、考城，山东曹县、郓城等处俱被淹没。(《明孝宗实录》)

续表

时期		性质	纪事
年代	公元年		
弘治五年	1492	决	下张秋，侍郎陈政督夫九万治之。按河之入海，自碣石而千乘，自千乘而入淮。前年河决兰阳，遂又由汴矣，此河之三大迁也。（光绪《祥符县志》卷6《河渠》） 七月，河势北趋，自祥符孙家口、杨家口、车船口、兰阳铜瓦厢决为数道，冲黄陵冈，犯张秋戴家庙，掣漕河与汶水合而北行。（岑仲勉《黄河变迁史》）
弘治六年	1493	修	二月以刘大夏为副都御史，治张秋决河。大夏谓，宜疏治上流黄陵冈孙家渡。工方兴，张秋复决东堤百丈，漕舟艰阻，乃于张秋决口开越河，引舟济运，及冬水落始为塞决计。乃亲行相视溃决之源。浚黄陵冈南贾鲁旧河四十余里，由曹出徐以杀水势，浚荥泽孙家渡口别凿新河七十余里，导水南行，由中牟下陈颍，浚祥符四府营淤河二十余里，由陈留至归德分为二派：一出宿迁小河口，一出亳涡。各道俱入淮。然后筑塞张秋决口，缭以石堤，亘十余里，堤南北两端，议各建滚水石坝以防不测，经营二年，河势南趋，遂筑塞上流黄陵冈荆隆口，大筑新旧长堤，河工告成。①（《淮系年表全编》） 河灌中牟县城。（民国《中牟县志》） 春二月侍郎陈政卒于官。夏河决黄陵冈，遣都御使刘大夏、太监李兴、平江伯陈锐治之……又按弘治二年河徙汴城，东北过沁水，溢流为二：一由祥符千家店经兰阳、归德至徐邳入淮；一由荆隆口黄陵冈东经曹濮入张秋，运道阻绝。遂令刘大夏等凿荥阳孙家渡口河道七十余里，浚祥符四府营淤河二十余里，以达淮。复疏贾鲁旧河四十余里，由曹县粮口出徐州运河。初河南诸口之塞，惟黄陵冈口屡塞复决，故筑长堤三重以护之，东西各三百余里，河复南循故道，分为二派：一由中牟历汴至颍；一由陈留至归德，由涡入淮。功成，命大学士刘健作记勒石河上。（光绪《祥符县志》卷6《河渠》）
弘治七年	1494	修	五月命太监李兴、平江伯陈锐往同大夏共治张秋……于是即决口西南开越河三里许，使粮运可济，乃浚仪封黄陵冈南贾鲁旧河四十余里，由曹出徐，以杀水势。又浚孙家渡口，别凿新河七十余里，导使南行，由中牟、颍川东入淮。又浚祥符四府营淤河，由陈留至归德分为二。一由宿迁小河口，一由亳涡河，俱会于淮。（《明史·河渠志一》）
弘治八年	1495	修	乃以八年正月筑塞黄陵冈及荆隆等口七处，旬有五日而毕。盖黄陵冈居安平镇之上流，其广九十余丈，荆隆等口又居黄陵冈之上流，其广四百三十余丈。河流至此宽漫奔放，皆喉襟重地。诸口既塞，于是上流河势复归兰阳、考城，分流迳徐州、归德、宿迁，南入运河，会淮水，东注于海，南流故道以复。而大名府之长堤，起胙城，历滑县、长垣、东明、曹州、曹县抵虞城，凡三百六十里。其西南荆隆等口新堤起于家店，历铜瓦厢、东桥抵小宋集，凡百六十里。大小二堤相翼，而石坝俱培筑坚厚，溃决之患于是息矣。帝以黄陵冈河口功成，敕建黄河神祠以镇之，赐额曰昭应。其秋，召大夏等还京。荆隆即金龙也。（《明史·河渠志一》）

① 《黄河年表》引用《淮系年表》中的这段史料，列为弘治六年，可能不对。六年二月刘大夏被任命为副都御史，治张秋运河。整个工程工期为六年二月至八年正月，在七年十二月筑塞张秋决口工成，八年正月又筑塞黄陵冈及荆隆等口七处。

续表

时期		性质	纪事
年代	公元年		
弘治九年	1496	决	（十月）戊戌，户部奏：河南中牟、兰阳、仪封、考城四县，以河决民田尽没。（《明孝宗实录》） 考城县境东来水势径冲贾鲁河，曹县梁靖口水溢大堤，遂于贾鲁河东岸筑小堤护之。[①]（《淮系年表全编》） （洧川）东南有南席店，弘治九年，河入栗家口，南行经此。（《明史·地理志三》）
弘治十一年	1498	修	河南管河副使张鼐言："臣尝请修筑侯家潭口[②]决河，以济徐、吕二洪。今自六月以来，河流四溢，潭口决啮弥深，工费浩大，卒难成功。臣尝行视水势，荆隆口堤内旧河通贾鲁河，由丁家道口下徐、淮，其迹尚在。若于上源武陟木栾店别凿一渠，下接荆隆口旧河，俟河流南迁，则引之入渠，庶沛然之势可接二洪，而粮运无所阻矣。"（《明史·河渠志一》）
弘治十五年	1502		（九月）以河水为患，免河南开封府及直隶归德卫夏粮籽粒有差。（《明孝宗实录》）
正德四年	1509	溢、修	是时，南河故道淤塞，水惟北趋，单、丰之间河窄水溢，决黄陵冈、尚家等口，曹、单田庐多没。（《明史·河渠志一》） 河溢皮狐营，决曹县之温家口、冯家口等处，又北徙至仪封县小宋集而决冲黄陵冈埽坝，溢入贾鲁河，败张家口等处缕水小堤，循运河大堤东南行，而贾鲁河下流淤塞，亦出张家口合而南注，遂决杨家口道，曹单二县城下，直趋丰沛。（《行水金鉴》） 工部侍郎崔岩于祥符董盆口、宁陵五里铺各开地四十里，引水由凤阳达亳州。又浚孙家渡故道十里，引水由朱仙镇至寿州，各入于淮。疏贾鲁旧河四十余里以杀水势，筑梁靖口下埽以防冲决。会霖雨暴涨，台埽尽坏，岩寻以忧去。命李镗代之，镗筑长堤自大名至沛县三百余里。又自荥泽抵永城县，疏通河道，以防溃决，后以兵荒诏还京。（光绪《祥符县志》卷6《河渠》）
正德五年	1510	修、决	（六月）崔岩奏："顷奉命治河，自祥符县董盆口浚四十余里，荥泽县孙家渡浚十余里，贾鲁河浚八十余里，亳州浚四十余里，及长垣诸县决口修筑已渐有绪；曹县外堤梁靖决口未塞者止四丈，为骤雨崩溃。"[③]（《明武宗实录》） 九月，河复冲黄陵冈，入贾鲁河，泛溢横流，直抵丰、沛。（《明史·河渠志一》）
正德八年	1513	决、修	六月，河复决黄陵冈。（《明史·河渠志一》） 六月，复决黄陵冈，自是，开封以南无河患，而河北徐、沛州县，河徙不常。（岑仲勉《黄河变迁史》） 是（赵）璜乃于荥泽东浚分水河，郑州西凿须水河，疏亳州河渠，至是水势渐杀，不为害。（《河南通志》）
嘉靖七年	1528	修	（闰十月）总理河道侍郎潘希曾言："……仍于黄河上流分浚赵皮寨孙家渡二处，夫二水兼通，则横流以杀，而运道可保无虞矣。"工部覆奏，得旨允行。（《明世宗实录》）

① 《黄河年表》备考：明弘治正德间考城县四徙，屡经冲决。（《清一统志》）

② 侯家潭口，在祥符县（今开封市祥符区）。

③ 《黄河年表》备考：按黄河故道，引水由亳州达凤阳，又由朱仙镇至寿州，而各入于淮。（《河南通志》）盖由涡颍入淮之支流早已淤浅也。

续表

时期		性质	纪事
年代	公元年		
嘉靖八年	1529	修	十二月辛未总理河道侍郎潘希曾言："河南仪封县河患已宁……孙家渡口已浚通。"（《行水金鉴》）
嘉靖九年	1530	修	五月，孙家渡河堤成。（《明史·河渠志一》）
嘉靖十一年	1532	修	八月总河戴时宗以黄水溢鱼台，请委鱼台为受水之地，别疏孙家渡、赵皮寨、梁靖口三大支河。（《淮系年表全编》）
嘉靖十二年	1533	修	总河朱裳开梁靖口、赵皮寨、孙家渡三大支河，请缓塞梁靖口迤东由鱼台入运之岔口，以济运河。[①]（《淮系年表全编》）
嘉靖十三年	1534	修	正月，（朱）裳复言：今梁靖口、赵皮寨已通，孙家渡方浚。（《明史·河渠志一》）
嘉靖十四年	1535	修	十二月总理河道都御史刘天和条议治河事宜：其一，河南原武县王村厂增筑月堤一十里，其一孙家渡口当如旧塞闭，其一兰阳县铜瓦厢月堤不必再浚，其一祥符县之盘石口，兰阳县之铜瓦厢，考城县之蔡家口各筑添月堤。从之。（《明世宗实录》）
嘉靖十六年	1537	决	六月，决仪封三家庄，由考城趋归德城下；又决归德北岸郑家口，亦趋归德，二水俱经曹村口入北黄河下二洪。（岑仲勉《黄河变迁史》）
嘉靖十七年	1538	决	河决开封金相寺口，水出地上一丈许。大兴卒塞之，凡三月河堤成。（《李攀龙沧溟集》）
嘉靖十八年	1539	修	总河都御史胡缵宗开考城孙继口、孙禄口黄河支流，以杀归、睢水患，且灌徐、吕，因于二口筑长堤，及修筑马牧集决口。[②]（《明史·河渠志一》）
嘉靖二十年	1541	修	兵部侍郎王以旂开李景高口支河一道，引水出徐济洪。役丁夫七万有奇，八月而成。寻淤。[③]（《河防一览》）
嘉靖二十一年	1542	修、决	又凿野鸡冈上流李景高等口支河三，导河东注，以济二洪。（《明会典》）（六月）巡按山东河南监察御史杨本深赵继本奏：黄河孙继口、李景高口、扈运口俱已疏浚，徐吕二洪水势通行，粮运无阻。（《明世宗实录》）河决封丘陈桥集。（《方舆纪要》）
嘉靖三十六年	1557	决	河决原武，经流山东，决开北大地，由城武、金乡入运。[④]（岑仲勉《黄河变迁史》）
嘉靖三十八年	1559	决	七月河决原武判官村八百丈，水势由中牟经开封西南逼府城，塞之。（《天下郡国利病书》）
隆庆三年	1569	决	七月决沛县，自考城、虞城、曹、单、丰、沛抵徐州俱受其害，茶城淤塞，漕船阻邳州不能进。已虽少通，而黄河水横溢沛地，秦沟、浊河口淤沙旋疏旋壅。（《明史·河渠志一》）

① 《黄河年表》备考：孙家渡在今荥泽，嘉靖癸巳秋，浚百五十里，甲午夏水大涨，一淤而平，此已弃故道难复之明验也。（《问水集》）癸巳十二年，甲午十三年，支分河流，非一劳永逸之策，未必故道之不可复也。

② 岑仲勉《黄河变迁史》将此资料列为十七年，认为《明史》八三作"十八年"，系据报到之日。

③ 《黄河年表》备考：李景高口在兰阳东北十里。（《淮系年表》）《萧县志》作王以旂同周金、郭持平塞野鸡冈，浚李景口。

④ 《黄河变迁史》注：据《集成》引《兖州府志》，张了且的文也称三十六年原武判官村河决。唯《利病书》五十作三十八年七月河决原武判官村，《淮系年表》九从之，疑《利病书》讹"六"为"八"。

续表

时期		性质	纪事
年代	公元年		
隆庆四年	1570	决	秋，河决祥符陶家店。[①]（《天下郡国利病书》）
隆庆六年	1572	修	管堤副使章时鸾筑过南堤自兰阳县赵皮寨至虞城县凌家庄，长二百二十九里有奇。用工五十万七千七百四十一工……秋分而起，未尽十月工成。[②]（《明神宗实录》）
万历五年	1577	决	秋八月河决祥符刘兽医口。（光绪《祥符县志》卷6《河渠》） 河决荆隆口，长垣、东明几于沦没。（《治河前策》）
万历十五年	1587	决	河决祥符刘兽医口，在府城西北三十五里，南岸决兰阳铜瓦厢。决原武，又决封丘荆隆口。冲决长垣大社集，直薄东明。是冬均筑塞。并修长、东二县长堤。（《淮系年表全编》） 七月，开封及陕州、灵宝河决。（《明史·五行志一》） 封丘、偃师、东明、长垣屡被冲决。（《明史·河渠志二》） 夏秋淫雨，瀍洛沁水泛涨，决祥符刘兽医口，溢于铜瓦厢、荆隆口，淮黄合流。（光绪《祥符县志》卷6《河渠》）
万历十六年	1588		十二月添设河南开封府同知一员，筑劄荆隆口。祥符县县丞一员、荥阳县主簿一员，专管河务。（光绪《祥符县志》卷6《河渠》）
万历十七年	1589	决	六月，黄水暴涨，决兽医口月堤，漫李景高口新堤，冲入夏镇内河，坏田庐，没人民无算。十月，决口塞。[③]（《明史·河渠志二》） 夏河决祥符刘兽医口，又漫出李景高口新堤，又冲夏镇内河，至十月塞之。（光绪《祥符县志》卷6《河渠》）
万历十九年	1591	溢	李景高口役溢，随即堵塞。[④]（《开封市志》）
万历二十三年	1595	修	创开中牟河渠及筑吴家堂等堤，中牟知县陈幼学创开本县河五十七道，沟一百三十九道，以泄黄河泛溢之水……又创筑吴家堂等处堤一十六道。（《河南通志》）
万历二十九年	1601	决	河决祥符槐疙疸冈。[⑤]（光绪《祥符县志》卷6《河渠》） （十一月辛酉）工部覆奏江北巡按御史吴从礼疏："……查得张家楼决口尚小，堵塞易就……"（《明神宗实录》）
万历三十四年	1606	决	河决张湾，破护城堤而入陈留，其时未围城也。（蒋湘南《辛丑河决大梁守城书事》）
万历四十四年	1616	决	六月，决开封陶家店、张家湾，由会城大堤下陈留，入亳州涡河。（《明史·河渠志二》） 带管河道陈荐命河南管河道全良范，管河同知徐可大挑河挽水。本年冬决口淤平，加筑大坝，河流复故。（《南河全考》） 河决祥符狼城冈。（光绪《祥符县志》卷6《河渠》）

① 《黄河年表》备考：决在南岸，明年复决。（《淮系年表》）

② 《黄河年表》备考：按此南岸筑堤之始也。黄河经行故道，出大河南岸之北堤，人不呼北堤，呼南老堤。自阳武大决，河徙于南，堤出河北，即以旧时之南堤为北堤，而南堤未设有堤也。（《河渠纪闻》）黄河南岸旧堤自开封境至兰阳赵皮寨止。赵皮寨东经丁家道口至茶城五百里未有堤。（《天下郡国利病书》）

③ 《黄河年表》备考：李景高口在兰阳县西北十里。（《淮系年表》）明年自赵皮寨至李景高口加筑遥堤长二千三百二十九丈。（《南河全考》）

④ 开封市地方志编纂委员会编：《开封市志（第6册）》，北京：北京燕山出版社，2001年，第505页。

⑤ 《黄河年表》备考：实录作河南张家楼决口，在开封府东北。

续表

时期		性质	纪事
年代	公元年		
万历四十七年	1619	决	九月，决阳武脾沙冈[①]，由封丘、曹、单至考城，复入旧河。[②]（《明史·河渠志二》）总河侍郎王佐命河南管河道于本年十一月筑塞之。（《南河全考》）
天启三年	1623	修	开兰阳县曹良口东至仪封县界。（《淮系年表全编》）
崇祯三年	1630	决	河决祥符康家寨，陈留县北被淹。（《开封市黄河志》）
崇祯四年	1631	决	夏，河决原武湖村铺，又决封丘荆隆口，败曹县塔儿湾大行堤。[③]（《明史·河渠志二》） 黄河横决，淹没原武、阳武、封丘、延津四县。（《行水金鉴》）
崇祯九年	1636	决	河决祥符黑冈，御史杨绳武治之，旬日而竣。（光绪《祥符县志》卷6《河渠》）
崇祯十四年	1641	决	七月二十八日河从黄金坝、朱家寨等处决进七八里，冲入土堤。周王发银钱数千，连夜招人堵塞。抚臣高名衡以下皆半夜出城修筑。（《崇祯长编》）
崇祯十五年	1642	决	九月李自成围开封久，明守臣决朱家寨，河灌义军，义军决上游三十里之马家口，二股合流入城，溺死居民数十万。水东南走鄢陵、鹿邑自亳入涡水。（《崇祯长编》） 寇围大梁，汴人死守不降。有献策高巡抚名衡者曰："贼营附大堤，决河灌之，尽为鱼鳖矣……"援兵掘朱家砦口，贼觉觉，移营高岸，多储大航巨筏，反决马家口以灌城。河骤决，声震百里。排城北门入，穿东南门出，流入涡水。涡忽高二丈，士民溺死数十万。（《行水金鉴》） 流贼围开封久，守臣谋引黄河灌之。贼侦知，预为备。乘水涨，令其党决河灌城，民尽溺死。总河侍郎张国维方奉诏赴京，奏其状。山东巡抚王永吉上言："黄河决汴城，直走睢阳，东南注鄢陵、鹿邑，必害亳、泗，侵祖陵，而邳、宿运河必涸。"帝令总河侍郎黄希宪急往捍御，希宪以身居济宁不能摄汴，请特设重臣督理。命工部侍郎周堪赓督修汴河。（《明史·河渠志二》） 十二月命工部侍郎周堪赓修治决河，发银十万两，期以二月竣工。（《河南通志》） 秋九月河决祥符城北门，出曹宋二门，南入于涡。按流贼围开封久，守臣谋引河灌贼，贼知预为备，反令其党刘都古决河灌城，水与城平，周王走磁州，巡抚高名衡、抚官黄澍俱北渡，士民溺死无数，水大半入泗、入涡、入淮，邳、亳皆灾。（光绪《祥符县志》卷6《河渠》） 冬十二月命工部侍郎周堪赓募夫塞之。按侍郎周堪赓上言河之决口有二：一为朱家寨，宽二里许；一为马家口，两口相距三十里，怒涛千顷，工力难施，必广浚旧渠数十里，分杀水势，然后备锸可措。至四月塞朱家寨口，以修堤四百余丈，马家口工未就，忽冲东岸诸埽。至六月堪赓言马家决口百二十丈，两岸皆筑四之一，中间七十余丈，水深流急，请俟霜降后兴工，上仍趣之。[④]（光绪《祥符县志》卷6《河渠》）

① 《黄河年表》备考：脾沙冈在阳武县东南三十里。（《淮系年表》）

② 《黄河变迁史》注：考城疑是虞城。

③ 《黄河年表》备考：六年始塞。（《河南通志》）

④ 黄河水第四次进入开封城内。

续表

时期		性质	纪事
年代	公元年		
崇祯十六年	1643	修	二月，堪赓上言："河之决口有二：一为朱家寨，宽二里许，居河下流，水面宽而水势缓；一为马家口，宽一里余，居河上流，水势猛，深不可测。两口相距三十里，至汴堤之外，合为一流，决一大口，直冲汴城以去，而河之故道则涸为平地。怒涛千顷，工力难施，必广浚旧渠，远数十里，分杀水势，然后畚锸可措。顾筑浚并举，需夫三万。河北荒旱，兖西兵火，竭力以供，不满万人，河南万死一生之余，未审能应募否？是不得不借助于抚镇之兵也。"乃敕兵部速议，而令堪赓刻期兴工。至四月，塞朱家寨决口，修堤四百余丈。马家口工未就，忽冲东岸，诸埽尽漂没。堪赓请停东岸而专事西岸。帝令急竣工。(《明史·河渠志二》) 六月，堪赓言："马家决口百二十丈，两岸皆筑四之一，中间七十余丈，水深流急，难以措手，请俟霜降后兴工。"已而言："五月伏水大涨，故道沙滩壅涸者刷深数丈，河之大势尽归于东，运道已通，陵园无恙。"疏甫上，决口再溃。帝趣鸠工，未奏绩而明亡。(《明史·河渠志二》)

四、清代开封

清代开封府的辖境，变化很大，现根据《清代政区沿革综表》整理成附表 1-5。

附表 1-5　清代开封府政区沿革表

时间	统领州县	数量
清初至雍正二年（1724）	祥符（附郭）、陈留、杞县、通许、尉氏、洧川、鄢陵、中牟、兰阳、密、新郑、荥阳、荥泽、河阴、汜水、原武、延津、商水、西华、项城、沈丘、临颍、襄城、郾城、长葛、太康、扶沟、阳武、封丘、仪封	30
雍正二年八月癸巳（1724.10.9）	祥符（附郭）、陈留、杞县、通许、尉氏、洧川、鄢陵、中牟、兰阳、太康、扶沟、阳武、封丘、仪封	14
雍正十二年八月辛酉（1734.9.15）	祥符（附郭）、陈留、杞县、通许、尉氏、洧川、鄢陵、中牟、兰阳、阳武、封丘、仪封、荥阳、荥泽、河阴、汜水	16
乾隆六年十二月十六日（1742.1.22）	祥符（附郭）、陈留、杞县、通许、尉氏、洧川、鄢陵、中牟、兰阳、阳武、封丘、仪封、荥阳、荥泽、河阴、汜水、禹州、密、新郑	19
乾隆二十九年十二月丙戌（1764.12.31）	祥符（附郭）、陈留、杞县、通许、尉氏、洧川、鄢陵、中牟、兰阳、阳武、封丘、仪封、荥阳、荥泽（河阴并入）、汜水、禹州、密、新郑	18
乾隆四十八年（1783）	祥符（附郭）、陈留、杞县、通许、尉氏、洧川、鄢陵、中牟、兰阳、仪封、荥阳、荥泽、汜水、禹州、密、新郑	16
乾隆四十九年（1784）	祥符（附郭）、陈留、杞县、通许、尉氏、洧川、鄢陵、中牟、兰阳、仪封（县改厅）、荥阳、荥泽、汜水、禹州、密、新郑	16
道光四年十二月己巳（1825.1.29）	祥符（附郭）、陈留、杞县、通许、尉氏、洧川、鄢陵、中牟、兰仪（仪封厅并入兰阳，改名）、荥阳、荥泽、汜水、禹州、密、新郑	15

续表

时间	统领州县	数量
光绪三十年十二月初十日（1905.1.15）	祥符（附郭）、陈留、杞县、通许、尉氏、洧川、鄢陵、中牟、兰仪、禹州、密、新郑	12
宣统元年八月十七日（1909.10.1）	祥符（附郭）、陈留、杞县、通许、尉氏、洧川、鄢陵、中牟、兰封（兰仪县改名）、禹州、密、新郑	12

资料来源：牛平汉主编：《清代政区沿革综表》，北京：中国地图出版社，1990年，第209—210页

清代时期开封黄河决溢表整理如下，见附表1-6。

附表1-6　清代开封黄河决溢表

时期		性质	纪事
年代	公元年		
顺治元年	1644		夏，黄河自复故道，由开封经兰、仪、商、虞，迄曹、单入砀山县北，又东迳丰县南，又东迳沛县南，其南岸则萧县，又东迳徐州府治北，又东迳灵璧县北，又东南迳睢宁县北，其北岸则邳州，又东迳宿迁县，又东迳桃源县北，又东迳清河县南，与淮水合流，又东迳淮安府治北，又东迳安东县南，历云梯关东北入海。[①]（《河渠纪闻》） 夏六月，河自复故道。（光绪《祥符县志》卷6《河渠》）
顺治二年	1645	决	夏，决考城，又决王家园……七月，决流通集，一趋曹、单及南阳入运，一趋塔儿湾、魏家湾，侵淤运道，下流徐、邳、淮阳亦多冲决。（《清史稿·河渠志一》） 河决考城县之流通口。（《河南通志》）一趋曹单及南阳湖，一趋塔儿湾魏家湾皆入运河。（《河防纪略》）
顺治四年	1647	修	流通集塞，全河下注，势湍激，由汶上决入蜀山湖。（《清史稿·河渠志一》） 四月流通集决口工成。[②]（《豫河志》）
顺治五年	1648	决	闰四月堵朱家寨口，复决兰阳。（《行水金鉴》） 决兰阳。（《清史稿·河渠志一》）
顺治七年	1650	决	八月，决荆隆朱源寨，直往沙湾，溃运堤，挟汶由大清河入海。（《清史稿·河渠志一》） 八月，河决荆隆口，南岸漫单家寨西堤，北岸漫朱源寨小长堤。南岸旋塞，全河尽入北岸决口，转向东北流。[③]（《豫河志·杨方兴列传》）
顺治八年	1651	修	筑祥符单家寨堤，封丘李七寨堤，又筑陈桥堤，郑家庄堤。（《河南通志》） 秋九月，筑祥符单家寨堤。（光绪《祥符县志》卷6《河渠》）

① 《黄河年表》备考：按此即老黄河故道。明季河行开归徐沛之地，迁徙无常，溃坏至不可治。至是河忽自温县埽北岸冲射直北刷塌三十里，改湾东行。水势从高注下，开归沛诸流俱堙，全河悉出徐州合泗同入于淮。（《河渠纪闻》）宁承勋乙酉（1645年）巡按河南疏陈情形，则汴口尚未塞也。（《豫河志》）

② 《黄河年表》备考：总河杨方兴会同豫抚吴景道疏筑并用，导水东行。（《河渠纪闻》）

③ 《黄河年表》备考：是年水泛张秋，淤平安山湖。荆隆决口屡塞屡溃，至顺治十三年始塞，费银八十万两。（《治水述要》）方兴起大名、东昌及河南丁夫数万治之。筑缕堤于祥符时和驿、常家寨，商丘王家坝，考城王家道口。开引河于丁家寨，然后塞决口。（《河防纪略》）

续表

时期		性质	纪事
年代	公元年		
顺治九年	1652	决	河决祥符之朱源寨，全河北徙，浚支河以分之，越五载始复旧。[①]（《目游四海记》） 决封丘大王庙，冲圮县城，水由长垣趋东昌，坏平安堤，北入海，大为漕渠梗。发丁夫数万治之，旋筑旋决……（方兴）乃于丁家寨凿渠引流，以杀水势。是年，复决邳州，又决祥符朱源寨。（《清史稿•河渠志一》） 夏，河决祥符朱源寨。按自是全河北徙张秋，运道冲断。上命总河杨方兴治之，督工凿支河以分水势，越四月底绩。（光绪《祥符县志》卷6《河渠》）
顺治十年	1653	修	筑祥符黑冈堤，又筑回龙庙堤，又筑李七寨堤，又筑原武赵家庄堤、兰阳板场堤及月堤，又筑考城芝麻庄堤。（《河南通志》） 秋七月，筑祥符黑冈堤，又筑回龙庙堤，又筑李七寨堤。（光绪《祥符县志》卷6《河渠》）
顺治十一年	1654	修	大王庙决口工垂成而复溃。（《山东通志》） 筑阳武慕家楼堤、商丘夏家楼堤、虞城土楼堤、考城王家道口堤。（《河南通志》） 河趋阳武县西南潭口寺，势与堤平。畚锸逾两月始息。（《行水金鉴》）
顺治十二年	1655	修	筑祥符守公寨堤、回龙庙月堤、陈桥堤，兰阳板厂堤，阳武潭口寺堤、包家厂堤及封丘中滦城堤，决口始告成，又筑考城王家道口堤。（《河南通志》） 秋九月，筑祥符守公寨堤、回龙庙月堤、陈桥堤。（光绪《祥符县志》卷6《河渠》）
顺治十三年	1656	修	筑祥符黑冈堤、清河集堤，兰阳艾家楼堤，阳武月堤又筑堤坝，商丘王家坝，虞城黄堌坝，又筑土楼堤。（《豫河志》） 塞大王庙，费银八十万。（《清史稿•河渠志一》） 冬十月，筑祥符黑冈堤、清河集堤。（光绪《祥符县志》卷6《河渠》）
顺治十四年	1657	决、修	决祥符槐疙疸，随塞。（《清史稿•河渠志一》） 筑祥符槐疙疸堤、清河集堤、魁星楼堤，陈留孟家埠遥堤、月堤，兰阳刘家楼堤，仪封三家庄堤，阳武堤，封丘大王庙楼堤，荥泽南岸堤，商丘王家坝堤。（《河南通志》） 河决祥符槐疙疸冈。越三载始塞。[②]（《淮系年表全编》） 黄河南徙，陈留孟家埠口溃决，于堤南筑缕月堤五百丈，复筑堤一千二百丈。陆续坍尽，水冲遥堤。知县张重润浚河一道，引河折入新河，南面遂免冲决。（《行水金鉴》） 浚仪封县三家庄河长一千丈，以杀北来水势，而黄渡河涸为田。（《目游四海记》） 夏六月，河决祥符之槐疙疸堤，修堤御之。按是年筑祥符之槐疙疸堤、清河集堤、魁星楼堤。（光绪《祥符县志》卷6《河渠》）
顺治十五年	1658	决	河复决阳武县城南慕家楼，筑河堤，赖以无患。（《河南通志》） 筑祥符黑冈堤、常家寨堤，仪封三家庄堤，封丘杨家楼堤、大王庙堤，虞城欢堌寺堤。（《河南通志》） 秋九月，筑祥符黑冈堤、常家寨堤。（光绪《祥符县志》卷6《河渠》）

① 《黄河年表》备考：《治水述要》同此；《杨方兴列传》及《河防纪略》均未载此。

② 《黄河年表》备考：槐疙疸小长堤涨溢漫没。（朱之锡《河防疏略》）

续表

时期		性质	纪事
年代	公元年		
顺治十六年	1659	修	筑祥符陈家寨堤、贯台堤，仪封苏家楼堤，虞城罗家口堤，考城王家道口坝。(《河南通志》)
顺治十七年	1660	决、修	决陈州郭家埠、虞城罗家口，随塞。(《清史稿·河渠志一》) 堵塞槐疙疸。(《豫河志》) 决陈留郭家埠，河道总督朱之锡塞之。(《河防纪略》) 河决。睢州、杞县、虞城、柘城、永城、夏邑等处水。(《清通志》) 筑祥符班家埠堤、魁星楼堤，仪封杨家堂堤，封丘新龙口堤，商丘苏家楼堤，考城王家道口坝。(《河南通志》) 筑祥符班家埠堤、魁星楼堤。按是年河决祥符槐疙疸冈，堵塞之。(光绪《祥符县志》卷6《河渠》)
顺治十八年	1661	修	筑祥符王卢集堤，中牟遥堤，仪封杨家堂堤，考城王家道口坝。(《河南通志》)
康熙元年	1662	决、修	六月，决开封黄练集，灌祥符、中牟、阳武、杞、通许、尉氏、扶沟七县。(《清史稿·河渠志一》) 筑祥符狼城冈堤、马家店堤，阳武姜家庄堤，原武赵家庄堤，修商丘高家庄堤，虞城待宾寺堤。(《河南通志》) 六月河决祥符步李寨及中牟、阳武各处共七县，田禾尽被淹没，创筑月堤二道。冬十月，筑祥符狼城冈堤、马家店堤。(光绪《祥符县志》卷6《河渠》)
康熙二年	1663	修	筑祥符单家寨遥堤、青谷堆帮堤、瓦子坡堤，又与中牟、阳武会筑堤岸，又筑陈留梁家寨堤，兰阳常家楼堤、王家楼堤，原武赵家庄堤。(《河南通志》)
康熙三年	1664	决、修	决杞县及祥符阎家寨，再决朱家营，旋塞。(《清史稿·河渠志一》) 河决杞县，塞之。(《河渠纪闻》) 决祥符县阎家寨内堤，旋塞。(《山东通志》) 筑祥符黑冈月堤，陈留贯台堤，兰阳铜瓦厢堤，仪封蔡家楼堤，虞城罗家口缕堤。(《河南通志》) 冬十月，筑祥符单家寨遥堤、青谷堆帮堤、瓦子坡堤，又与中牟、阳武会筑堤岸。(光绪《祥符县志》卷6《河渠》) 冬十月，筑祥符黑冈月堤。(光绪《祥符县志》卷6《河渠》)
康熙四年	1665	修	筑封丘大王庙堤。(《河南通志》) 冬十月，令督抚责成各州县专以修护堤防为急务，其有无冲决，年终造册报部以定考成。(光绪《祥符县志》卷6《河渠》)
康熙五年	1666	修	筑祥符魁星楼堤、黑冈口堤，封丘于家店月堤，仪封石家楼月堤。(《河南通志》) 秋九月，筑祥符魁星楼堤、黑冈口堤。(光绪《祥符县志》卷6《河渠》)
康熙六年	1667	修	筑祥符黑冈堤，中牟黄练集堤，阳武穆家楼堤，仪封石家楼堤。(《河南通志》) 秋七月，筑祥符黑冈堤。(光绪《祥符县志》卷6《河渠》)
康熙七年	1668	修	筑祥符一览台堤、聂家寨堤、黑冈堤、魁星楼堤，阳武赵家寨月堤，兰阳谷家营堤，仪封石家楼堤、小宋集堤。(《河南通志》) 秋八月，筑祥符一览台堤、聂家寨堤、黑冈堤、魁星楼堤。(光绪《祥符县志》卷6《河渠》)

续表

时期		性质	纪事
年代	公元年		
康熙八年	1669	修	筑祥符瓦子坡堤、魁星楼堤，陈留梁家寨堤，中牟原墩寺堤，兰阳梁家埠堤、谷家营堤。(《河南通志》) 春三月筑祥符瓦子坡堤、魁星楼堤。(光绪《祥符县志》卷6《河渠》)
康熙九年	1670	修	筑祥符李七寨堤、守公寨堤，中牟小潭溪堤，原武庙王口堤、赵家庄堤，封丘大王庙堤，河内仁孝寺堤，武陟木栾店堤。(《河南通志》) 秋八月，筑祥符守公寨堤、李七寨堤。(光绪《祥符县志》卷6《河渠》)
康熙十年	1671	修	筑祥符黑冈堤、陈桥堤，中牟小潭溪堤，仪封石家楼堤，郑州王家楼堤，商丘蔚家阁堤，考城芝麻庄堤。(《河南通志》) 夏六月，筑祥符黑冈堤、陈桥堤。(光绪《祥符县志》卷6《河渠》)
康熙十一年	1672	修	祥符县南岸黑堽河患。(《两河清汇》) 筑祥符黑冈堤、白石冈堤，陈留黑家寨堤，中牟辛庄缕堤，阳武潭口寺堤，封丘大王庙堤，仪封石家楼堤、蔡家楼堤，商丘苏家林堤，考城芝麻庄堤。(《河南通志》) 秋八月，筑祥符黑冈堤、白石冈堤。(光绪《祥符县志》卷6《河渠》)
康熙十二年	1673	修	考城芝麻庄河患。(《两河清汇》) 筑祥符回河寺月堤，陈留赫家寨堤，中牟阳武会筑堤，阳武又筑王家店堤，封丘筑大王庙堤，仪封筑祭家楼堤，商丘筑禹王庙前堤，虞城筑刘家庄堤，考城筑史家楼等处堤。(《河南通志》)
康熙十三年	1674	修	筑祥符贯台堤，阳武张家庄堤，仪封蔡家楼堤，考城芝麻庄堤。(《河南通志》) 秋七月，筑祥符贯台堤。(光绪《祥符县志》卷6《河渠》)
康熙十四年	1675	修	筑阳武王家店月堤。(《河南通志》)
康熙十五年	1676	修	筑兰阳铜瓦厢月堤。[①](《河南通志》)
康熙十六年	1677	修	筑中牟小潭溪月堤，兰阳铜瓦厢月堤，仪封堌阳集月堤，商丘杨家堂月堤，虞城周家楼堤。(《河南通志》)
康熙十九年	1680	修	筑祥符白石冈堤，中牟小潭溪月堤及格堤，商丘徐家庄月堤，又筑虞城堤。(《河南通志》)
康熙二十一年	1682	修	筑祥符回河寺月堤，仪封堌场集月堤，考城王家道坝。(《河南通志》) 夏六月，筑祥符回河寺月堤。(光绪《祥符县志》卷6《河渠》)
康熙二十二年	1683	修	筑祥符堤，陈留杨家寨堤，中牟堤，原武马家渡月堤，张家水口堤，阳武脾沙冈堤，又南岸堤，兰阳孙家庄月堤，又北岸堤，仪封陆家口堤，又北岸堤，又筑郑州堤，又与荥泽会筑沈家庄月堤，商丘筑傅家庄月堤，考城筑小阎家集堤。(《河南通志》)
康熙二十三年	1684	修	筑原武、封丘、兰阳、仪封、荥泽、商丘、虞城、考城堤。(《河南通志》) 秋九月，筑祥符南岸堤。(光绪《祥符县志》卷6《河渠》)
康熙二十四年	1685	修	九月河道总督靳辅奏："前赴河南确勘黄河两岸工程，目前至急之务，如考城、仪封等县应筑堤工，共长七千九百八十九丈。又封丘县荆隆口应筑大月堤三百三十丈，又荥泽县应修筑埽工二百一十丈。此工告成，不特河南无虞，实可为江南保障。"(《豫河志》) 筑阳武堤，封丘龙门口月堤，仪封蔡家楼月堤，虞城韩家楼堤，考城月堤。(《河南通志》)

① 《黄河年表》备考：决于十二年。

续表

时期		性质	纪事
年代	公元年		
康熙二十六年	1687	修	阳武、郑州会筑裴昌庙月堤。(《豫河志》)
康熙三十一年	1692	修	兰阳、仪封与长垣会筑月堤。(《河南通志》)
康熙三十五年	1696	决	移荥泽县于荥阳郡旧址，以避水患。(《河南通志》) 大水，决（仪封）张家庄，河会丹、沁逼荥泽，徙治高埠。(《清史稿·河渠志一》)
康熙四十四年	1705	修	加帮接高祥符、陈留、兰阳三县连界之回回寨与韩罗湾一带堤二千一百零三丈。(《豫河志》)
康熙四十八年	1709	决	六月，决兰阳雷家集、仪封洪邵湾及水驿张家庄各堤。(《清史稿·河渠志一》) 六月大雨河涨漫溢兰阳县北岸雷家集堤工二十六丈仪封县北岸洪邵湾堤工二十一丈。水驿堤断口四十三丈八尺。张家庄堤断口二十五丈。巡抚汪灏督官抢筑。(《河南通志》)
康熙五十七年	1718	溢	河溢武陟之何家营，经流原武县治北。(乾隆《原武县志》卷5《河防》)
康熙六十年	1721	决	八月，决武陟詹家店、马营口、魏家口，大溜北趋，注滑县、长垣、东明，夺运河，至张秋，由五空桥入盐河归海。[①](《清史稿·河渠志一》)
康熙六十一年	1722	修	正月……署理总河陈鹏年建议于广武山下王家沟挑挖引河一道，使水由东南经荥泽旧县前入正河。(《豫河志》) 四月，于仪封县白家楼北岸挑引河长七百丈，虞城黄堌坝对岸挑引河长一百六十丈，河流通畅。(《豫河志》) 六月，总河陈鹏年、巡抚杨宗义于广武山官庄峪挑引河一百四十余丈，以泄水势。(《豫河志》) 十二月，筑马营口大越堤一道，西自詹家店新筑堤头起，东至荥泽大堤止。又筑荥泽大堤以为遥堤。(《豫河续志》)
雍正元年	1723	修	春三月，筑祥符南岸堤七百丈，北岸堤一千四十三丈。(光绪《祥符县志》卷6《河渠》) 筑封丘堤七十丈，筑格堤一道长一百九十三丈。(《河南通志》) 六月十一日夜，风雨大作，水溢中牟县，十里店大堤漫口十七丈，娄家庄前大堤漫口八丈，水由刘家庄南入贾鲁河……娄庄塞以七月，十里店塞以十一月。俱于堤后筑戗加月堤，以毕其功。(《河渠纪闻》) （六月）筑太行堤，又沁黄交涨，由怀庆府地方姚其营漫滩而出，水与堤平，决梁家营二铺营土堤及詹家店马营，月堤接连荥泽之遥堤格堤漫坍八处，由原武旧河身流至七十余里，遇高阜之处而止。[②](《河南通志》) 七月修帮阳武县之申家潭大滨、朱家潭、赵家潭、琶子冈、靛池阁、张家庄七处堤工。(《豫河续志》) 九月二十二日狂风水涌，决郑州来童寨民堤。郑民挖阳武故堤放水，并冲开中牟县杨桥官堤十余丈，河抚督官分堵……阳武决塞于十月，杨桥以次塞于十二月，并建筑月堤靠堤以资捍御。(《河渠纪闻》) 六月，决中牟十里店、娄家庄，由刘家寨南入贾鲁河……七月，决梁家营、詹家店……是月塞。九月，决郑州来童寨民堤，郑民挖阳武故堤泄水，并冲决中牟杨桥官堤，寻塞。(《清史稿·河渠志一》)

① 《黄河年表》备考：《原武县志》作六月二十一日河决武陟马营口直注原武。

② 《黄河年表》备考：《河渠纪闻》作，决梁家营、二铺土堤，及詹家店、马营月堤，接连荥泽之遥堤、格堤、漫滩八处。

续表

时期		性质	纪事
年代	公元年		
雍正二年	1724	决	七月十三日，决仪封“南岸大寨地方大堤”，漫溢“兰阳板厂后大堤”。[①]（《续行水金鉴》引朱批谕旨） 郑州石家桥迤东……筑矶嘴坝一座。又于中牟县拉牌寨……建矶嘴挑水坝二座……又修筑阳武县黄河北岸堤工及祥符珠、水牛赵二处堤工。（《豫河志》） 秋八月，筑祥符珠水、牛赵二处，堤工加帮南北两岸大堤，以御沁黄冲刷。（光绪《祥符县志》卷6《河渠》）
雍正三年	1725	修	夏五月，挑祥符回回寨引河，长三百四十丈。（光绪《祥符县志》卷6《河渠》） （七月）十三日……南岸大寨地方大堤陡被黄水漫溢，决口一十余丈……（兰阳）北岸板桥后地方大堤决口一十二丈……仪邑大堤已于八月十一日合龙……兰阳县板厂后缺口……已于八月十二日合龙。（《豫河志》） 筑黄河北岸祥符县境头堡起至三堡止越堤一道，长九百六十五丈。（《豫河续志》） 筑兰阳南岸管梁蔡耿四水口堤坝，下长椿大埽，上下接做护崖顺埽，加高大堤，创筑鱼鳞月堤四道，以作重门。（《河渠纪闻》）
雍正四年	1726	修	三月修筑郑州等处堤工三千五百二十二丈，祥符等处南岸堤工二万二千四百六十七丈，考城等处堤工五千九十四丈，武陟县堤工二千四百五十三丈，原武等处堤工五千八十一丈，又修祥符县北岸堤工一万三千三百二十六丈。（《河南通志》） 筑原武县下大王庙挑水坝又筑高令望庄顺水坝。（《豫河续志》） 三月，修筑祥符等处南岸堤工二万二千四百六十七丈。（光绪《祥符县志》卷6《河渠》）
雍正六年	1728	修	二月齐苏勒奏：“河南雷家寺一带堵截支河开挖引河。”[②]（《续行水金鉴》） 兰阳县北岸耿家寨地方……（二月）二十八日卯时塌卸堤顶一丈余……抢筑平稳。（《豫河志》） 筑兰阳耿家寨挑水大坝。（《河渠纪闻》）
雍正七年	1729	修	八月仪封县北岸，三家庄对面大滩之内汕刷成流，水势顺行。（《河东宣化录》） 兰阳县南岸，耿家水口又于九月二十日，自辟引河一道，中泓畅达，河流循轨，形势天然。（《河东宣化录》）
雍正八年	1730	修	五月挑封丘荆隆口引河长三千三百五十丈。（《河南通志》） （六月）河水陡涨，大溜顶冲祥符县南岸程家寨月堤，漂走四埽，堤工坍塌过半……加帮里戗一百零四丈。七月二十八日工竣。（《河南通志》） 夏六月，筑祥符程家寨堤。按是时，河溜顶冲祥符南岸程家寨堤工坍塌，总督田文镜率领各员役加帮裹戗，寻平稳。（光绪《祥符县志》卷6《河渠》）
雍正九年	1731	修	筑中牟上汛三堡小潭溪工后越堤一道长九十三丈。（《豫河续志》） 田文镜奏称：“窃照祥符县南岸程家寨堤工逼近省城，最关紧要……必得于北岸兜湾之处挑挖引河一道，引溜直行，则该工不致有顶冲之患。”[③]（《豫河志》）

① 《黄河水利史述要》注：《清史稿·河渠志》作二年“六月决仪封大寨、兰阳板桥，逾月塞之”，似误。

② 《黄河年表》备考：《河南通志》作，五月，挑兰阳雷家寺引河，长四百十丈。

③ 《黄河年表》备考：六月初九日开放，顷刻成河。

续表

时期		性质	纪事
年代	公元年		
雍正十一年	1733	溢、决	河溢阳武大堤以南。[①]（《怀庆府志》） 七月二十日大风雨河水涨溢浸决陈留县七堡九堡，总督王士俊……募夫堵筑……筑七堡月堤一百二十丈，大堤五十五丈。九堡月堤二百一十丈，大堤一百六十五丈。十月初一日工竣。（《豫河志》）
雍正十三年	1735	修	夏六月，筑祥符程家寨堤。按是时，河溜复如八年顶冲程家寨，埽捆漂没，堤工悉坏。总督王士浚、总河白钟山率领官员役，昼夜戗筑平稳。（《祥符县志》）
乾隆二年	1737	修	祥符上汛二十二堡建二坝，九十三丈。（《下南河厅册》）
乾隆三年	1738	修	九堡安家庄建挑水坝一道。[②]（《中河厅册》）
乾隆四年	1739	修	筑郑州黄冈庙月堤。（《豫河志》）
乾隆五年	1740	修	祥符上汛二十二堡处筑南北格堤一道，长五百六十丈。（《豫河续志》）
乾隆八年	1743	修	封丘荆隆口河北趋，挑引河以顺河流。（《河防纪略》）
乾隆九年	1744	修	河势南徙，筑荥泽县月堤，东自胡家屯，西至李家庄，长三里。（《豫河志》） 中牟上汛头堡杨桥埽工蛰陷，补镶埽长一百五十九丈。（《上南河厅册》） 挑仪封北岸引河，护杨家桥埽工。兰阳北岸耿家寨河湾流激，增修越堤。（《河防纪略》）
乾隆十二年	1747	修	郑上汛头堡工后自荥郑交界起，东至邵家坝止筑月堤长三百二十四丈。（《豫河续志》）
乾隆十四年	1749	修	顾琮奏："中牟县汛九堡大堤对岸滩嘴挺出河心，逼河南趋。应建木龙挑溜并土埽各工。"议行。（《续行水金鉴》）
乾隆十六年	1751	决	六月河决阳武祥符朱，水自十三堡口门经太平镇分为二道，自口门沿堤东流，分入延津、封丘二县之渠，复合于封丘之居厢渠。至铁炉庄分为二股：一股从太行之王家堤口入直隶界，一股由太行堤之大册口入直隶界，由此口入东明县之魏河，经山东濮州范县寿张，出张秋镇梗运河入海。是年七月兴工，先筑月石堤民堰，以遏其冲，次筑玉皇庙大坝，以塞其倒流。凡五阅月费帑金数十万。十一月合龙断流，水归正河。（《豫河志》） 六月，决阳武……十一月塞。（《清史稿·河渠志一》） 以兰阳耿家寨河道全行北注，造六楞障排木障当溜护埽，下柳簰挑溜开行上游，下三楞障以防旁溜。（《清一统志》） 河决祥符步李寨。（光绪《祥符县志》卷6《河渠》）
乾隆十七年	1752	修	正月，十三堡口门大堤筑成，又增筑缕堤格堤等工数百丈。（《豫河志》）
乾隆十八年	1753	决、修	（四月）阳武五堡民埝并十二堡大堤……漫溢……抢筑断流。（《豫河志》） 九月，河水骤涨，阳武汛漫开五堡三坝及格堤横坝，冲决十三堡大堤四十二丈。随经补筑完固。（《豫河志》） 荥泽县魏家庄河道大溜南趋，移中牟九堡木龙以御。[③]（《清一统志》） 筑郑州花园越堤。（《续河南通志》）六百九十一丈九尺。（《豫河续志》）

① 《黄河年表》备考：《阳武县志》作十二年。

② 《黄河年表》备考：安家庄在黄河南岸中牟县境。

③ 《黄河年表》备考：中牟木龙系十四年建。

续表

时期		性质	纪事
年代	公元年		
乾隆十九年	1754	修	祥符县北岸平家寨新辟引渠，天然成河。大溜直走中泓，化险为平。(《河渠纪闻》) 郑上汛头堡核桃园本名靳家寨，建鸡嘴坝并厢埽，长九十三丈七尺。(《上南河厅册》)
乾隆二十年	1755	修	筑中牟九堡越堤。(《河南通志》)
乾隆二十二年	1757	修	筑中牟十堡月堤。(《豫河志》)
乾隆二十六年	1761	决	七月，沁、黄并涨，武陟、荥泽、阳武、祥符、兰阳同时决十五口，中牟之杨桥决数百丈，大溜直趋贾鲁河。(《清史稿・河渠志一》) 秋汛，沁黄并涨，水势异常。北岸武陟、荥泽、阳武、祥符四汛漫决内外堤十五处。因南岸杨桥夺溜，大河干涸，随经次第修补完固。(光绪《祥符县志》卷6《河渠》) 中牟头堡杨桥七月十九日漫缺，宽二百七十丈。(《上南河厅册》)漫水既入涡、淝等河，自将由淮河汇入洪泽湖。(《治水述要》)旋经钦差大学士刘统勋协办大学士公兆惠同河督张师载巡抚胡宝瑔率领各员募夫堵筑……九月开放引河通畅，十一月初一日合龙，河流顺轨。筑大堤二百七十七丈。①(《豫河志》) 初漫黑堽口，复漾时和驿。侵寻及有城②，五门填土闭。(《黄河金石录》)
乾隆二十七年	1762	修	挑杨桥上游引河八百十二丈。筑祥符县时和驿二堡三堡焦桥五堡湾庄九堡埽头十九堡堤，兰阳县头堡二堡堤。(《豫河续志》)
乾隆二十九年	1764	修	十一月上谕："李宏等奏豫省耿家寨引渠告成一折。该处埽工'旧称险要，今开挖引渠，全河大溜悉行归注，冲刷宽深，险工淤闭，甚属可嘉'。"(《豫河志》)
乾隆三十二年	1767	修	筑荥泽汛工后越堤，西自九堡起，东至郑上汛三堡止，长一千六百四十丈。(《豫河续志》)
乾隆三十六年	1771	修	九月河东总河姚立德奏报疏消积水及仪封八堡十三堡一带河分三股情形，加筑草坝挑护事宜。③(《河渠纪闻》)
乾隆三十七年	1772	修	七月河东总河姚立德奏："豫东上北河厅属阳武汛之十七堡等处，土性松浮，为豫省堤工第一险要，积年包堤淤土，颇著成效。臣复于该处筑半戗一道，坚实足资抵御。"(《豫河续志》)
乾隆三十九年	1774	修	仪封汛九堡建挑坝一道，加镶里头护埽，长五十丈。(《兰仪厅册》)
乾隆四十年	1775	修	仪封汛九堡筑斜坝一道，加镶里头护埽防风，长一百五十九丈。(《兰仪厅册》)
乾隆四十一年	1776	修	建二坝一道长五十八丈，三坝一道长五十四丈五尺，四坝一道长四十五丈。(《豫河续志》)

①《黄河年表》备考：直趋尉氏县贾鲁河。(《治水述要》)黄河溢于杨桥，境内河渠溃决。(《扶沟县志》)黄水至颍亳已无甚泥浊，愈远愈清，洪泽湖不至受淤。

②"有"为"省"之误。

③《黄河年表》备考：此时河道变更之始也…异时仪考汛内之堤，半日漫缺九道，于此实开其事，当事粉饰迁就，不啻养痈。迟至数年而大变，岂得谓天行偶愆哉。(《河渠纪闻》)

续表

时期		性质	纪事
年代	公元年		
乾隆四十二年	1777	决	三十六年仪封八堡十三堡河变而三，中泓流缓，下淤上泛。于是曹、仪封、兰阳、阳武、祥符、考城诸汛堤根皆积水。司河者不为意。(《河防纪略》)
乾隆四十三年	1778	溢	三月姚立德奏："黄河南岸近堤处向有顺堤河形，自仪封至考城，绵长百里。河堤旧有土坝拦截。上年漫塌入水，致河流分入。今须改筑草土夹坝，方可经久无虞。"(《豫河续志》) 六月河南祥符南岸时和驿堤工平漫三十余丈。(《河渠纪闻》)塞而复开者再，至十一月秒始得合龙。[①](《阿文成公年谱》) 闰六月二十八日豫省黄河南岸仪封汛十六堡十七堡二十二堡二十四堡三十六堡漫水六处，考城汛三堡五堡漫水三处。每处约宽三十余丈至六七十丈不等。惟十六堡，地居诸口之上，逼近大河，掣溜湍急，漫缺七十余丈，陆续刷宽至一百五十余丈。(《河渠纪闻》)漫口下注之水：一由考城之盘马寺沟入北沙河，至商丘县之邓宾口，由归德府之陈两沙河汇入涡河。一由宁陵县之三马河汇归德之陈两沙河入涡。[②](《豫河志》) 决祥符，旬日塞之。闰六月，决仪封十六堡……八月，上游迭涨……十六堡已塞复决。(《清史稿·河渠志一》) 闰六月起，决祥符南岸时和驿，历陈留、杞县、柘城之横河、康家河、南沙河、老黄河，均归贾鲁新河，下达亳州之涡河。又决仪封十六堡，一由考城盘马寺入北沙河，至商丘邓滨口，由陈两、沙河入涡；一由宁陵马三河，亦会陈两、沙河入涡。(《东华录》卷 34)
乾隆四十四年	1779	修	春夏仪封大坝屡筑屡蛰……是时黄水助清，清更刷黄，海口通畅。[③](《淮系年表》) 祥符上汛三十二堡起，至下汛十一堡止，筑越堤一道，长二千六百丈，作为缕堤。(《豫河续志》)
乾隆四十五年	1780	决、修	二月仪封决口合龙。(《豫河志》) 六月，决睢宁郭家渡，又决考城、曹县，未几俱塞。(《清史稿·河渠志一》) 考城汛五堡七月十八日漫溢。在河滩芝麻庄堵筑，八月二十九日合龙。[④](《兰仪厅册》) 九月初一二等日涨水不消……考城张家油房新刷沟槽二道，河分两股进口，塌堤百四十余丈，掣大溜七分，未几全河俱夺。东河李奉翰河抚杨魁东抚国泰会同盘筑坝头，集料进埽堵筑。至十一月二十日……合龙。(《河渠纪闻》) 祥符厅十三堡建五坝一道，长一百四十丈，又建六坝一道，长七十丈。(《豫河续志》)

① 《黄河年表》备考：漫口下注之水，历陈留、杞县、睢州、柘城境内之横河、康家河、南沙河、老黄河，均归贾鲁新河下达江南亳州之涡河。(《豫河志》)

② 《黄河年表》备考：仪封漫口于时和驿未合龙时，先已堵闭。及时和之功甫竣，仪封复溃。(《阿文成公年谱》)四十五年塞。

③ 《黄河年表》备考：正月二十八日蛰塌四十余丈，缺口深八丈。四月初七日冲塌二十丈。十一月十一日蛰塌二十余丈。(《阿文成公年谱》)

④ 《黄河年表》备考：漫缺四十余丈。大坝告竣未及数月，南北岸又复漫溢者，河未刷深也。(《河渠纪闻》)

续表

时期		性质	纪事
年代	公元年		
乾隆四十六年	1781	决、修	七月，决仪封，漫口二十余，北岸水势全注青龙冈。[①]（《清史稿·河渠志一》） 七月初五日……南岸祥符汛八堡迤东焦桥堤顶漫水二十余丈，刷宽三十余丈。是夜北岸曲家楼漫塌堤工二十余丈，关家庄朱家厂牛家场青龙冈大李家滩俱漫塌三四十丈不等，孔家庄塌宽一百余丈。至二十一日夜西风大作，浪随风涌，青龙冈正当迎溜，冲宽七十余丈，全溜归注，水并入青龙冈。孔家庄以下沟槽悉皆断流，焦桥漫口挂淤，总河韩鑅河抚富勒浑集料堵筑。[②]（《河渠纪闻》） 九月大学士阿桂奉旨来豫驻工督办青龙冈堵筑事宜。四十六年一月、十一月，四十七年正月、二月、四月，五次未成。四十八年三月改建兰阳三堡新河，事毕。（《河渠纪闻》）
乾隆四十七年	1782	修	二月青龙冈大坝蛰塌。四月又蛰塌，漫口形势败坏已极。不得已停筑坝工，议疏黄水去路，以保河运。（《淮系年表》） 五月阿桂等以青龙冈决河难塞，奏于旧南堤外筑堤，自迤上兰阳三堡起，至商丘七堡止，长一百四十九里。挑引河导入商丘故道。并挑商丘至徐州正河淤垫。（《淮系年表》）
乾隆四十八年	1783	修	三月初一日开放兰阳十二堡新河，大溜畅行下注，乘势堵筑。[③]（《河渠纪闻》） 堵筑青龙冈漫口，改易堤河。自兰阳北堤六堡起，斜向东南至李六口大坝北止，戗筑堤长一千九百九十六丈。（《豫河续志》） 李六口堵筑漫工，建二坝长八百零二丈。（《豫河续志》）
乾隆四十九年	1784	溢、修	（八月）睢州下汛二堡堤工漫水，前后刷塌二百五十余丈。开河堵筑，至十一月合龙功竣。（《河渠纪闻》）（在仪封十六堡张家油房之东。）
乾隆五十年	1785	修	兰第锡奏："河分为二：一北趋，一由仪封十六堡至睢州头堡，河流逼高家寨。上命阿桂往筑挑水坝，逼溜北行，合而东下。"（《河防纪略》） 三月兰第锡奏挑兰仪厅陈福庄引河。（《续行水金鉴》）
乾隆五十二年	1787	修	中牟上汛三堡建顺堤土坝，长三十八丈。（《豫河续志》）
乾隆五十五年	1790	修	中牟上汛二堡建挑水坝厢堤一百七十一丈。（《豫河续志》）
乾隆五十七年	1792	修	祥河厅十三堡建七坝长六十丈。（《豫河续志》）
嘉庆三年	1798	决、修	（九月）行抵睢州……分流一入睢州城东之十八里河，旧河槽向东南过睢州之东宁陵之西南，至鹿邑，归亳州入洪泽湖。一出堤向西南流自仪封厅地方入杞县、睢州交界之惠济河，绕至睢州城，财仍归十八里河。（《续行水金鉴》） （郑下汛十一堡）建头挑坝长十二丈，又建二挑坝长十丈，又建三挑坝长十二丈。（《豫河续志》）
嘉庆四年	1799	决	河决仪封。（《豫河志》） 祥河厅建挑水坝一道，长六十丈。[④]（《豫河续志》）

① 《黄河水利史述要》注：七月决仪封，即著名的青龙冈大工，四十八年始堵塞。

② 《黄河年表》备考：青龙冈在铜瓦厢之下，仪封十堡。（《治水述要》）嗣改隶考城。（《淮系年表》）

③ 《黄河年表》备考：未及一昼夜行一百七十余里。（《河渠纪闻》）该河成后，屡有漫溢。（《淮系年表》）

④ 《黄河年表》备考：北岸。

续表

时期		性质	纪事
年代	公元年		
嘉庆五年	1800	修	郑下汛十二堡建头顺坝长三十七丈五尺，又建二顺坝长三十五丈。(《豫河续志》) 中牟下汛十二堡建挑坝一道镶埽长七十丈三尺。(《中河厅册》)
嘉庆八年	1803	决、修	(祥符下汛六堡时和驿)七月十九日漫缺十余丈，旋即挂淤断流。遂建外越堤一道长三百八十丈，作为缕堤。起自五堡往东，而南至旧六堡止。(《续行水金鉴》) 九月十三日卫粮厅属封丘汛衡家楼堤工蛰陷过水三十余丈。(《河北道册》)由张秋趋大清河，至利津入海。长垣东明开濮菏泽寿张俱灾。[①](《河防纪略》) 九月，决封丘衡家楼，大溜奔注，东北由范县达张秋，穿运河东趋盐河，经利津入海。(《清史稿·河渠志一》) 下南河厅祥符上汛二十堡建鱼鳞头坝一道长二十二丈，又于迤下建挑水坝一道长十四丈。(《豫河续志》)
嘉庆九年	1804	修	封丘汛十三堡衡家楼三月堵塞，筑大坝五百零二丈，挑水坝长五十九丈。(《豫河续志》) (郑下汛十堡)建头挑坝长二十丈，又建二挑坝长二十五丈，又建三挑坝长十八丈。(《豫河续志》) 在衡家楼漫工口门之南圈筑月堤长三百九十八丈八尺，作为十四堡缕堤，其冲断娄越二堤缺口未经补还。(《豫河续志》) 祥河厅十堡东魁星楼迤下堤湾建挑水坝一道，长三十五丈。十二堡迤东建挑坝一道长三十五丈。(《豫河续志》) (祥符下汛)接前越堤尾起，至八堡下止，筑外越堤长三百八十丈，作为缕堤。(《豫河续志》) 兰阳上汛二堡建新二坝一道长三十五丈，新三坝长三十九丈。三堡建新四坝长五十丈。(《豫河续志》)
嘉庆十年	1805	修	郑下汛十二堡建头挑水坝长七丈三尺，又建二坝长八丈。(《豫河续志》) 兰阳汛自三堡迤下，斜向东北断堤一段，系昔年缕堤堤头，即乾隆四十八年开挖处。后厢里头，历有兴废，地名蔡家楼。帮旧堤北戗长一百八十八丈。(《豫河续志》)
嘉庆十一年	1806	修	总河吴璥请放淤，至八月淤成……[②](《豫河续志》) 兰阳汛三堡工尾筑坝一道长四十三丈。(《豫河续志》)
嘉庆十二年	1807	修	祥河厅十四堡筑南坝戗长一百丈。(《豫河续志》) (兰阳汛三堡)又建挑托各坝九段，又厢鱼鳞坝一道长二十丈。(《豫河续志》)
嘉庆十三年	1808	修	下南河厅祥符上汛黑冈十九堡建盖坝盖坝一道长一百三十丈。(《豫河续志》) 兰仪厅兰阳汛戚村建挑坝一道长三十丈。(《豫河续志》)
嘉庆十四年	1809	修	兰阳汛戚村筑挑坝一道长三十八丈。帮戚村旧堤长七十六丈。(《豫河续志》)
嘉庆十七年	1812	修	中河厅中牟下汛河势已成南北兜湾，顶冲堤埽，于大堤后自头堡起至六堡止，圈筑月堤一道长一千五百丈，以作重门保障。(《豫河续志》)

① 《黄河年表》备考：衡家楼在荆隆口之东，古黄池地。(《治水述要》)九月三日合龙。(《豫河志》)九月清口黄落滩。(《淮系年表》)

② 《黄河年表》备考：北岸衡家楼八年决口处。

续表

时期		性质	纪事
年代	公元年		
嘉庆十九年	1814	修	兰阳上汛十一堡东至十三堡东止溜刷溃堤，乃于北面建越堤一道长四百丈。十四堡建挑坝一道长三十丈。十五堡建头挑坝长六十丈。（《豫河续志》）
嘉庆二十年	1815	修	下南河厅祥符上汛二十堡建头挑坝一道长二十三丈，又筑二挑坝长二十二丈，又筑三挑坝长二十九丈。二十二堡建四挑坝一道长四十八丈五尺。（《豫河续志》） 兰阳上汛十堡建头挑坝一道长七十丈。越堤之南筑埽靠一道长二百七十一丈五尺，作为临黄大堤，十四堡挑坝迤上建头挑坝长五十丈，兰阳下汛——河由上汛十三堡迤下北卧——头堡堤工之斜向东南者，全行迎溜，及筑鱼鳞大坝数道以御之。（《豫河续志》）
嘉庆二十一年	1816	修	上南河厅，荥泽汛十堡至十一堡建挑坝长三十二丈。（《豫河续志》） 郑下汛十七堡，建挑坝二道。十八堡工尾建挑坝二道各长四十丈。（《豫河续志》） 祥河厅十六堡东建挑坝二道，一长三十三丈，一长五十五丈。（《豫河续志》） 中牟上汛二堡建顺堤挑坝长七十丈。（《豫河续志》） 兰阳上汛十三堡建头挑坝长八十丈，接下建戗坝长五十丈。十五堡建顺坝长七十丈。（《豫河续志》）
嘉庆二十二年	1817	修	郑下汛九堡东建顺坝一道长四十五丈。（《豫河续志》） （祥河厅十六堡）建三四两道挑坝，三坝长六十丈，四坝长七十丈。（《豫河续志》） 祥陈汛十七堡马坊前河势下移北卧，建头挑坝一道长三十七丈五尺，二挑坝一道长三十七丈，三挑坝一道长五十六丈五尺。（《豫河续志》） 兰阳上汛九堡建头挑水坝一道长七十五丈，二挑坝长七十丈。十五堡建挑坝厢埽共长一百零三丈五尺，又建二挑坝一道长五十丈，三挑坝长五十五丈。（《豫河续志》）
嘉庆二十三年	1818	修	兰阳上汛十四堡建戗坝长三十三丈，又建二挑坝长五十丈，又于二挑坝建戗坝三十二丈。（《豫河续志》）
嘉庆二十四年	1819	溢、决、修	七月，溢仪封及兰阳，再溢祥符、陈留、中牟……又决马营坝，夺溜东趋，穿运注大清河。（《清史稿·河渠志一》） （陈留汛七八堡）七月二十二日异涨，漫缺大堤二处，西宽四十丈，东宽五十余丈，遂即堵合。并于堤北滩面自七堡上起至九堡上止，筑越堤一道长五百九十丈。（《续行水金鉴》） （祥符上汛六堡）七月二十三日异涨平漫，刷缺宽七十余丈，旋堵……（头堡至七堡）于临河滩面建大越堤一道长一千七百三十三丈，作为缕堤。[①]（《续行水金鉴》） 祥符下汛六七堡七月二十三日异涨，将乾隆四十四年所筑越堤今作缕堤之一千一百六十丈下截刷缺二处。堵竣后，遂于北面筑越堤一道，自六堡上起至八堡下止，长五百七十丈，作为缕堤。旧堤之上原有六七八堡房三座……移建于新堤之上。（《续行水金鉴》） 考城汛异涨漫缺十三堡牛寨迤西缕堤。抢筑稳固。（《豫河续志》） 七月二十三日兰阳大堤坐蛰。二十四日申刻夺溜成河，掣溜约三四分。（《南河册稿》）八堡口长一百九十余丈，十堡口长四十余丈，嗣上游马营坝漫溢，两处缺口挂淤。乃自八堡起至十堡东，临河圈筑越堤一道长一千五十丈，作为缕堤。（《续行水金鉴》）

① 《黄河年表》备考：《祥符县志》作河决祥符青堌堆，水及护城堤内，城壕皆满，旋经堵塞。

续表

时期		性质	纪事
年代	公元年		
嘉庆二十四年	1819	溢、决、修	七月二十三日仪封上汛三堡大堤漫口一百十余丈，中间水深四丈余尺，掣溜五六分。(《南河册稿》)嗣因上游北岸马营坝漫缺夺溜，该处挂淤。遂于临河滩面圈筑越堰，自二堡西起至五堡西止，长七百丈，作为大堤。(《续行水金鉴》) (中牟上汛八堡即十里店)七月二十六日异涨漫堤刷成缺口宽五十五丈，旋堵。于堤北创越堤一道，自上汛六堡东起至十一堡东止，长一千五百丈。①(《续行水金鉴》) 九月河决武陟北岸马营坝，大股由原武、阳武、延津、封丘等县下注山东张秋。明春塞。②(《淮系年表》) 荥泽汛十堡至十一堡挑坝接长二十丈。(《豫河续志》) 兰阳上汛十堡内建二挑坝一道，长三十七丈。(《豫河续志》) 河决祥符青堌堆，水及护城堤内，城壕皆满，旋经堵塞。(这是清代黄河水第一次入护城堤)
嘉庆二十五年	1820	修	三月引河开放后，奔腾下注。十二日将仪封三堡以下无工处所，乘风撞击，坐蛰堤身三十余丈。掣动大溜新河挂淤断流。(《南河册稿》)续塌至一百三十余丈。(《治水述要》)十二月仪封漫口合龙。(《豫河续志》) 豫省仪工漫缺，下游浚河。于王平庄对岸取直挑河。(《萧南厅册》) 十二月仪封漫口合龙。奏准仪封大工合龙其大坝及挑水坝普律加厢坚实，并添筑挑坝二坝土戗，帮宽旧堤，圈筑新工。兰仪仪睢二厅堤坝工程亦均修补。(《豫河志》) 阳封汛于头二三堡南筑土坝三道，头堡坝长一百六十五丈，二堡坝长八十丈，三堡坝长一百二十五丈。十四堡越堤之西十三堡之东筑土坝一道，西面厢做防风。(《豫河续志》) (中河厅五堡)建挑水坝一道，长三十五丈，又顺水坝一道，长三十五丈。六堡建顺水坝一道，长三十丈。七堡筑头斜坝长四十丈。八堡建鱼鳞坝长二十五丈，迤下又筑二斜坝长二十丈，又筑头挑坝长二十五丈，二挑坝十七丈，下首鳞坝长三十丈。(《豫河续志》) 建外越堤长六百三十七丈，内在中牟下汛长三百丈，在本汛长三百三十七丈，又自六堡大越堤尾起至八堡东止建外越堤一道长四百八十三丈。(《豫河续志》) 祥河厅头堡越堤建土坝二道，一长七十丈，一长一百十丈。二堡越堤前建土坝一道，长六十丈。十堡又建头挑坝一道长五十丈，二挑坝一道长四十丈。十三堡建顺水土坝一道，长三十丈，十四堡建挑坝三道，一道长四十丈，余皆长五十丈。(《豫河续志》) (祥符下汛六堡)西首接工后越堤起至西首缕堤止，又筑越堤长六十丈。(《豫河续志》) 祥陈汛十七堡建四五挑坝二道各长五十五丈。十八堡建头挑坝一道长五十五丈。(《豫河续志》) (兰仪厅兰阳汛十二堡地名豆腐店)筑挑坝四道，一长五十一丈，一长二十九丈，又一长二十九丈，一长六十九丈。(十四堡)筑头挑坝一道长九十五丈。(《豫河续志》) 兰阳上汛越堤上下两坝之间建鸡嘴挑坝长一百五十二丈。十三堡建挑坝长五十丈。兰阳下汛头堡于鱼鳞大坝之上建头挑坝长七十丈，二挑坝长五十丈，又于鱼鳞二坝之上建三挑坝长七十丈，坝下又建挑坝长四十五丈又建顺水坝长六十丈。(《豫河续志》)

① 《黄河年表》备考：《扶沟县志》作黄河由上南厅漫溢，境内堤埝冲决。

② 《黄河变迁史》指出：河决发生时间是八月二十八日的事，《淮系年表》中的九月，是九月癸酉吴璥等奏的时间。

续表

时期		性质	纪事
年代	公元年		
嘉庆二十五年	1820	修	仪封上汛四堡筑东大坝磨盘坝长十四丈，又挑水坝长一百十七丈，下首又筑挑水坝长五十丈。五堡六堡筑挑坝一道长四十七丈，又于东首筑挑坝长四十二丈。（《豫河续志》） （考城汛）于缺口南面圈筑越堤一道长三百二十丈。二十六堡樊寺迤东为旧南堤尾，接堤尾至旧北堤创筑斜堤长三百四十五丈，作为缕堤。（《豫河续志》） 三月，马营口塞……是月仪封又漫塌。（《清史稿・河渠志一》）
道光元年	1821	修	创筑荥原越堤，自（荥泽汛）头堡起至原武汛八堡止长三千三百三十九丈。（《豫河续志》）
道光十二年	1832	决	八月，决祥符。（《清史稿・河渠志一》） 八月豫省祥符下汛滩水漫堤。正河水落三尺，未夺溜。（《开归道册案》）
道光十六年	1836	修	奏准黄沁厅属唐郭汛拦黄堰工尾内有挑水坝，年久坍塌，现购备砖块抛筑砖坝。又于七坝下筑挑坝一道，并修补已塌之八坝戗坝……下南厅祥符上汛黑堽工十九堡向有盖坝一道，陆续坍损，现以砖石裹护，并接筑坝堰，又挑筑砖坝，自该汛起至陈留汛止估筑土坝，并将旧有坝格加高接长，择要帮培堤戗，逐段拦护，以免吃重。（《豫河志》）
道光二十一年	1841	决	六月，决祥符，大溜全掣，水围省城。（《清史稿・河渠志一》） 六月十六日黎明决祥符三十一堡张家湾。（《祥符县志》）漫口三百丈。由祥符、陈留、杞县、太康入涡会淮。至次年二月初八日合龙。[①]（《开归道册案》） 黄河决口去岁动工用银五百余万，业已告竣，腊底又复决口。[②]（《曾文正公家书，二十二年正月十八信》） 六月河决祥符三十一堡。按是年，水涨异常，入伏尤甚。六月十六日黎明决三十一堡，堡在府城西北十余里，其地东高西下，水由西至张家湾折而东，坏护城堤，由固门庄分三股直注城下南门暨东南隅涵洞，由南门溢入分东西两股：西由城根注西南坡，经臬署、抚署、城隍庙、行宫，逾西北至龙亭、满营，与东水合；东由城根入蔡河，折而东北逾宋门、曹门，经县学、梓潼阁、司备仓、相国寺、七神庙、眼光庙、三官庙、铁塔寺至北门，与西水合。深及丈余，庐舍湮没，人皆露居城上，肆市尽闭，物价腾贵，有力者买舟逃去，然遇树杪而覆溺者极多。二十三日水愈大，环城巨浪澎湃，声若雷鸣，人民震骇，巡抚牛鉴日夜驻城上抢护挨城下埽，拆孝严寺、铁塔寺、校场、贡院砖，掘公寓假山石、棚板街石板，抛城下堵之。不足则收买民间砖石或毁小巷民房。城浸久坍塌动逾数十丈，危急时，巡抚跪泥淖中吁天号泣，大呼百姓助我，众见之，皆泣集者万余人，各携苇箔秫秆布袋蒲包各物，极力堵塞，城始获全。巡抚奏陈情形有力守危城相与存亡等语，当道者以决口不能遽塞，宜迁省城入告。上命大学士王鼎、理藩院侍郎慧成驰赴工次偕巡抚相机行事，巡抚上言府城久困水中，势原极危，然能转危为安，全赖人心维持，倘一言迁徙，愚民无知，谓城必不保，众情涣散不可收拾且人失故业，富者贫，贫者丐，迫于饥寒，恐生他变。王鼎、慧成亦奏口宜急塞，迁城未便，议遂辍。九月后水势日退，埽渐稳固。次年正月决口塞河复故道。（光绪《祥符县志》卷6《河渠》）

① 《黄河年表》备考：六月刷宽八十余丈。掣溜七分。七月正河断流。（《豫河志》）

② 《黄河年表》备考：旋因合龙时，风暴异常蛰失工段，口门刷深深至七八丈。（《开归道册案》）

续表

时期		性质	纪事
年代	公元年		
道光二十二年	1842	修	上年六月祥符上汛漫口，二月初八日合龙。引河亦通畅东注，全黄悉归故道。(《豫河志》)
道光二十三年	1843	决	六月，决中牟，水趋朱仙镇，历通许、扶沟、太康入涡会淮。(《清史稿·河渠志一》) 六月中牟下汛九堡漫口三百六十余丈，水历朱仙镇及通许、扶沟、太康等县，入涡会淮。次年十二月二十四日合龙。[①]（《开归道册稿》) 冬中牟坝工筑复蛰。(《江南通志》) 六月河决中牟，溢入祥符朱仙镇。按二十一年决护城堤内，为害最大，田庐之淤有深至二丈者，旧日附郭村庄十无一二。此次中牟之决，则遍及堤外，西南一带尤甚，由朱仙镇起，旁流直至城下数十里，田舍淹没，贾鲁河亦淤，商贾舟楫不通。水落后，淤积愈甚，境中沃壤悉变为沙卤之区矣。(光绪《祥符县志》卷6《河渠》)
道光二十四年	1844	修	春中牟坝工屡蛰。(《河南通志》)
道光二十五年	1845	修	钟祥等驰奏中牟大工合龙日期："……十二月十八日启放引河，黄流东注甚为畅顺……二十四日两坝同时挂缆……竭两昼夜之力……大工合龙。"(《豫河志》)
咸丰五年	1855	决	六月黄河大决兰仪县铜瓦厢，溜分三股：一股由曹州赵王河东注，赵王河头在考城县北，后渐淤。两股由东明县南北分注，至张秋穿运河复合，夺大清河入海；北一股渐淤，南一股即成干流。时军务繁兴，不塞遂徙。决河循宋熙宁以前故道，亦即明景泰五年徐有贞所开广济渠之故道。[②]（《淮系年表》) 河决兰仪县之铜瓦厢，溢入封丘、祥符、陈留数县，全河又复北徙，合济水由利津入海。(光绪《祥符县志》卷6《河渠》)
咸丰六年	1856		瑞龄、庆祺改由兰阳漫流处所至山东境内，分路绕行，详细履勘。(《山东通志》)
同治二年	1863	决	六月，决兰阳，一股直下开州，一股旁趋定陶、曹、单，考城、菏泽、东明、长垣、巨野、成武、濮州、范、寿张等均被淹。(《同治东华录》卷23)
同治三年	1864	修	九月谕："中河十三堡存滩被刷，骤出奇险，现虽抢办，渐臻底定。而筑埝修堤，既据谭廷襄奏，万分紧迫，自未便稍涉延缓。至石家桥郑下汛九堡刷塌堤边二十余丈，亦关紧要。即照谭廷襄所拟认真办理。"(《豫河志》)
同治四年	1865	修	七月河道总督张之万奏："南岸上南厅郑下汛十堡……新厢埽工先后墩蛰，堤身同时汇塌，随厢随蛰，堤顶仅存丈余等语奉谕……实力抢护，毋稍疏懈。"(《豫河志》)

---

① 《黄河年表》备考：六月二十七日塌宽一百余丈。七月刷宽二百余丈闰七月实宽至三百六十余丈。(《豫河志》)

② 《黄河年表》备考：上北厅兰阳汛铜瓦厢三堡堤工六月十九日漫溢过水，二十日全行夺溜刷宽口门至七八十丈，迤下正河业已断流。(《豫河志》) 河决铜瓦厢溢入封丘祥符陈留诸县。(《祥符县志》) 河决铜瓦其经流在曹州府城西，其支流漫衍于金乡自西南斜注东北入州境。(《济宁州志》) 秋，河水复由六塘漫涨。(《安东县志》) 八月上谕："现因军务未竣筹饷维艰，兰阳堤工不得不暂议缓堵。"(《治水述要》) 丰沛黄河遂涸。(《沛县志》) 天不绝淮，黄河北徙。(《淮系年表》)

续表

时期		性质	纪事
年代	公元年		
同治四年	1865	修	八月河督张之万奏："祥河厅祥符汛……十五堡势甚湍激致顺堤七八两埽陡蛰入水，其八埽后起至十六埽后止大堤裂缝七十余丈……"实力抢办……不准稍有疏虞。(《豫河志》)
同治七年	1868	决	六月，决荥泽十堡，又漫武陟赵樊村，水势下注颍、寿入洪泽湖……八年正月，荥泽塞。(《清史稿•河渠志一》) 七月，河决荥泽县之房庄，溢入郑州、中牟、祥符、陈留、杞县数县，口门宽至二百余丈。(《祥符县志》)水入淮未夺溜。十月二十一日兴工，八年正月十五日合龙。用银一百三十一万余两。(《开归道册案》) 七月，河决荥泽县之房庄，溢入郑州、中牟、祥符、陈留、杞县数县。按是年，荥泽漫决口门二百余丈，河督苏廷魁、巡抚李鹤年治之。次年正月竣工，用帑一百二十余万两。(光绪《祥符县志》卷6《河渠》)
光绪三年	1877	修	修上游直豫南堤及修防北堤。署巡抚李元华奏："……惟上游毗连直豫自直隶东明寨起经长垣至河南考城十三里铺止约七十余里……长堤高一丈，顶宽一丈六足，底宽六丈……"(《山东通志》)
光绪八年	1882	修	荥泽汛十堡为同治七年大工金门……加筑月格等堤。(《豫河志》)
光绪九年	1883	溢	八月，溢郑州、荥泽、中牟。(《荥阳县志》) 鹿传霖奏称："窃前因荥泽县保和寨东北，黄溜南圈，陡生险工……派委员弁，竭力抢护……于民埝之内添筑月堤一道长二百一十五丈，未塌民埝加帮后戗长一百五十五丈，均高八尺，底宽三丈，顶宽一丈……自保和寨迤东共抛砖石大坝八道，小垛五十八个，工长二百一十余丈。"(《豫河志》)
光绪十三年	1887	决	八月，郑州下汛十堡地名石桥漫决，口门五百四十七丈。在中牟、祥符、尉氏、陈州府扶沟、淮阳十数处皆被淹没。(《祥符县志》)大溜由贾鲁河颍河入淮。(《淮系年表》)时正河断流……十四年十二月十九日合龙。(《治水述要》) 河决郑州。曾国荃以淮扬地处下游，奏委(徐)文达开浚张福口窑河以导来源，抽挑旧黄河淤垫之处，以疏去路。(《南陵县志》) 八月，郑州下汛十堡地名石桥漫决口门五百四十七丈，中牟、祥符、尉氏、陈州府扶沟、淮宁十数处，皆被淹浸，尚书李鸿藻、河督吴大瀓、巡抚倪文蔚等治之。十四年十二月竣工，用帑一千二百余万两。(光绪《祥符县志》卷6《河渠》)
光绪十四年	1888	修	正月，两坝次第兴工，至六月底止共进占约五百余丈。因水势盛涨，料物不继，奏请停工，俟霜降后再办。九月复进占，十二月十九日合龙，河归故道。[①](《开归道册案》)
光绪十五年	1889	修	正月，吴大瀓奏称……于广武山下添筑五六十丈，大坝一道，以柴土为心，护以碎石四五千方。[②](《豫河志》)
光绪二十三年	1897	修	兰仪县境黄河南岸无工处所，坐湾生险。奏称于老河身内最洼处筑做拦黄土坝一道……拦黄坝前筑做土坝二道……土坝头外接抛砖坝……再于砖坝外抛护碎石。(《豫河志》) 南岸荥泽县民埝告险，抢厢埽工十六段，石坝十道，石垛二十八个。(《豫河志》)

① 《黄河年表》备考：郑工。

② 《黄河年表》备考：三月兴工，五月完竣。

续表

时期		性质	纪事
年代	公元年		
光绪二十四年	1898	修	兰仪县黄河南岸，河势南圈，逼溜生险，奏明于新筑拦黄坝上游薛家庵一带，抢抛石垛四个。(《豫河志》) 南岸荥泽县……伏秋汛内河势异常盛涨。上年所筑石垛及石坝均形势单，不能挑溜外移，因择处于程庄上首于庄一带，抢抛护沿碎石五段。(《豫河志》)
光绪二十五年	1899	修	奏准在兰仪县薛庵一带抛筑土芯石坝三道，石垛六个，并将新筑第一道石垛改为人字坝接长加宽。计土芯挑水石坝三道长二十六丈一尺，石垛六个长十六丈，加挑人字坝一道长十丈六尺。(《豫河志》)
光绪二十七年	1901	溢	河溢，兰仪、考城二县成灾。(《淮系年表》)
光绪三十一年	1905		京汉铁路建铁桥于荥泽两岸。(《豫河志》)

开封历代重大洪水整理如下，见附表1-7。

附表1-7　开封历代重大洪水统计

朝代	时间	性质
战国	公元前225年	入城
元	至元二十年（1283）年	入城
明	洪武二十年（1387年）六月	入城
	洪武三十年（1397年）六月	入堤
	洪武三十二年即建文元年（1399年）	入城
	永乐二年（1404年）九月十九日	入堤
	永乐八年（1410年）八月二十六日	入堤
	永乐十二年（1414年）七月	入堤
	永乐二十年（1422年）	土城堤数溃
	天顺五年（1461年）七月四日	入城
	成化十四年（1478年）三月	入堤
	成化十八年（1482年）五月	水围，有“迁城之议”
	弘治二年（1489年）五月	有“迁城之议”
	1448—1461年、1461—1492年	改道
	万历三十四年（1606年）	入堤
	崇祯十五年（1642年）九月十五日	入城
清	乾隆二十六年（1761年）	入堤
	嘉庆二十四年（1819年）七月二十二日	入堤
	道光二十一年（1841年）六月十六日	入城

资料来源：吴朋飞等：《黄河变迁与开封城市兴衰关系研究》，北京：科学出版社，2019年，第35页

附录二

附表 2-1　历史上开封受黄河决溢灾害简表

纪年	公元年	决溢地点	处次	类别	概况
元延祐七年	1320 年	开封苏村、七里寺	2	河决	六月二十三日夜开封县苏村、七里寺复决两处，迁官併夫修筑
元泰定二年	1325 年	开封、祥符、陈留	3	河灌	五月二十八日汴梁路开封、祥符、陈留等十五县河灌
元泰定三年	1326 年	汴梁乐利堤	1	河灌	十月初三，河灌开封，乐利堤坏……
元泰定四年	1327 年	祥符、开封、陈留	3	河决	六月二十九日汴梁路河决，是年汴梁诸属县河决
元至正四年	1344 年	汴梁	1	河决	四至七月，淋雨不止，黄河暴灌，平地水深二丈许，北决白茅，又决金堤，是年河又决汴梁
明洪武七年	1374 年	开封	1	河决	五月河决开封堤，水横流开封之境
明洪武八年	1375 年	开封大黄寺（今扫街）	1	河决	正月河决开封大黄寺堤百余里，安然集民夫三万塞之
明洪武十四年	1381 年	祥符	1	河决	八月二十八日河决祥符、中牟等县
明洪武十七年	1384 年	开封东月堤	1	河决	八月初一，开封东月堤河决，自陈桥至陈留，横流数十里。是月复决杞县入巴河，迁官塞之
明洪武二十年	1387 年	开封	1	河决	六月河决开封城，自安远门（北门）入，淹没官民廨宇甚众。城内如釜底，中原赋聚集之地，一洗而尽
明洪武二十三年	1390 年	开封	1	河决	七月初二，河决开封，漂没民舍
明洪武二十四年	1391 年	原武、黑羊山	2	河决	四月河决，经开封城北五里折向东南，过淮阳、项城，由颍河入淮。时开封、陈留等县被水患一千七百多户
明洪武二十五年	1392 年	阳武	2	河决	正月初八，河决阳武，泛封丘、祥符、陈留等十一州县
明洪武三十年	1397 年	开封	1	河决	八月初八河决开封，城三面受水，将浸入军备仓库

续表

纪年	公元年	决溢地点	处次	类别	概况
明建文元年	1399 年	开封	1	河决	水从封丘门（北门）入，官廨民庐倾地，城内之水，久积不涸
明永乐二年	1404 年	开封	1	河决	十月初九，河决开封，环城墙
明永乐八年	1410 年	开封	1	河溢	八月久雨，河溢开封，坏旧城墙二百余丈，被患者一万四千一百余户，淹没田地七千五百余顷
明永乐十年	1412 年	阳武中盐堤	1	河决	六月十八日河决，流漫中牟、祥符、尉氏等县
明永乐十二年	1414 年	开封	1	河溢	八月十二日河灌开封土城二百余丈，汴城告警
明永乐十四年	1416 年	开封	1	河决	七月十三日河决开封，泛及十四州县，淹没民居庄稼，经怀远由涡河入于淮
明永乐二十年	1422 年	祥符、陈留	2	河溢	夏秋久雨，祥符、陈留等县黄河泛滥，害田稼。开封仁和门（曹门）外土城旧堤离河五里余，河自边村经独乐岗南入淮
明永乐二十二年	1424 年	祥符、陈留	2	河灌	九月初八河灌祥符、陈留诸县，多伤禾稼
明宣德元年	1426 年	祥符、陈留	2	河溢	六至七月连雨不止，河灌中牟、祥符、陈留诸县，漂流庐舍，淹没田稼
明宣德三年	1428 年	祥符、陈留	2	河灌	九月二十七日祥符、陈留等十县河水泛滥
明宣德六年	1431 年	祥符	1	河灌	七月河灌中牟、祥符等八县，淹没民田五千二百多顷，因南岸无堤可守，为患无已
明正统元年	1436 年	开封府	1	河决	七月阴雨连绵，决开封堤，泛溢开封府等地，灾伤害稼
明正统二年	1437 年	祥符	1	河灌	天雨连绵，河水泛涨，祥符等县居民，学舍、田禾、牲畜多被淹没
明正统九年	1444 年	开封	1	河灌	七月开封河灌，淹没民舍
明正统十年	1445 年	祥符、陈留	2	河决	十月十一日，因入夏久雨，河决祥符、陈留等县，淹没民田、屋宇、畜产无算
明正统十三年	1448 年	陈留寸金堤及黑潭南堤	2	河决	五月间河水泛涨，冲决寸金堤及祥符黑潭南岸，派人去修筑，将完复决，比原决深阔……
明正统十四年	1449 年	原武及荥泽孙家渡	2	河决	七月河决，一支决原武向北由大河入海，一支在孙家渡决口，东过开封城西南，泛陈留入涡。自此将开封城撇在河北，河南没田数十万顷，开封为害特甚
明景泰六年	1455 年	开封高门堤（今城西固门村西）	1	河决	六月初九，河决开封府高门堤二十余里
明景泰七年	1456 年	开封	1	河决	六月河决开封等处，田庐淹没
明天顺二年	1458 年	祥符	1	河溢	雨多，河灌祥符等四县，淹没民田一千六百三十二顷，无收
明天顺五年	1461 年	开封城北	1	河决	于七月初四日决开封土城

续表

纪年	公元年	决溢地点	处次	类别	概况
明天顺六年	1462年	开封城北	1	河决	七月初六日决开封砖城，水自北门入，城中积水丈余，官舍民居淹没过半，城中死者无算
明成化五年	1469年	开封杏花营	1	河决	六月初五，河决杏花营，水及堤
明成化十四年	1478年	开封杏花营	1	河决	三月河决杏花营。九月初五黄河水灌，冲决护城堤五十丈，民被灾五十余家
明成化十七年	1481年	开封	1	河决	河决开封
明成化十八年	1482年	开封	1	河溢	河南多雨，自六月至八月不息，诸水皆溢，水围汴梁城，由通许北直趋太康，淹没禾稼、居民无算
明弘治二年	1489年	开封黄沙岗、苏村、野场至洛里堤、莲池、高门岗、王马头、红船湾，又决扫头（今扫街）五处	11	河决	五月初三河决开封十一处以及上沿河各地，决口后水向南、北、东三面分流，共分五支，弥漫四出，不由故道，所经郡县，皆被其害，田禾尽没，民溺死者众，而汴梁尤甚
明弘治五年	1492年	祥符孙家口、杨家口、车船口	3	河决	七月，河势北趋，自祥符孙家口、杨家口、车船口，兰阳铜瓦厢决为数道，汴梁之东诸县皆被其患
明嘉靖十五年	1536年	开封	1	河决	七月开封河决
明嘉靖三十八年	1559年	原武判宫村	1	河决	七月河决判宫村八百丈，水势由中牟经开封西南逼府城，寻塞之
明隆庆四年	1570年	祥符陶家店（今马头一带）	1	河决	是年秋，河决祥符陶家店新月村堤
明万历五年	1577年	祥符刘兽医口（今杨桥堤一带）	1	河决	八月，河决祥符刘兽医口
明万历十五年	1587年	祥符刘兽医口	1	河决	七月黄河漫流，决刘兽医口，又决兰阳铜瓦厢、封丘金龙口，坏民田，庐舍几尽
明万历十七年	1589年	刘兽医口单家寨	1	河决	六月十八日，伏水暴涨，汹涌异常，冲开刘兽医口月堤，单家寨遥堤遂决，淹没民田、庐舍，溺死居民甚众
明万历二十九年	1601年	祥符槐疙疸岗（今付寨东侧）及张家湾（今张湾）	2	河决	九月河决开封张家湾，又决归德肖家口等处，全河南注。是年又决祥符槐疙疸岗
明万历四十三年	1615年	陶家店、张家湾	2	河决	八月河决陶家店、张家湾，破开封护城堤而入陈留，入亳州涡河，本年冬决口淤平，加筑大塘
明万历四十四年	1616年	狼城岗	1	河决	是年河决祥符狼城岗
明崇祯九年	1636年	黑岗口	1	河决	六月河决黑岗口
明崇祯十四年	1641年	黄金堤①、朱家寨（今朱庄一带）	2	河决	七月二十八日黄金坝、朱家寨等处决七、八里，冲入开封土城，当即堵塞

① 本书按：“黄金堤”应为“黄金坝”。

续表

纪年	公元年	决溢地点	处次	类别	概况
明崇祯十五年	1642 年	朱家寨、马家口（今狼城岗一带）	2	人为决口	明统治阶级为镇压李自成农民起义军，九月十五日扒开朱家寨（城西北十七里）、马家口（朱家寨上游三十里）两处大堤。两股水在汴城外合一，冲入汴城，洪水泼天，倾陷城垣，城内三十七万八千多居民仅三万余幸免
明崇祯十六年	1643 年	朱家寨、马家口	2	河决	崇祯十五年，二口决后，全河南逝，正河淤浅，十六年春二口复决，至清顺治五年闰四月始塞
清顺治九年	1652 年	祥符朱源寨	1	河决	河决祥符北岸之朱源寨，全河北徙，多开引河以分之，越五年始复旧
清顺治十四年	1657 年	祥符槐疙疸和陈留孟家埠	2	河决	六月河决祥符槐疙疸岗，修堤御之，复南徙又决陈留县孟家埠口
清顺治十七年	1660 年	槐疙疸岗	1	河决	河决祥符槐疙疸堤
清康熙元年	1662 年	黄练口（今原阳县）	1	河决	六月决黄练口，灌中牟、祥符等七县，田禾尽被淹没
清雍正元年	1723 年	中牟十里店	1	河决	六月河水骤涨，冲开十里店大堤，朱仙镇房屋、庄稼被水淹
清雍正十一年	1733 年	陈留七堡、九堡（今三仙庙）	2	河灌	七月二十日风雨，漫决七堡、九堡
清乾隆十六年	1751 年	祥符步里寨（今牛庄东之步里寨）	1	河决	六月河决祥符步里寨，创筑月堤二道
清乾隆二十六年	1761 年	黑岗口、时和驿（今小马圈一带）、焦桥（今焦街）、湾庄（今湾庄）及祥符	5	河灌	是年秋沁、黄并涨，七月十八日祥符黑岗口、时和驿二堡、三堡、焦桥、五堡、湾庄、九堡及兰阳头堡、二堡等处漫灌，开封城五门填土筑塞，为保庐舍。北岸祥符汛灌漫决
清乾隆四十三年	1778 年	祥符时和驿	1	河灌	六月时和驿平漫三十余丈，水由朱仙镇入贾鲁河，不十日抢堵完竣，未十日复漫，至九月全河夺溜
清乾隆四十六年	1781 年	祥符焦桥	1	河灌	七月初五黄、沁并涨，焦桥漫决，时漫水二十余丈。刷宽三十余丈
清嘉庆八年	1803 年	祥符时和驿	1	河溢	七月十九日祥符下汛六堡，时和驿漫决二十余丈
清嘉庆二十四年	1819 年	祥符清[①]谷堆、时和驿及陈留七、八堡（今谭寨、毛寨）	4	决溢	七月二十三日河决祥符上汛六堡青谷堆，水及护城堤内，城壕皆满，筑塞。同日又决祥符下汛时和驿六堡、七堡，旋堵
清道光十二年	1832 年	祥符下汛三十二堡（今扫街）	1	河决	是年八月十八日堤决，幸大河水落，未曾夺溜

① 本书按："清"应为"青"。

续表

纪年	公元年	决溢地点	处次	类别	概况
清道光二十一年	1841 年	祥符上汛三十一堡（今张湾）	1	河决	六月十六日水涨异常，河决张家湾，坏护城堤，由南门入城，水深丈余，庐舍淹没，人皆露居城上。二十三日水愈大，环城巨浪澎湃……人民奋力用砖石抢护，垫陷城墙。大水围城达八月之久，城外村庄被淹没，居民溺死无算
清道光二十三年	1843 年	中牟九堡	1	河决	六月二十七日河决中牟九堡旁溜街，七月十六日漫至开封护城堤，灾区遍及朱仙镇一带，田舍淹没
清咸丰五年	1855 年	兰仪铜瓦厢	2	河决	六月河决房村溢入祥符、陈留、杞县数县
清同治七年	1868 年	荥泽房村	2	河决	七月河决房村溢入祥符、陈留、杞县等地，次年正月堵塞
清光绪十三年	1887 年	郑州石桥	1	河溢	八月河水从石桥漫决，中牟、祥符等十数县皆淹
民国二十三年	1934 年	封丘贯台	1	河决	八月河决，开封、兰封、陈留、封丘均受其害
民国二十七年	1938 年	郑州花园口	1	人为河决	蒋介石扒花园口，使豫东、皖北、苏北广大平原一片汪洋，造成面积五万四千平方公里的黄泛区，受灾人口一千二百五十万，淹死八十九万。漫至开封城东十余里，南至朱仙镇均被水淹

注：本表为王宴春制作，本表材料出处：

1. 清《行水金鉴和续行金鉴》
2. 清《豫河志和续豫河志》
3. 清《祥符县志》（光绪二十四年本）
4. 岑仲勉《黄河变迁史》
5. 《近三百年黄河下游决口受灾情况简表》（黄委会编）

此表原载于《开封市志资料选辑（第二期）》，开封市地方志编纂委员会编辑室，1983 年，第 38—44 页。因不常见，故移录于此

参考文献

一、古籍、志书、资料类

（北魏）郦道元著，王先谦校：《水经注》，成都：巴蜀书社，1985 年。

（唐）李吉甫撰，贺次君点校：《元和郡县图志》，北京：中华书局，1983 年。

（金）宇文懋昭撰，李西宁点校：《大金国志》，济南：齐鲁书社，2000 年。

（宋）李焘：《续资治通鉴长编》，北京：中华书局，1995 年。

（宋）王溥：《五代会要》，北京：中华书局，1985 年。

（宋）徐梦莘：《三朝北盟会编》，上海：上海古籍出版社，1987 年。

（元）脱脱等：《金史》，北京：中华书局，1975 年。

（元）脱脱等：《宋史》，北京：中华书局，1977 年。

（明）冯梦龙：《喻世明言》，哈尔滨：北方文艺出版社，2013 年。

（明）胡谧：《河南总志》，明成化二十二年（1486 年）刻本影抄本，河南大学图书馆藏。

（明）李濂撰，周宝珠、程民生点校：《汴京遗迹志》，北京：中华书局，1999 年。

（明）施耐庵著，冀勤校注：《水浒传（校注本）》，北京：中央编译出版社，2014 年。

（明）宋濂等：《元史》，北京：中华书局，1976 年。

（明）王士性著，周振鹤编校：《王士性地理书三种》，上海：上海古籍出版社，1993 年。

（明）于谦著，魏得良点校：《于谦集（全二册）》，杭州：浙江古籍出版社，2016 年。

（明）朱有燉著，朱仰东笺注：《朱有燉〈诚斋录〉笺注》，北京：中国文联出版社，2016 年。

（明）邹守愚修，（明）李濂纂：《河南通志》，明嘉靖三十五年（1556 年）刻本。

（清）阿思哈修：《续河南通志》，清乾隆三十二年（1767 年）刻本。

（清）常茂徕：《石田野语》，民国二十二年（1933 年）商丘井氏刻本。

（清）顾炎武：《历代宅京记》，北京：中华书局，1984 年。

（清）计六奇撰，魏得良、任道斌点校：《明季北略（上）》，北京：中华书局，1984 年。
（清）李同亨修，（清）张俊哲、（清）张壮行纂：《祥符县志》，清顺治十八年（1661 年）刻本。
（清）沈传义、俞纪瑞修，黄舒昺撰：《祥符县志》，清光绪二十四年（1898 年）刻本。
（清）痛定思痛居士著，李景文、王守忠、李湍波点校：《汴梁水灾纪略》，开封：河南大学出版社，2006 年。
（清）吴庆坻撰，刘承幹校，张文其、刘德麟点校：《蕉廊脞录》，北京：中华书局，1990 年。
（清）张廷玉等：《明史》，北京：中华书局，1974 年。
（清）郑廉：《豫变纪略》，杭州：浙江古籍出版社，1984 年。
（清）傅泽洪辑录：《行水金鉴》，上海：商务印书馆，1937 年。
河南省地方史志办公室编纂：《河南历代方志集成总目（开封卷）》，郑州：大象出版社，2018 年。
河南省商丘地区地方志编纂委员会：《归德府志》，郑州：中州古籍出版社，1994 年。
黄河水利委员会档案馆编：《道光汴梁水灾》，黄河水利委员会档案馆，2000 年。
黄河水利委员会黄河志总编辑室编：《黄河志·黄河人文志》，郑州：河南人民出版社，2017 年。
开封市地方史志办公室编：《康熙开封府志点校》，郑州：中州古籍出版社，2018 年。
开封市地方史志办公室编：《万历开封府志校注》，郑州：中州古籍出版社，2017 年。
开封市黄河志编辑室编：《开封市黄河志》，开封市黄河志编辑室，1988 年。
开封市郊区黄河志编纂领导组编：《开封市郊区黄河志》，1994 年。
孔宪易校注：《如梦录》，郑州：中州古籍出版社，1984 年。
来新夏编著：《林则徐年谱》，上海：上海人民出版社，1985 年。
李国祥、杨昶主编：《明实录类纂·经济史料卷》，武汉：武汉出版社，1993 年。
林传甲：《大中华河南省地理志》，闽侯林氏著述发行部，1920 年。
刘益安：《汴围湿襟录校注》，郑州：中州书画社，1982 年。
刘益安：《大梁守城记笺证》，郑州：中州书画社，1982 年。
刘永之等：《河南地方志提要（上册）》，开封：河南大学出版社，1990 年。
刘照渊编：《河南水利大事记：公元前 21 世纪至 1949 年》，北京：方志出版社，2005 年。
牛平汉主编：《清代政区沿革综表》，北京：中国地图出版社，1990 年。
水利电力部水管司、水利水电科学研究院编：《清代淮河流域洪涝档案史料》，北京：中华书局，1988 年。

开封市地方志编纂委员会编：《开封市志（第 6 册）》，北京：北京燕山出版社，2001 年。
谭其骧主编：《中国历史地图集》，北京：中国地图出版社，1982 年。
徐成志编著：《中华山水掌故辞典》，北京：商务印书馆，2014 年。
俞樾著，张燕婴整理：《俞樾函札辑证（下）》，南京：凤凰出版社，2014 年。
袁英光、童浩整理：《李星沅日记（上册）》，北京：中华书局，1987 年。
赵尔巽等：《清史稿》，北京：中华书局，1977 年。

二、著作

岑仲勉：《黄河变迁史》，北京：人民出版社，1957 年。
钞晓鸿主编：《历史上环境与社会经济的互动：中国环境科学学会环境史专业委员会首届年会论文选集》，厦门：厦门大学出版社，2019 年。
程遂营：《唐宋开封生态环境研究》，北京：中国社会科学出版社，2002 年。
程有为主编：《黄河中下游地区水利史》，郑州：河南人民出版社，2007 年。
程子良、李清银主编：《开封城市史》，北京：社会科学文献出版社，1993 年。
单远慕：《开封史话》，北京：中华书局，1983 年。
段伟：《历史政治地理对水患的响应：以明清时期的黄淮平原为中心》，上海：复旦大学出版社，2022 年。
傅衣凌：《傅衣凌治史五十年文编》，北京：中华书局，2007 年。
韩大成：《明代城市研究》，北京：中国人民大学出版社，1991 年。
韩昭庆：《黄淮关系及其演变过程研究》，上海：复旦大学出版社，1999 年。
河南省文物局编：《河南文物（上）》，郑州：文心出版社，2008 年。
河南省文物考古学会编：《河南文物考古论集（四）》，郑州：大象出版社，2006 年。
侯仁之：《历史地理学四论》，北京：中国科学技术出版社，1994 年。
《黄河水利史述要》编写组：《黄河水利史述要》，郑州：黄河水利出版社，2003 年。
江山：《德国环境史研究》，北京：中国社会科学出版社，2021 年。
开封市文物工作队编：《开封考古发现与研究》，郑州：中州古籍出版社，1998 年。
开封市文物考古研究所、河南大学历史文化学院编：《开封潘湖遗址考古发掘报告》，北京：科学出版社，2021 年。
李嘎：《旱域水潦：水患语境下山陕黄土高原城市环境史研究（1368—1979 年）》，北京：商务印书馆，2019 年。
李华瑞：《宋代救荒史稿》，天津：天津古籍出版社，2014 年。

李继军、贾雄飞：《开封古城：历史文化名城的保护与复兴》，上海：东方出版中心，2017 年。

李文海等：《中国近代十大灾荒》，上海：上海人民出版社，1994 年。

李文海等：《近代中国灾荒纪年》，长沙：湖南教育出版社，1990 年。

李文海、周源：《灾荒与饥馑：1840—1919》，北京：高等教育出版社，1991 年。

李孝悌：《中国的城市生活》，北京：新星出版社，2006 年。

李学文、彭富臣主编，开封市人民政府接待办公室、开封市地方史志办公室编：《开封之最》，郑州：中州古籍出版社，1994 年。

李长傅：《开封历史地理》，北京：商务印书馆，1958 年。

李长傅：《李长傅文集》，开封：河南大学出版社，2007 年。

刘春迎：《北宋东京城研究》，北京：科学出版社，2004 年。

刘春迎：《揭秘开封城下城》，北京：科学出版社，2009 年。

刘春迎：《考古开封》，开封：河南大学出版社，2006 年。

刘翠溶、伊懋可主编：《积渐所至：中国环境史论文集》，台北："中央研究院"经济研究所，1995 年。

刘顺安：《开封城墙》，北京：北京燕山出版社，2003 年。

马建华等：《开封古城黄泛地层洪水记录及洪灾度反演》，北京：科学出版社，2016 年。

梅雪芹：《环境史研究叙论》，北京：中国环境科学出版社，2011 年。

史念海：《河山集（二集）》，北京：生活·读书·新知三联书店，1981 年。

史念海：《黄土高原历史地理研究》，郑州：黄河水利出版社，2001 年。

水利电力部黄河水利委员会编：《人民黄河》，北京：水利电力出版社，1959 年。

孙冬虎：《北京近千年生态环境变迁研究》，北京：北京燕山出版社，2007 年。

谭其骧：《长水集（全三册）》（修订版），北京：人民出版社，2009 年。

唐寰澄：《中国古代桥梁》，北京：文物出版社，1987 年。

陶思炎：《中国镇物（插图本）》，上海：东方出版中心，2012 年。

王聪明：《双城记：明清清淮地区城市地理研究》，北京：社会科学文献出版社，2020 年。

王利华主编：《中国历史上的环境与社会》，北京：生活·读书·新知三联书店，2007 年。

王三营：《开封历史地理研究》，郑州：河南大学出版社，2017 年。

王颋：《黄河故道考辨》，上海：华东理工大学出版社，1995 年。

吴朋飞等：《黄河变迁与开封城市兴衰关系研究》，北京：科学出版社，2019 年。

吴朋飞：《明代开封城复原研究》，北京：科学出版社，2019 年。

肖晓丹：《欧洲城市环境史学研究》，成都：四川大学出版社，2018 年。

辛德勇：《黄河史话》，北京：社会科学文献出版社，2011 年。

熊伯履、井鸿钧合编：《开封市胜迹志》，郑州：河南人民出版社，1958 年。

薛凤旋：《中国城市及其文明的演变》，北京：世界图书出版公司北京公司，2010 年。

杨朝飞主编：《中国环境史研究·第 4 辑·理论与研究》，北京：中国环境出版社，2015 年。

姚汉源：《中国水利史纲要》，北京：水利电力出版社，1987 年。

于云洪、李法杰：《明清时期黄河水患与下游地区城市变迁研究》，北京：中国社会科学出版社，2018 年。

高建国、夏明方主编，张崇旺本卷主编：《中国灾害志·断代卷·明代卷》，北京：中国社会出版社，2019 年。

张驭寰：《中国城池史》，北京：中国友谊出版公司，2015 年。

中国水利学会水利史研究会编：《黄河水利史论丛》，西安：陕西科学技术出版社，1987 年。

周宝珠、徐伯勇：《古都开封》，开封：河南大学出版社，2011 年。

周宝珠：《宋代东京研究》，开封：河南大学出版社，1992 年。

周琼、耿金：《中国环境史纲》，北京：高等教育出版社，2022 年。

周振鹤主编，李昌宪著：《中国行政区划通史·宋西夏卷》，上海：复旦大学出版社，2007 年。

周志强、张雪洁、郑朝纲主编：《淮河流域水文化遗产要录》，南京：河海大学出版社，2017 年。

邹逸麟、张修桂主编：《中国历史自然地理》，北京：科学出版社，2013 年。

邹逸麟主编：《黄淮海平原历史地理》，合肥：安徽教育出版社，1993 年。

[澳] 戴维·索罗斯比：《文化政策经济学》，易昕译，大连：东北财经大学出版社，2013 年。

[法] 埃斯黛尔·巴雷-布古安：《工业城市及其毒瘤：1810—1914 年格勒诺布尔对工业危害和污染的感知变迁》，格勒诺布尔大学出版社，2005 年。

[法] 马·勒胡：《1770—1830 年巴黎的工业污染实验室》，阿尔班·米歇尔出版社，2011 年。

[美] J.唐纳德·休斯：《什么是环境史？》，梅雪芹译，北京：北京大学出版社，2008 年。

[美] 黄宗智：《华北的小农经济与社会变迁》，北京：中华书局，2000 年。

[美] 穆盛博：《洪水与饥荒：1938 至 1950 年河南黄泛区的战争与生态》，林炫羽、亓民帅译，北京：九州出版社，2021 年。

[美] 裴宜理：《华北的叛乱者与革命者（1845—1945）》，池子华、刘平译，北京：商务印书馆，2007 年。

[美] 彭慕兰：《腹地的构建：华北内地的国家、社会和经济（1853—1937）》，马俊亚译，北京：社会科学文献出版社，2005 年。

［美］施坚雅主编，陈桥驿校：《中华帝国晚期的城市》，叶光庭等译，北京：中华书局，2000 年。

［美］周锡瑞：《义和团运动的起源》，张俊义、王栋译，南京：江苏人民出版社，2005 年。

［英］康泽恩：《城镇平面格局分析：诺森伯兰郡安尼克案例研究》，宋峰等译，谷凯、曹娟、邓浩校，北京：中国建筑工业出版社，2011 年。

A.Gaynor，*Harvest of the Suburbs：An Environmental History of Growing Food in Australian Cities*，Crawley：University of Western Austraiia Press，2006.

Dodgen R A.，*Controlling the Dragon：Confucian Engineers and the Yellow River in the Late Imperial China.* University of Hawaii Press，2001.

Peter J.，*Larkham and Andrew N. Jones. A Glossary of Urban Form.* Birmingham：Urban Morphology Research Group，School of Geography，University of Birmingham，1991.

Whitehand，J. W. R. ed.，*The Urban Landscape：Historical Development and Management：* Papers by M.R.G. Conzen. Toronto：Academic Press，1981.

ZHANG，L.，*The River，the Plain，and the State：An Environmental Drama in Northern Song China，1048–1128.* Cambridge：Cambridge University Press，2016.

三、论文

白雪锋、许浩：《近代南京钟山风景区历史景观资源时空分布与演变研究》，《中国园林》2022 年第 7 期，第 139—144 页。

包茂红：《国际东南亚研究的演变——以东南亚史研究为重点》，《陕西师范大学学报（哲学社会科学版）》2021 年第 2 期，第 96—108 页。

包茂宏：《马丁·麦乐西与美国城市环境史研究》，《中国历史地理论丛》2004 年第 4 辑，第 114—126 、160 页。

包茂宏：《美国环境史研究的新进展》，《中国学术》2002 年第 4 期，第 217—244 页。

包茂宏：《热纳维耶芙·马萨-吉波教授谈法国环境史研究》，《中国历史地理论丛》2004 年第 2 辑，第 121—129 、162 页。

包茂宏：《唐纳德·沃斯特和美国的环境史研究》，《史学理论研究》2003 年第 4 期，第 96—106 页。

钞晓鸿：《环境史研究的理论与实践》，《思想战线》2019 年第 4 期，第 111—120 页。

钞晓鸿：《深化环境史研究刍议》，《历史研究》2013 年第 3 期，第 4—12 页。

钞晓鸿：《文献与环境史研究》，《历史研究》2010 年第 1 期，第 29—33 页。

钞晓鸿：《中国环境史研究的前沿与展望》，《历史研究》2014 年第 6 期，第 23—27 页。
陈代光：《运河的兴废与开封的盛衰》，《中州学刊》1983 年第 6 期，第 127—130 页。
陈飞：《一个新的研究框架：城市形态类型学在中国的应用》，《建筑学报》2010 年第 4 期，第 85—90 页。
陈洪波：《鲁豫皖古文化区的聚落分布与环境变迁》，《考古》2007 年第 2 期，第 48—60 页。
陈立长：《古代城市中的儒家空间性质略论——以明中晚期开封为例》，《世界宗教文化》2019 年第 1 期，第 168—174 页。
陈立长：《明代开封城宗教场所分布及变化原因探析》，《中州学刊》2019 年第 6 期，第 132—140 页。
陈祥、吕腾飞：《日本环境史研究会的学术对话与史学研究创新》，《日本文论》2021 年第 2 辑，第 163—183 页。
陈新立：《中国城市环境史研究述评》，陈锋主编：《中国经济与社会史评论（2012 年卷）》，北京：中国社会科学出版社，2013 年，第 342—353 页。
陈新立：《中国环境史研究的回顾与展望》，《史学理论研究》2008 年第 2 期，第 110—120 、160 页。
陈鑫：《1880—1922 年美国城市固体废弃物政策分析——以华盛顿哥伦比亚特区为例》，《河北北方学院学报（社会科学版）》2017 年第 2 期，第 73—78 页。
陈燕妮：《吹台：被嫁接的城市景观与宋诗书写》，《湖北社会科学》2015 年第 2 期，第 122—127 页。
陈业新：《道光二十一年豫皖黄泛之灾与社会应对研究》，《清史研究》2011 年第 2 期，第 90—101 页。
陈云霞：《1937—1948 年间上海城市民间信仰传播和分异研究》，《中国历史地理论丛》2017 年第 2 辑，第 97—107、125 页。
陈云霞：《近代上海城市鲁班庙分布及功能研究》，中国地理学会历史地理专业委员会《历史地理》编辑委员会编：《历史地理》第 27 辑，上海：上海人民出版社，2013 年，第 261—275 页。
陈云霞：《近代上海城市寺庙变迁研究》，《中国历史地理论丛》2013 年第 4 辑，第 112—122 页。
陈治文：《繁台辨》，《中国语文》2010 年第 4 期，第 311—313 页。
程遂营：《12 世纪前后黄河在开封地区的安流与泛滥》，《河南大学学报（社会科学版）》2003 年第 6 期，第 32—36 页。

程遂营：《唐宋开封的气候和自然灾害》，《中国历史地理论丛》2002年第1辑，第47—55页。

崔松松：《黄河变迁对夏邑县城市形态的影响》，《三门峡职业技术学院学报》2014年第3期，第78—82页。

单嗣平：《2019年欧洲环境史学会和东亚环境史协会双年会述评》，《鄱阳湖学刊》2019年第6期，第96—103页。

邓辉、法念真：《基于城市形态发生学的商丘归德府古城空间特征分析》，《地理科学》2016年第7期，第1008—1016页。

丁圣彦、曹新向：《清末以来开封市水域景观格局变化》，《地理学报》2004年第6期，第956—963页。

丁锡贤：《王士性及其〈广志绎〉》，《东南文化》1991年第5期，第116—117页。

段进、邱国潮：《国外城市形态学研究的兴起与发展》，《城市规划学刊》2008年第5期，第34—42页。

段玉明：《寺庙与城市关系论纲》，《西南民族大学学报（人文社科版）》2010年第2期，第202—206页。

范沛潍：《周王与明代开封》，《史学月刊》1994年第4期，第111—118页。

方福仁：《明末河决开封原因辨析》，《史学月刊》1983年第1期，第38—41页。

冯兵、黄俊棚：《水与城的双向互动：隋唐五代时期运河变迁与城市兴衰》，《学习与实践》2017年第2期，第118—124页。

高国荣：《城市环境史在美国的缘起及其发展动向》，《史学理论研究》2010年第3期，第47—57、158—159页。

高国荣：《关注环境与城市的公共史学家·安德鲁·赫尔利教授访谈录》，《北大史学》2012年刊，第362—387页。

高国荣：《环境史在美国的发展轨迹》，《社会科学战线》2008年第6期，第111—117页。

高国荣：《环境史在欧洲的缘起、发展及其特点》，《史学理论研究》2011年第3期，第108—116、160页。

高国荣：《郊区与环保》，《读书》2008年第11期，第67—72页。

高天麟等：《河南商丘县东周城址勘查简报》，《考古》1998年第2期，第18—27页。

高旭东：《建构"污染"：19世纪英国城市环境的双重调整与现代化》，《城市史研究》2019年第1辑，第281—303页。

郭朝辉：《明代河南黄河水患影响探析》，《江西社会科学》2015年第12期，第127—135页。

郭志安：《论北宋河患对农业生产的破坏与政府应对——以黄河中下游地区为例》，《中国农史》2009年第1期，第16—21页。
何凡能：《北宋时期黄河下游二股河故道的研究》，吴祥定主编：《黄河流域环境演变与水沙运行规律研究文集（第2集）》，北京：地质出版社，1991年，第170—177页。
侯起秀：《1841年的开封保卫战》，《河南水利与南水北调》2015年第1期，第23页。
侯仁之：《城市历史地理的研究与城市规划》，《地理学报》1979年第4期，第315—328页。
侯深：《错综的轨迹：在自然中重写城市史》，《史学月刊》2018年第3期，第10—17页。
侯深：《没有边界的城市：从美国城市史到城市环境史》，《中国人民大学学报》2013年第3期，第20—29页。
侯甬坚：《“环境破坏论”的生态史评议》，《历史研究》2013年第3期，第25—34页。
侯甬坚：《历史地理学、环境史学科之异同辨析》，《天津社会科学》2011年第1期，第126—131页。
胡广跃、张海萍：《山东济宁堌堆遗址及相关问题》，《中国民族博览》2017年第6期，第218—220页。
胡思庸：《近代开封人民的苦难史篇——介绍〈汴梁水灾纪略〉》，《中州今古》1983年第1期，第20—22页。
黄以柱：《黄河下游河道变迁与治黄经验初探》，《自然杂志》1983年第4期，第250—255、320页。
黄玉上等：《淮阳古城城市空间形态研究——以坑塘水系为例》，《家具与室内装饰》2017年第9期，第122—125页。
纪朝荣：《1128年—1855年黄河南泛对虞城县城市形态的影响》，《三门峡职业技术学院学报》2012年第4期，第71—76页。
姜立杰：《美国城市环境史研究综述》，《雁北师范学院学报》2005年第1期，第55—58页。
荆志淳、George（Rip）Rapp，Jr、高天麟：《河南商丘全新世地貌演变及其对史前和早期历史考古遗址的影响》，《考古》1997年第5期，第68—84页。
酒江涛等：《基于风水文化视角下淮阳古城的选址和营建》，《西南林业大学学报（社会科学版)》2017年第6期，第83—87页。
开封市文物工作队：《河南开封明周王府遗址的初步勘探与试掘》，《文物》2005年第9期，第46—58页。
开封宋城考古队：《北宋东京内城的初步勘探与测试》，《文物》1996年第5期，第69—75、16页。
开封宋城考古队：《北宋东京外城的初步勘探与试掘》，《文物》1992年第12期，第52—

61 页。

李蓓蓓、何辰宇、袁存：《1841 年黄河下游水灾及其影响分析》，《农业考古》2015 年第 1 期，第 126—131 页。

李丞：《“陵虚驾空”抑或“水深入地”？—北宋时期黄河三次北流地上河问题研究》，刘东主编：《中国学术·清华国学院九十周年纪念专号（总第 36 辑）》，北京：商务印书馆，2016 年，第 236—253 页。

李丞：《北宋二股河地上河问题研究》，中国地理学会历史地理专业委员会《历史地理》编辑委员会编：《历史地理》第 28 辑，上海：上海人民出版社，2013 年，第 57—70 页。

李大旗：《北宋黄河河患与城市的迁移》，《史志学刊》2017 年第 1 期，第 54—60 页。

李大旗：《北宋黄河流域的河患与城市水患》，《三门峡职业技术学院学报》2016 年第 4 期，第 20—26 页。

李大旗：《中央政策与地方利益：以北宋棣州、深州迁城避水为例的探讨》，《河北师范大学学报（哲学社会科学版）》2018 年第 4 期，第 73—80 页。

李德华：《明代地方城市的坛庙建筑制度浅析——以山东为例》，《中国建筑史论汇刊》2012 年第 1 期，第 211—241 页。

李二苓：《1978 年以来的北京史研究综述》，《北京社会科学》2011 年第 4 期，第 95—99 页。

李凡、司徒尚纪：《民间信仰文化景观的时空演变及对社会文化空间的整合——以明至民国初期佛山神庙为视角》，《地理研究》2009 年第 6 期，第 1550—1561 页。

李娟：《1128—1855 年黄河南泛对杞县城市形态的影响》，《三门峡职业技术学院学报》2011 年第 3 期，第 82—87 页。

李俊男：《1841 年黄河水患期间开封城百姓的生活境况》，《兰台世界》2016 年第 5 期，第 101—103 页。

李璐、王中良：《湿地沉积物记录的黄河北流对天津地貌的影响》，《天津师范大学学报（自然科学版）》2015 年第 1 期，第 43—47、53 页。

李润田、丁圣彦、李志恒：《黄河影响下开封城市的历史演变》，《地域研究与开发》2006 年第 6 期，第 1—7 页。

李润田：《黄河对开封城市历史发展的影响》，中国地理学会历史地理专业委员会《历史地理》编辑委员会编：《历史地理》第 6 辑，上海：上海人民出版社，1988 年，第 45—56 页。

李润田：《开封城市的形成与发展》，《河南大学学报（自然科学版）》1985 年第 3 期，第 1—10 页。

李婷：《美国进步主义时期城市公共卫生改革中的女性——以城市环境卫生为视角》，《四川师范大学学报（社会科学版）》2020 年第 2 期，第 145—154 页。

李文海等：《鸦片战争爆发后连续三年的黄河大决口》，《清史研究通讯》1989 年第 2 期，第 1—7 页。

李扬：《苏联环境卫生理论的引入及其实践——以 1950 年代北京东郊工业区的建设为例》，《城市发展研究》2019 年第 7 期，第 9—17 页。

廖寅：《首都战略下的北宋黄河河道变迁及其与京东社会之关系》，《中国历史地理论丛》2019 年第 1 辑，第 5—14 页。

林虹：《牛鉴在治理开封黄河水患中的作为——以〈汴梁水灾纪略〉为据》，《文物鉴定与鉴赏》2017 年第 8 期，第 32—34 页。

刘宝和：《梁园辨》，《史学月刊》1985 年第 4 期，第 47—49 页。

刘春迎：《明代分封制与黄河水患影响下的开封城》，《河南大学学报（社会科学版）》2016 年第 5 期，第 76—85 页。

刘翠溶：《环境史视野下近现代云南城市化初探》，《长安大学学报（社会科学版）》2016 年第 1 期，第 136—148 页。

刘翠溶：《中国环境史研究刍议》，《南开学报（哲学社会科学版）》2006 年第 2 期，第 14—21 页。

刘德新等：《黄河泛滥背景下开封城市形态演变》，《河南大学学报（自然科学版）》2021 年第 5 期，第 505—512 页。

刘虹：《英国中世纪小城镇的历史风貌保护——以边境小镇海伊（Hay-on-wye）为例》，《浙江科技学院学报》2019 年第 3 期，第 253—260 页。

刘菊湘：《北宋河患与治河》，《宁夏社会科学》1992 年第 6 期，第 60—65、71 页。

刘青昊：《城市形态的生态机制》，《城市规划》1995 年第 2 期，第 20—22 页。

刘向阳、邵岩：《“水边的城市：未来视域下的环境史研究”国际学术研讨会综述》，《鄱阳湖学刊》2019 年第 4 期，第 114—122、127 页。

刘垚：《康泽恩学派微观形态研究及在城镇历史景观保护中的应用》，《城市观察》2014 年第 5 期，第 13—27 页。

刘益安：《汴河与开封》，《开封师院学报（社会科学版）》1978 年第 6 期，第 91—100 页。

刘仲华：《清代黄叔璥〈中州金石考〉的学术特色》，《唐都学刊》2014 年第 3 期，第 72—75、81 页。

陆伟芳、里查德·罗杰：《英国城市史研究的发展走向——兼评〈剑桥英国城市史〉》，孙逊主编：《都市文化研究（第一辑）》，上海：上海三联书店，2005 年，第 48—60 页。

罗晓翔：《明清南京内河水环境及其治理》，《历史研究》2014 年第 4 期，第 50—67、190 页。

满志敏：《北宋京东故道流路问题的研究》，中国地理学会历史地理专业委员会《历史地理》编辑委员会编：《历史地理》第 21 辑，上海：上海人民出版社，2006 年，第 1—9 页。

毛达：《城市环境史研究发展过程中的重要学术现象探析》，《世界历史》2011 年第 3 期，第 37—45、158 页。

毛达：《垃圾：城市环境史研究的一个重要主题》，《北京师范大学学报（社会科学版）》2008 年第 3 期，第 61—66 页。

梅雪芹：《19 世纪英国城市的环境问题初探》，《辽宁师范大学学报（社会科学版）》2000 年第 3 期，第 105—108 页。

梅雪芹：《中国环境史研究的过去、现在和未来》，《史学月刊》2009 年第 6 期，第 17—38 页。

孟超祥：《清道光二十二年至二十三年开封城池修筑研究》，《开封大学学报》2018 年第 3 期，第 56—62 页。

牟振宇：《南宋临安城寺庙分布研究》，《杭州师范学院学报（社会科学版）》2008 年第 1 期，第 95—101 页。

牛建强：《于谦与明宣德、正统间的河南地方社会》，《黄河文明与可持续发展》第 1 卷第 1 辑，开封：河南大学出版社，2008 年，第 91—113 页。

牛婷婷：《西藏寺庙和城市的布局关系研究》，《西安建筑科技大学学报（社会科学版）》2015 年第 4 期，第 49—53 页。

齐康：《文脉与特色——城市形态的文化特色》，《城市发展研究》1997 年第 1 期，第 20—24 页。

沈清基：《历史生态环境研究的关键议题：以上海近代生态环境史为例》，《城市规划学刊》2018 年第 6 期，第 45—53 页。

石观海、杨亚蕾：《梁园赋家行年新考》，《齐鲁学刊》2006 年第 2 期，第 58—64 页。

舒时光、吴承忠：《清代北京游览型寺庙的空间分布特征及其成因》，《北京社会科学》2011 年第 4 期，第 45—51 页。

苏涵、景国劲：《黄河蒲津渡开元铁牛雕塑群考论》，《晋阳学刊》2004 年第 4 期，第 88—91 页。

孙波：《黄淮下游地区沙基堌堆遗址辨析》，《考古》2003 年第 6 期，第 90—95 页。

孙建国：《道光二十一年黄河水灾开封城“银贱钱贵”研究》，《中国经济史研究》2017 年第 5 期，第 130—143 页。

孙竞昊、卢俊俊：《江南区域环境史研究的若干重要问题检讨和省思》，《重庆大学学报（社会科学版）》2021年第2期，第248—263页。
孙群郎：《当代美国郊区的蔓延对生态环境的危害》，《世界历史》2006年第5期，第15—25页。
孙月娥：《明崇祯十五年河决开封的史实辨正》，《中州学刊》1986年第6期，第137—139页。
汤艳梅：《英国城市环境史研究源流与现状》，《都市文化研究》2010年，第169—186页。
滕海键：《“东北区域环境史”研究体系建构及相关问题探论》，《内蒙古社会科学（汉文版）》2020年第2期，第2、62—70页。
滕海键：《东北区域环境史资料搜集、整理与研究相关问题初论》，《辽宁大学学报（哲学社会科学版）》2020年第3期，第156—162页。
田冰、吴小伦：《道光二十一年开封黄河水患与社会应对》，《中州学刊》2012年第1期，第141—144页。
田冰、吴小伦：《水环境变迁与黄淮平原城市经济的兴衰——以明清开封城为例》，《中州学刊》2014年第2期，第130—135页。
涂师平：《我国古代镇水神物的分类和文化解读》，《浙江水利水电学院学报》2015年第3期，第1—6页。
涂师平：《中国镇水文物探析》，《农业考古》2015年第4期，第164—170页。
万亮亮：《城市文脉研究综述》，《建筑与文化》2018年第10期，第65—66页。
王福谆：《“我国古代大型铁铸文物”系列文章之四——古代大铁牛》，《铸造设备研究》2007年第2期，第31—36页。
王理民、张莉：《东亚的人与自然：探索环境史研究的新方向——第六届东亚环境史学大会综述》，《历史地理研究》2022年第1期，第148—155页。
王利华：《生态环境史的学术界域与学科定位》，《学术研究》2006年第9期，第5—11页。
王栎：《美国环境史学家乔尔·塔尔的城市环境史研究》，《北方民族大学学报（哲学社会科学版）》2009年第1期，第132—136页。
王鹏飞、刘恩亮、田朋朋：《淮阳古城选址及水系布局与风水理论关系研究》，《中国名城》2017年第3期，第64—70页。
王皖强、李时雨：《詹姆斯·马林的美国西部史研究及其对环境史的意义探析》，《学术研究》2020年第12期，第105—112、178页。
王蔚波：《河南古代镇河铁犀牛考略》，《文博》2009年第3期，第23—26页。
王旭、王洋：《中国的美国城市史研究述评》，《史学理论研究》2011年第1期，第133—

142 页。

王永宽：《论历代文士的梁园情结》，《商丘师范学院学报》2006 年第 4 期，第 22—25 页。

王永平：《简论唐代民间信仰》，首都师范大学历史系编：《首都师范大学史学研究》第 2 辑，北京：中国文史出版社，2004 年，第 153—170 页。

王元林：《京杭大运河镇水神兽类民俗信仰及其遗迹调查》，《中国文物科学研究》2012 年第 1 期，第 28—34 页。

王质彬：《开封黄河决溢漫谈》，《人民黄河》1983 年第 4 期，第 63—64、37 页。

王质彬、王笑凌：《清嘉道年间黄河决溢及其原因考》，《清史研究通讯》1990 年第 2 期，第 14—19 页。

卫才华：《民国时期北京寺庙、商业与城市民俗生活——以隆福寺档案为中心的考察》，《北京社会科学》2014 年第 10 期，第 87—97 页。

魏明洁：《1128—1855 年黄河南泛对柘城县城市形态的影响》，《三门峡职业技术学院学报》2013 年第 1 期，第 84—89 页。

吴忱等：《黄河下游河道变迁的古河道证据及河道整治研究》，中国地理学会历史地理专业委员会《历史地理》编辑委员会编：《历史地理》第 17 辑，上海：上海人民出版社，2001 年，第 1—29 页。

吴承忠、宋军：《明代北京游览型寺庙分布特征》，《城市问题》2008 年第 2 期，第 54—59 页。

吴宏岐、张志迎：《黄泛平原古城镇水域景观历史地理成因初探》，《地域研究与开发》2012 年第 1 期，第 145—149 页。

吴朋飞、邓玉娜：《黄河变迁对元代开封的影响》，张利民主编：《城市史研究》第 34 辑，北京：社会科学文献出版社，2016 年，第 1—15 页。

吴朋飞、邓玉娜：《明代开封周王府的建筑布局及其对城市结构的影响》，张利民主编：《城市史研究》第 30 辑，北京：社会科学文献出版社，2014 年，第 174—187 页。

吴朋飞、蔺楠：《元末开封五门格局形成考论》，《城市史研究》2021 年第 2 辑，第 37—49 页。

吴朋飞、刘德新：《审视与展望：黄河变迁对城市的影响研究述论》，《云南大学学报（社会科学版）》2020 年第 1 期，第 69—77 页。

吴朋飞、陆静、马建华：《1841 年黄河决溢围困开封城的空间再现及原因分析》，《河南大学学报（自然科学版）》2014 年第 3 期，第 299—304 页。

吴朋飞等：《黄河北徙与北宋城市适应方式探析》，《自然资源学报》2021 年第 1 期，第 55—68 页。

吴朋飞、徐纪安、马建华：《“引河沟灌大梁”初探》，《中原文物》2016 年第 1 期，第 54—

61 页。
吴朋飞：《崇祯河决开封城的灾害环境复原》，《苏州大学学报（哲学社会科学版）》2021 年第 2 期，第 185—192 页。
吴朋飞：《道光十一年〈重修河南贡院记〉碑文辑述》，《历史档案》2020 年第 1 期，第 120—122 页。
吴朋飞：《黄河影响下古城研究的几点认识》，《三门峡职业技术学院学报》2012 年第 4 期，第 6—9 页。
吴朋飞：《开封城市生命周期探析》，《江汉论坛》2013 年第 1 期，第 121—128 页。
吴朋飞：《清代开封城市湖泊的形成与演变》，中国地理学会历史地理专业委员会《历史地理》编辑委员会编：《历史地理》第 30 辑，上海：上海人民出版社，2014 年，第 30—38 页。
吴庆洲：《仿生象物与中国古城营建（中）》，《中国名城》2016 年第 10 期，第 58—70 页。
吴小伦：《道光二十一年开封的迁城之争》，《兰台世界》2011 年第 19 期，第 44—45 页。
吴小伦：《河道变迁与明清朱仙镇的兴衰》，《兰台世界》2015 年第 3 期，第 86—87 页。
吴小伦：《河流变迁与城市兴衰：基于开封的个案考察》，《黄河科技大学学报》2013 年第 6 期，第 15—19 页。
吴小伦：《明清时期沿黄河城市的防洪与排洪建设——以开封城为例》，《郑州大学学报（哲学社会科学版）》2014 年第 4 期，第 142—147 页。
肖晓丹：《法国城市工业污染管制模式溯源（1810—1850）》，《世界历史》2017 年第 2 期，第 73—85、157 页。
肖晓丹：《法国的城市环境史研究：缘起、发展及现状》，《史学理论研究》2016 年第 2 期，第 132—141 页。
闫文晟：《从菏泽堌堆遗址探讨鲁西南古地理环境》，《内蒙古农业大学学报（社会科学版）》2012 年第 3 期，第 326—328 页。
姚立江：《蛟龙神话与镇水习俗》，《中国典籍与文化》1998 年第 4 期，第 102—104、111 页。
姚鲁峰：《历史时期黄河流域洪水对城镇搬迁的影响》，吴祥定主编：《黄河流域环境演变与水沙运行规律研究文集（第 2 集）》，北京：地质出版社，1991 年，第 188—194 页。
于云洪：《论黄河水患与徐州城市变迁》，《潍坊学院学报》2017 年第 1 期，第 78—83 页。
俞孔坚、张蕾：《黄泛平原古城镇洪涝经验及其适应性景观》，《城市规划学刊》2007 年第 5 期，第 85—91 页。
俞孔坚、张蕾：《黄泛平原区适应性“水城”景观及其保护和建设途径》，《水利学报》2008

年第6期，第688—696页。

展鹏飞：《关于明末河决开封原因的辨论》，《史学月刊》1992年第1期，第108—109页。

张多：《灾害的神话表征——“大禹治水”的景观分布及减灾表述》，《民俗研究》2018年第6期，第67—74页。

张涵：《明清商丘古城的防洪御灾体系研究》，《南方建筑》2014年第2期，第88—95页。

张惠岐：《北京寺庙与地名文化的演变》，《中国地名》2003年第1期，第18—19页。

张金库：《黄河水患与开封城的历史变迁》，《黄河史志资料》1990年第4期，第28—32页。

张蕾：《国外城市形态学研究及其启示》，《人文地理》2010年第3期，第90—95页。

张妙弟：《开封城与黄河》，《北京联合大学学报》2002年第1期，第133—138页。

张思：《13—15世纪伦敦城市环境问题及其治理考察》，《理论界》2014年第3期，第122—125页。

张芸、王彬、朱竑：《外来宗教在口岸城市的空间分布及扩散特征——以福州市基督教教堂为例》，《地理科学进展》2011年第8期，第1065—1072页。

赵宝俊：《开封与黄、汴》，中国古都学会编：《中国古都研究（第二辑）》，杭州：浙江人民出版社，1986年，第144—160页。

赵九洲：《试评〈什么是环境史〉——兼谈中国环境史研究的若干问题》，《中国农史》2010年第4期，第123—127页。

赵九洲、马斗成：《深入细部：中国微观环境史研究论纲》，《史林》2017年第4期，第206—216、222页。

赵九洲：《中国环境史研究的认识误区与应对方法》，《学术研究》2011年第8期，第122—127页。

赵为民：《梁惠王筑吹台辨析》，《河南大学学报（哲学社会科学版）》1987年第4期，第57—59页。

赵祎缺：《“繁台”又称“婆台”考》，《古籍研究》2015年第1期，第42—49页。

郑开齐：《牛鉴与开封城市发展关系研究》，《城市地理》2016年第24期，第242—243页。

郑师渠：《论道光朝河政》，《历史档案》1996年第2期，第88—94页。

郑星：《国内环境史研究的文献计量和知识图谱分析》，《中国石油大学学报（社会科学版）》2020年第1期，第82—90页。

郅田夫、张启龙：《菏泽地区的堌堆遗存》，《考古》1987年第11期，第1002—1009页。

钟孜：《“环境转型”研究：法国环境史研究的新趋向》，《世界历史》2019年第3期，第131—143、148页。

周婕、谢波：《中外城市边缘区相关概念辨析与学科发展趋势》，《国际城市规划》2014 年第 4 期，第 14—20 页。

周志强：《环境史视野下近代重庆城市灾害及其社会应对》，《保山学院学报》2017 年第 6 期，第 9—15 页。

朱军献：《北周以降开封兴衰与城市空间规模盈缩研究》，《南都学坛》2017 年第 4 期，第 34—37 页。

朱军献：《地理空间区位与开封兴衰变迁研究》，《地域研究与开发》2017 年第 5 期，第 146—151 页。

朱士光：《关于中国环境史研究几个问题之管见》，《山西大学学报（哲学社会科学版）》2006 年第 3 期，第 12—15 页。

朱士光：《遵循“人地关系”理念，深入开展生态环境史研究》，《历史研究》2010 年第 1 期，第 4—10 页。

邹逸麟：《北宋黄河东北流之争与朋党政治》，张其凡、李裕民主编：《徐规教授九十华诞纪念文集》，杭州：浙江大学出版社，2009 年，第 480—498 页。

邹逸麟：《历史时期黄河流域的环境变迁与城市兴衰》，《江汉论坛》2006 年第 5 期，第 98—105 页。

［美］李瑞：《记忆中的建筑：宋代笔记所反映的开封开宝寺塔与天清寺塔》，王水照、朱刚主编：《新宋学》第 8 辑，上海：复旦大学出版社，2019 年，第 85—103 页。

［美］乔尔·A.塔尔：《美国城市史和美国环境史：互补且交错的领域》，王栎译，《都市文化研究》2010 年，第 92—109 页。

［英］怀特汉德：《城市形态区域化与城镇历史景观》，宋峰、邓洁译，《中国园林》2010 年第 9 期，第 53—58 页。

［英］迈克尔·威廉斯：《环境史与历史地理的关系》，马宝建、雷洪德译，《中国历史地理论丛》2003 年第 4 辑，第 9—25、159 页。

Darby H C. On the relations of Geography and History，*Transactions and Paper*，1953，19：1-11.

DU L J，PENG X，WANG F. City walking-trace：How Watershed Structure and River Network Changes Influenced the Distribution of Cities in the Northern Part of the North China Plain，*Quaternary International*，2019，521：54-65.

KONG J Y，ZHANG L，LI D H. Living with Water：Flood Adaptive Landscapes in the Yellow River Basin of China，*Journal of Landscape Architecture*，2008，3（2）：6-17.

Mark Elvin. The Environmental History of China：An Agenda of Ideas，*Asian Studies Review*，1990,14（2）.

Martin Melosi. The Place of the City in Environmental History，*Environmental History Review*，1993，17（1）.

WANG J，WEI Y，JIANG S，et al. Understanding the Human-water Relationship in China during 722 B.C.-1911 A.D. from a Contradiction and Co-evolutionary Perspective，*Water Resources Management*，2017，31（3）：929-943.

Whitehand J. W. R，Gu K. Urban Conservation in China：Historical Development，Current Practice and Morphological Approach，*Town Planning Review*，2007，78（5）：643-670.

Whitehand J. W. R. Building Cycles and the Spatial Pattern of Urban Growth，*Transactions of the Institute of British Geographers*，1972，56：39-55.

WU P F，LIU D X，MA J H，et al. Reconstructing the Man-made Yellow River Flood of Kaifeng City in 1642AD using Documentary Sources，*International Journal of Disaster Risk Reduction*，2019，41：101289. https：//doi.org/10.1016/j.ijdrr.2019.101289.

Zhang Ling. Changing with the Yellow River：An Environmental History of Hebei，1048-1128，*Harvard Journal of Asiatic Studies*，2009，69（1）.

四、学位论文

陈曦：《河南商丘地区古城洪涝适应性景观研究》，北京大学 2008 年硕士学位论文。

陈潇：《明代开封周王府研究》，河南大学 2021 年硕士学位论文。

储恩涛：《近代早期英国城镇污染与治理》，华中师范大学 2018 年硕士学位论文。

董俊：《19 世纪中期芝加哥供排水系统的建设与城市发展》，福建师范大学 2014 年硕士学位论文。

付灿华：《19 世纪后期美国工业城市污染及其治理》，湖南师范大学 2007 年硕士学位论文。

郭志安：《北宋黄河中下游治理若干问题研究》，河北大学 2007 年博士学位论文。

黄慧明：《1949 年以来广州旧城的形态演变特征与机制研究》，华南理工大学 2013 年博士学位论文。

黄礼群：《1927—1937 年安庆公共卫生研究》，安徽大学 2013 年硕士学位论文。

黄琼：《昆明环境卫生管理研究（1930—1949)》，云南大学 2016 年硕士学位论文。

姜立杰：《美国工业城市环境污染及其治理的历史考察（19 世纪 70 年代—20 世纪 40 年代)》，东北师范大学 2002 年博士学位论文。

李锋：《商丘归德古城洪涝适应性景观研究》，河南农业大学2017年硕士学位论文。
李响：《开封近代城市园林研究》，河南大学2020年硕士学位论文。
刘超冉：《开封繁塔宋代石刻文献研究》，河南大学2022年硕士学位论文。
刘梦琴：《北宋开封道教宫观布局研究》，辽宁大学2016年硕士学位论文。
卢俊俊：《战争与生态：明清之际的黄河变迁与开封败落（1642—1662）》，华东师范大学2020年硕士学位论文。
任聪妍：《基于淮阳古城景观风貌保护与延续的龙湖景观规划》，河南农业大学2012年硕士学位论文。
尚宇晨：《20世纪70年代美国城市水污染与联邦政府的治理》，华东师范大学2007年硕士学位论文。
孙慧娟：《20世纪30、40年代昆明城市公共卫生研究》，云南师范大学2018年硕士学位论文。
汤艳梅：《工业革命时期的英国城市环境观念及其影响》，上海师范大学2010年硕士学位论文。
滕子辰：《“美好年代”巴黎的城市改造》，上海师范大学2019年硕士学位论文。
仝家欢：《康泽恩城市边缘带理论在开封的应用》，河南大学2021年硕士学位论文。
王迪：《泉州古城内边缘带发展演变研究》，华侨大学2019年硕士学位论文。
王琳：《紧张与亲密：环境史与历史地理学》，山东大学2006年硕士学位论文。
王伟刚：《从自然到城市：浅析美国环境史研究重心的演进》，曲阜师范大学2014年硕士学位论文。
王照年：《北宋黄河水患研究》，西北师范大学2005年硕士学位论文。
吴炳乾：《北宋至明代开封城市衰落研究》，北京大学2011年硕士学位论文。
武明军：《明清开封城市研究》，河南大学2015年博士学位论文。
席明旺：《交通、水利与城市的兴衰》，四川大学2007年硕士学位论文。
徐延松：《马丁·麦乐西与美国的城市环境史研究探析》，曲阜师范大学2014年硕士学位论文。
薛桢雷：《康泽恩学派视野下开封历史街区的形态研究》，河南大学2018年硕士学位论文。
张晨：《开封府文庙研究》，河南大学2021年硕士学位论文。
张庆：《黄河影响下的商丘古城空间格局探微》，郑州大学2010年硕士学位论文。
周珍：《北宋仁宗时期黄河水患应对措施研究——以河北东路为中心》，上海师范大学2008年硕士学位论文。

后　记

本书是国家社科基金项目“泛滥黄河侵入开封城市过程的环境史研究”（15BZS024）的最终成果，也是笔者于 2008 年 7 月入职河南大学以来开展开封城市研究的系列成果之一。

开封，声名显赫，是著名的大古都和国家历史文化名城，在中国历史上发挥过重要作用，当前是欣欣向荣的城市。开封城市研究始终是国内外学术界的重要话题，笔者来河南大学工作后，立足黄河与黄淮海平原研究区域，主要对开封地理环境、物质形态、思想观念等方面开展研究工作，先后出版了《开封古城黄泛地层洪水记录及洪灾度反演》《明代开封城复原研究》《黄河泛滥与开封城市兴衰关系研究》等著作，这一系列成果的取得与开封、河南大学，以及诸位领导的提携和学术师友的帮助密切相关。

本书出版得到教育部人文社会科学重点研究基地河南大学黄河文明与可持续发展研究中心、河南大学黄河文明省部共建协同创新中心经费资助。感谢河南大学黄河文明与可持续发展研究中心、黄河文明省部共建协同创新中心、历史文化学院、地理与环境学院的诸位领导和同事的帮助，为笔者营造了相对宽松的学术环境。在马建华老师的带领下，笔者与谷蕾、刘德新等“黄河环境变迁研究”团队成员精诚合作，产出一系列开封城市研究的高水平成果。感谢侯甬坚老师长期以来对笔者的支持和赞许，本书的题目就是当时申报项目和此次整理出版时他亲自拟改的，书稿完成后又给予了不少中肯的修改意见，同时还不吝赐序，使本书增色不少。李令福、李孝聪两位老师时常关注课题的进展和个人的成长。朱士光、王社教、张晓虹、汪芳、王星光、苗长虹、程遂营、牛建强等老师多年来始终帮助笔者成长，给予莫大的关心、指点。当然，还有诸多师友以不同形式给予笔者关心和帮助，在此虽无法一一列出他们的名字，但笔者会永远记住你们。自项目立项至今，感谢笔者指导的研究生薛桢雷、王叶蒙、贾小焓、仝家欢、赵金华、亓淑贤、赵晓雨、魏锦秀、闫露露、简向阳参与其中，或撰写论文，或整理资料，或校对文字，教学相长，相互成长，其乐融融。

本书是基于历史地理学科视角的城市环境史研究，也仅是初步的探索和尝试，恳请学界同仁多提批评意见。各主要章节的安排仅是针对黄河泛滥侵入开封城市过程的“案例式”撰写，有些尚在商榷的内容，未能在本书中有所体现，或展开详细论述。另外，对建立中国特色、中国风格、中国气派的环境史理论体系、概念及研究方法，包括对如何运用环境史理念书写城市史的方法技巧等方面，仍有所欠缺。但希望本书中所涉及的种种见解和思路能够对包括开封在内的城市环境史研究，特别对人类与城市灾害环境的互动关系史研究有所启发，从而引发共鸣，今后共同努力，继续深入对城市环境史理论与实践研究的探讨，把中国的环境史故事阐释得更加客观和详尽。

最后特别感谢科学出版社编辑，没有她们的催促和辛勤编校，本书稿不可能顺利出版。

吴朋飞

2023 年 3 月于古都开封